W0233984

Fischer TaschenBibliothek

Alle Titel im Taschenformat finden Sie unter:
www.fischer-taschenbibliothek.de

Besonders zahlreich waren sie nicht gerade in der Weimarer Republik: die aufrechten Demokraten mit Zivilcourage. Einer der wichtigsten Kämpfer für die Republik, der nicht müde wurde, den Militarismus seiner Zeit, die Verfilzungen der Justiz und den aufkommenden Nationalsozialismus anzuprangern, war Kurt Tucholsky. Dieser Band versammelt die wichtigsten Satiren des politischen Publizisten, darüber hinaus aber auch zahlreiche Texte, die sich – humorvoll und fern von aller Politik – den großen und kleinen Fragen des Lebens widmen.

Kurt Tucholsky wurde 1890 in Berlin geboren. Der promovierte Jurist erzielte bereits 1912 seinen ersten literarischen Erfolg und gilt als einer der bedeutendsten Autoren der Weimarer Republik. Er war als Dichter, Kabarettautor, Schriftsteller, Journalist und Kritiker gleichermaßen produktiv und erfolgreich. Ab 1924 lebte er in Paris, ab 1929 in Schweden. Er starb 1935 in Göteborg.

Weitere Informationen, auch zu E-Book-Ausgaben, finden Sie bei www.fischerverlage.de

Kurt Tucholsky

DAS GROSSE LESEBUCH

Herausgegeben von
Axel Ruckaberle

Fischer TaschenBibliothek

Veröffentlicht im Fischer Taschenbuch Verlag,
einem Unternehmen der S. Fischer Verlag GmbH,
Frankfurt am Main, Dezember 2012

© S. Fischer Verlag GmbH, Frankfurt am Main 2012
Umschlaggestaltung: bilekjaeger, Stuttgart
Umschlagabbildung: Kurt Tucholsky © ullstein
Satz: Dörlemann Satz, Lemförde
Druck und Bindung: CPI – Clausen und Bosse, Leck
Printed in Germany
ISBN 978-3-596-51272-0

Inhalt

»Beschimpft den Autor nicht am Rande«

»Doppelkohlensaures Natron ist auch gesund«

»Die Sehnsucht nach dem Grundakkord«

»Das ist eine Misere des deutschen Lebens«

»Was bist du, Deutschland?«

»Nie wieder Krieg!«

»Und wenn alles vorüber ist …«

»Eine Satire! Schreiben Sie uns eine Satire!«
sagte der Redakteur. Und da stand ich nun;
denn so schwer es manchmal ist, keine Satire zu
schreiben – so schwer ist es auch, eine zu
schreiben, und das sollte ich nun tun ...

Aus: Die Herren von Gestern (1919)

Im Käfig

Hinter den dicken Stäben meiner Ideale
lauf ich von einer Wand zur andern Wand.
Da draußen gehen Kindermädchen, Generale,
Frau Lederhändlerswitwe mit dem Herrn Amant …

Manchmal sieht einer her. Mit leeren Blicken:
Ah so! ein Tiger – ja, das arme Tier …
Dann sprechen sie von »Tantchen auch was schicken
in Pergamentpapier«.

Ich möcht so gern hinaus. Ich streck und dehn
   mich –
die habens gut, mit ihrer großen Zeit!
Sie sind gewiß nicht rein, und doch: ich sehn mich
nach der Gemeinsamkeit.

Der Tiger gähnt. Er käm so gern geloffen …
Doch seines Käfigs Stäbe halten dicht.
Und ließ der Wärter selbst die Türe offen:
Man geht ja nicht.

»ALLES«

Was darf die Satire?

Frau Vockerat: »Aber man muß doch seine
Freude haben können an der Kunst.«
Johannes: »Man kann viel mehr haben an der
Kunst als seine Freude.«

Gerhart Hauptmann

Wenn einer bei uns einen guten politischen Witz
macht, dann sitzt halb Deutschland auf dem Sofa
und nimmt übel.

Satire scheint eine durchaus negative Sache. Sie
sagt: »Nein!« Eine Satire, die zur Zeichnung einer
Kriegsanleihe auffordert, ist keine. Die Satire beißt,
lacht, pfeift und trommelt die große, bunte Lands-
knechtstrommel gegen alles, was stockt und träge
ist.

Satire ist eine durchaus positive Sache. Nirgends
verrät sich der Charakterlose schneller als hier, nirgends zeigt sich fixer, was ein gewissenloser Hans-
wurst ist, einer, der heute den angreift und morgen
den.

Der Satiriker ist ein gekränkter Idealist: er will die
Welt gut haben, sie ist schlecht, und nun rennt er gegen das Schlechte an.

Die Satire eines charaktervollen Künstlers, der um

des Guten willen kämpft, verdient also nicht diese bürgerliche Nichtachtung und das empörte Fauchen, mit dem hierzulande diese Kunst abgetan wird.

Vor allem macht der Deutsche einen Fehler: er verwechselt das Dargestellte mit dem Darstellenden. Wenn ich die Folgen der Trunksucht aufzeigen will, also dieses Laster bekämpfe, so kann ich das nicht mit frommen Bibelsprüchen, sondern ich werde es am wirksamsten durch die packende Darstellung eines Mannes tun, der hoffnungslos betrunken ist. Ich hebe den Vorhang auf, der schonend über die Fäulnis gebreitet war, und sage: »Seht!« – In Deutschland nennt man dergleichen ›Kraßheit‹. Aber Trunksucht ist ein böses Ding, sie schädigt das Volk, und nur schonungslose Wahrheit kann da helfen. Und so ist das damals mit dem Weberelend gewesen, und mit der Prostitution ist es noch heute so.

Der Einfluß Krähwinkels hat die deutsche Satire in ihren so dürftigen Grenzen gehalten. Große Themen scheiden nahezu völlig aus. Der einzige ›Simplicissimus‹ hat damals, als er noch die große, rote Bulldogge rechtens im Wappen führte, an all die deutschen Heiligtümer zu rühren gewagt: an den prügelnden Unteroffizier, an den stockfleckigen Bürokraten, an den Rohrstockpauker und an das Straßenmädchen, an den fettherzigen Unternehmer und an den näselnden Offizier. Nun kann man gewiß über all diese Themen denken wie man mag, und es ist jedem unbenommen, einen Angriff für ungerechtfertigt und einen anderen für übertrieben zu halten, aber die Berechtigung eines ehrlichen Mannes, die Zeit zu peitschen, darf nicht mit dicken Worten zunichte gemacht werden.

Übertreibt die Satire? Die Satire muß übertreiben und ist ihrem tiefsten Wesen nach ungerecht. Sie bläst die Wahrheit auf, damit sie deutlicher wird, und sie kann gar nicht anders arbeiten als nach dem Bibelwort: Es leiden die Gerechten mit den Ungerechten.

Aber nun sitzt zutiefst im Deutschen die leidige Angewohnheit, nicht in Individuen, sondern in Ständen, in Korporationen zu denken und aufzutreten, und wehe, wenn du einer dieser zu nahe trittst. Warum sind unsere Witzblätter, unsere Lustspiele, unsere Komödien und unsere Filme so mager? Weil keiner wagt, dem dicken Kraken an den Leib zu gehen, der das ganze Land bedrückt und dahockt: fett, faul und lebenstötend.

Nicht einmal dem Landesfeind gegenüber hat sich die deutsche Satire herausgetraut. Wir sollten gewiß nicht den scheußlichen unter den französischen Kriegskarikaturen nacheifern, aber welche Kraft lag in denen, welch elementare Wut, welcher Wurf und welche Wirkung! Freilich: sie scheuten vor gar nichts zurück. Daneben hingen unsere bescheidenen Rechentafeln über U-Boot-Zahlen, taten niemandem etwas zuleide und wurden von keinem Menschen gelesen.

Wir sollten nicht so kleinlich sein. Wir alle – Volksschullehrer und Kaufleute und Professoren und Redakteure und Musiker und Ärzte und Beamte und Frauen und Volksbeauftragte – wir alle haben Fehler und komische Seiten und kleine und große Schwächen. Und wir müssen nun nicht immer gleich aufbegehren (›Schlächtermeister, wahret eure heiligsten Güter!‹), wenn einer wirklich einmal einen guten Witz über uns reißt. Boshaft kann er sein, aber ehrlich soll er sein. Das ist kein rechter Mann und kein rechter Stand, der nicht einen ordentlichen Puff vertragen kann. Er mag sich mit denselben Mitteln dagegen wehren, er mag widerschlagen – aber er wende nicht verletzt, empört, gekränkt das Haupt. Es wehte bei uns im öffentlichen Leben ein reinerer Wind, wenn nicht alle übel nähmen.

So aber schwillt ständischer Dünkel zum Größenwahn an. Der deutsche Satiriker tanzt zwischen Berufsständen, Klassen, Konfessionen und Lokaleinrichtungen einen ständigen Eiertanz. Das ist gewiß recht graziös, aber auf die Dauer etwas ermüdend. Die echte Satire ist blutreinigend: und wer gesundes Blut hat, der hat auch einen reinen Teint.

Was darf die Satire?

Alles.

»FÜR DIE ARBEIT IST DER MENSCH AUF DER WELT«

Karrieren

Et jibt Karrieren – die jehn durch den Hintern.
Die Leute kriechen bei die Vorgesetzten rin.
Da is et warm. Da kenn se ibawintern.
Da bleihm se denn ne Weile drin.
   I, denken die – kein Neid! Wer hat, der hat.
   Denn komm se raus. Denn sind se plötzlich wat.

Denn sind se plötzlich feine Herrn jeworden!
Denn kenn die de Kollejen jahnich mehr.
Vor Eifa wolln se jeden jleich amorden:
»Ich bün Ihr Vorjesetzta! Bütte sehr!«
   Und jeda weeß doch, wie set ham jemacht!
   Det wird so schnell vajessen ... Keena lacht.

Int Jejenteil.
      Der sitzt noch nich drei Stunden
in seine neue Stellung drin –:
da hat sich schon 'n junger Mann jefunden,
der kriechtn wieda hinten rin!
   Und wenn die janze Hose kracht:
   weil mancha so Karriere macht.
     Er hat det Ding jeschohm.
     Nu sitzt a ehmt ohm.

Von oben frisch und munter
kuckt keena jerne runter.
Weil man so rasch vajißt,
wie man ruff,
                    wie man ruff,
wie man ruffjekommen ist –!

Morgens um acht

Neulich habe ich einen Hund gesehen – der ging ins
Geschäft. Es war eine Art gestopfter Sofarolle, mit
langen Felltroddeln als Behang, und er wackelte die
Leipziger Straße zu Berlin herunter; ganz ernsthaft
ging er da und sah nicht links noch rechts und beroch
nichts, und etwas anderes tat er schon gar nicht. Er
ging ganz zweifellos ins Geschäft.

Und wie hätte er das auch nicht tun sollen? Alle
um ihn taten es.

Da rauschte der Strom der Insgeschäftgeher durch
die Stadt. Morgen für Morgen taten sie so. Sie trotte-
ten dahin, sie gingen zum Heiligsten, wo der Deutsche hat, zur Arbeit. Der Hund hatte da eigentlich
nichts zu suchen – aber wenn auch er zur Arbeit ging,
so sei er willkommen.

Es saßen zwei ernste Männer in der Bahn und sahen, rauchend, satt, rasiert und durchaus zufrieden,
durch die Glasscheiben. Man wünscht sich in solchen
Augenblicken ein Wunder herbei, etwa, daß dem Po-
lizeisoldaten an der Ecke Luftballons aus dem Helm
steigen, nur damit jene einmal Maul und Nase auf-
sperrten! Da fuhr die Bahn an einem Tennisplatz
vorüber. Die güldene Sonne spielte auf den hellgel-

23

ben Flächen – es war strahlendes Wetter, viel zu schön für Berlin. Und einer der ernsten Männer murrte: »Haben auch nichts zu tun, sehen Sie mal! Morgens um acht Uhr Tennis spielen! Sollten auch lieber ins Geschäft gehen –!«

Ja, das sollten sie. Denn für die Arbeit ist der Mensch auf der Welt, für die ernste Arbeit, die wo den ganzen Mann ausfüllt. Ob sie einen Sinn hat, ob sie schadet oder nützt, ob sie Vergnügen macht (»Arbeet soll Vajniejen machen? Ihnen piekt er woll?«) –: das ist alles ganz gleich. Es muß eine Arbeit sein. Und man muß morgens hingehen können. Sonst hat das Leben keinen Zweck.

Und stockt einmal der ganze Betrieb, streiken die Eisenbahner oder ist gar Feiertag: dann sitzen sie herum und wissen nicht recht, was sie mit sich anfangen sollen. Drin ist nichts in ihnen, und draußen ist auch nichts: also was soll es? Es soll wohl gar nichts …

Und dann laufen sie umher wie Schüler, denen versehentlich eine Stunde ausgefallen ist – nach Hause gehen kann man nicht, und zum Spaßen ist man nicht aufgelegt … Sie dösen und warten. Auf den nächsten Arbeitstag. Daran, unter anderm, ist die deutsche Revolution gescheitert: sie hatten keine Zeit, Revolution zu machen, denn sie gingen ins Geschäft.

Wobei betont sein mag, daß man auch im Sport

dösen kann, der augenblicklich wie das Kartenspiel betrieben wird: fein nach Regeln und hervorragend stumpfsinnig. Aber schließlich ist es immer noch besser, zu trainieren, als im schwarzen Talar Unfug zu treiben …

Ja, sie gehen ins Geschäft. »Was für ein Geschäft treibt ihr?« – »Wir treiben keins, Herr. Es treibt uns.«

Der Hund sprang nicht. Man hüpft nicht auf den Straßen. Die Straße dient – wir wissen schon. Und das verlockende, niedrig hängende patriotische Plakat … der Hund ließ es außer acht.

Er ging ins Geschäft.

Die Zentrale

Die Zentrale weiß alles besser. Die Zentrale hat die Übersicht, den Glauben an die Übersicht und eine Kartothek. In der Zentrale sind die Männer mit unendlichem Stunk untereinander beschäftigt, aber sie klopfen dir auf die Schulter und sagen: »Lieber Freund, Sie können das von Ihrem Einzelposten nicht so beurteilen! Wir in der Zentrale …«

Die Zentrale hat zunächst eine Hauptsorge: Zentrale zu bleiben. Gnade Gott dem untergeordneten Organ, das wagte, etwas selbständig zu tun! Ob es vernünftig war oder nicht, ob es nötig war oder nicht, ob es da gebrannt hat oder nicht –: erst muß die Zentrale gefragt werden. Wofür wäre sie denn sonst Zentrale! Dafür, daß sie Zentrale ist! merken Sie sich das. Mögen die draußen sehen, wie sie fertigwerden!

In der Zentrale sitzen nicht die Klugen, sondern die Schlauen. Wer nämlich seine kleine Arbeit macht, der mag klug sein – schlau ist er nicht. Denn wäre ers, er würde sich darum drücken, und hier gibt es nur ein Mittel: das ist der Reformvorschlag. Der Reformvorschlag führt zur Bildung einer neuen Abteilung, die – selbstverständlich – der Zentrale unterstellt, angegliedert, beigegeben wird … Einer hackt Holz, und dreiunddreißig stehen herum – die bilden die Zentrale.

Die Zentrale ist eine Einrichtung, die dazu dient, Ansätze von Energie und Tatkraft der Unterstellten zu deppen. Der Zentrale fällt nichts ein, und die andern müssen es ausführen. Die Zentrale ist eine Kleinigkeit unfehlbarer als der Papst, sieht aber lange nicht so gut aus.

Der Mann der Praxis hats demgemäß nicht leicht. Er schimpft furchtbar auf die Zentrale, zerreißt alle ihre Ukase in kleine Stücke und wischt sich damit die Augen aus. Dies getan, heiratet er die Tochter eines Obermimen, avanciert und rückt in die Zentrale auf, denn es ist ein Avancement, in die Kartothek zu kommen. Dortselbst angelangt, räuspert er sich, rückt an der Krawatte, zieht die Manschetten grade und beginnt, zu regieren: als durchaus gotteingesetzte Zentrale, voll tiefer Verachtung für die einfachen Männer der Praxis, tief im unendlichen Stunk mit den Zentralkollegen – so sitzt er da wie die Spinne im Netz, das die andern gebaut haben, verhindert gescheite Arbeit, gebietet unvernünftige und weiß alles besser.

(Diese Diagnose gilt für Kleinkinderbewahranstalten, Außenministerien, Zeitungen, Krankenkassen, Forstverwaltungen und Banksekretariate, und ist selbstverständlich eine scherzhafte Übertreibung, die für einen Betrieb nicht zutrifft: für deinen.)

Der Mann mit der Mappe

Der Nationalökonom Alfons Goldschmidt hat mir neulich die Augen geöffnet. »Das Kennzeichen Berlins«, sagte er, »ist der Mann mit der Mappe.« Ich sah um mich, und dies war es, was ich sah:

Alle Männer auf der Straße tragen eine Mappe. Es ist nicht auszudenken, was in Berlin täglich für Papier herumgetragen wird: die ganze Stadt schleppt emsig Ballen Schreib- und Druckpapiers von einem Fleck zum anderen. Was mag in den Mappen sein –?

Das Frühstück natürlich, dann Bindfaden, ein zerbrochener Füllfederhalter und etwas zum Lesen. Diese Lektüre wird kaum angefaßt, wie ja überhaupt alle Leute von dem Aberglauben besessen sind, gewisse Sachen ›unterwegs erledigen zu können‹ – aber niemals wird etwas daraus. Abends zieht der Mappenmann seinen Kram genau so unberührt aus der Mappe, wie er ihn hineingelegt hat. Bei dem allgemein gültigen Bestreben, nicht unter acht Sachen zugleich zu tun, belastet diese Vorratsarbeit die Mappenträger, aber sie lassen nicht davon ab. Was ist aber noch in der Mappe?

In der Mappe ist das, was der Besucher nach den einleitenden Sätzen mit den Worten herauszieht:

»Ich habe hier eine Sache ...« und dann gehts los. Meist findet er sie nicht auf Anhieb, er sucht sie erst aus den Verträgen, Heiratspapieren, Korrespondenzen, Korrekturfahnen heraus, fischt im Papierteich, angelt – schwupp! Wenns gut geht, hat er sie zu Hause liegen lassen.

Mappe muß sein.

Die Mappe ziert den gemeinen Mann und deutet auf jeistige Arbeit – daher sie denn wohl auch der Schnorrer mit steifer Grandezza in der Hand baumeln läßt. Kümmerlich zusammengeschrumpft hängt die Verhungerte armselig neben seinem abgeschabten Überzieher ... Es gibt aber auch wohlhabende Mappen; bis zum Platzen gefüllt, leuchten sie herrlich gelackt oder gewachst im Sonnenschein, die Nickelbeschläge protzen: »P! Wir! Uns kann keiner, und uns können sie alle –!« So feine Mappen sind das.

Manche Menschen mit gestörtem Empfindungsleben tragen zwei Mappen mit sich herum, aber das ist selten: ein besserer Herr ist in dieser Sache monomapp.

Warum tragen aber alle diese die Mappe mit sich –?

Weil sie Dienst haben, den ganzen Tag. Weil die Arbeit sie auffrißt, täglich, stündlich, weil sie »ze tun« haben – etwa in dem Tempo, in dem der Komiker Otto Wallburg spricht. Ginge es logisch zu in der

Welt, so müßte ja der Mann in der Mappe liegen und sich nur gelegentlich, zu dienstlichen Zwecken, ans Tageslicht ziehen. Ja, die berliner Mappe hats in sich.

Sie regiert den Kerl, der sie trägt, sie bestimmt dessen Dasein, nicht umgekehrt. Er durchraschelt alle Papiere, die er schleppen muß – er durchstöbert ihren Wust, er rummelt darin umher, und wenn es hochgekommen ist, dann ist es Mühe und Arbeit gewesen, und es muß ja wohl Leute geben, die glauben, zu diesem Behufe auf der Welt zu sein. Mappe, du traurige Mappe, wie beschwerst du das Leben! Nie läßt du die Leute schlendern, mit den Händen in den Taschen, ohne dich, frei! Was einer nicht im Kopf hat, das muß er in der Mappe haben.

Nikolassee trägt seine Weisheit in die innere Stadt, Moabit transportiert das Jus nach dem Osten, der Alexanderplatz wedelt mit der Mappe nach dem Westen, kein Papier darf da bleiben, wo es geboren ist – trage, Liebchen, trage!

Dabei sind die meisten Mappen unvollständig: sie müßten eine kleine Karthotek eingebaut haben, etwas Wasserspülung und einen zusammenklappbaren Pokertisch … Mappen sind lebensnotwendig: wie könnte die deutsche Wirtschaft funktionieren ohne die Mappe! In England sollen die Leute auch mit Mappen herumtraben, hat man mir erzählt; aber daß sie es in Paris nicht tun, das weiß ich ganz gewiß. Denn der Franzose … also, was ist denn das überhaupt für ein Mensch! Der glaubt, daß man die Arbeit in seinem Geschäft tut, und wenn er über die Schwelle hinausgetreten ist, dann ist es aus damit, und selbst im Café de Commerce; wo die bessern Sachen abgeschlossen werden, geht das ohne Mappe zu. Aber er schreibt wohl nicht immer das Nötige ...

Wir schreiben. Denn sonst hätten wir nichts, was wir durch unsere Brillen ansehen können, und wohin kämen wir wohl ohne das –! Wenn einer geboren wird, und wenn einer stirbt, wenn ein Stück Drama von Unruh aus dem Fenster fällt, und wenn ein Filmband zerreißt, wenn Frau Helen uns mit den großen blauen Augen Ja zuwinkt und Nein meint, wenn einer einen Verkehrsturm umfährt, und wenn in einem nationalen Blatt eine Sicherung durchbrennt: wir schreiben. Und was wir geschrieben haben, das tun wir dann in die Mappe.

Und es ist nur schade, daß wir auf den Presseball ohne Mappe kommen – es würde das wesentlich zur Verschönerung des Bildes beitragen.

Schilt die Mappe nicht, Peter! Sie hat eine heilige Mission zu erfüllen hienieden – sie läßt ihren Träger an die Wichtigkeit seiner Arbeit glauben, und das ist mitunter gar nicht so einfach. Gott segne sie, die gute, treue, rindslederne; schier dreißig Jahre ist sie alt, hat manchen Sturm erlebt ... Sieh ihr gefältetes Gesicht! Die zerfurchten Züge, die morschen Nähte! Was barg sie nicht schon alles in ihrem Bauche ...?

Wenn aber einmal alles untergegangen ist von unserer Epoche, die Holzbarrieren auf den Straßen, die die Autos anlocken sollen, die Fußgänger zu hindern, den Fahrdamm zu passieren; wenn der Funkturm dahin ist und das letzte Sechs-Tage-Schieben und die Professorentitel unserer Theaterdirektoren: eines sollte übrigbleiben von dieser Zeit, als Denkmal aere perennius.

Ein Mann, aus Marmor, ordentlich in Stein ausgehauen, mit ernster Miene und sorgenvollen Naslöchern, eilig dahinschreitend, unter dem Arm sein geistiges Wickelkind, ganz der Papa aus Rindsleder.

Der Mann mit der Mappe.

Was soll er denn einmal werden?

Nämlich Ihr Sohn. Ja, wie ist er denn? Von leichter Trägheit? mehr schlau als klug? mehr Sitzfleisch als Charakter? etwas Intrigant?

Kaufmann … nein, Sie haben recht: dazu gehört, trotz der Bürokratisierung der deutschen Industrie, Initiative, wenn er nicht ewig ein Pultknecht bleiben will, Entschlußkraft, Fixigkeit: sonst wird es nichts. Kaufmann – das ist wohl nichts für ihn.

Zum Ingenieurberuf hat er keine Neigung? Arzt? nein? Künstlerische Anlagen – nicht? Seien Sie froh. Aber was sagen Sie da? Es gibt nur eine Sache auf der Welt, die er scheut? Erzählen Sie bitte.

Ihr Junge ist der Mensch, der seit seiner frühesten Kindheit ›nichts dafür kann‹? Der ständig, immer und unter allen Umständen, ablehnt, die Folgerungen aus seinem Verhalten zu ziehen? der die Vase nicht zerbrochen hat, die ihm hingefallen ist? der die Tinte nicht umgegossen hat, die er umgegossen hat? der immer, immer Ausreden sucht, findet, erfindet … kurz, der eine gewaltige Scheu vor der Verantwortung hat? Ja, dann gibt es nur eines.

Lassen Sie ihn Beamten werden. Da trägt er die Verantwortung, aber da hat er keine.

Nehmen wir einmal an, der Junge werde Lokomotivführer, und da geschieht es ihm, daß er aus Übermüdung nach zehn Stunden Dienst, aus Unachtsamkeit, aus einem jener unerklärlichen Zufälle heraus ein Signal überfährt und seinen Zug auf einen andern setzt. Achtundzwanzig Tote, neununddreißig Schwerverletzte. Wie meinen Sie? Er kann sich auf den Nebel berufen, sich auszureden versuchen …? Ah, Sie kennen Ihr eigenes Land nicht! Es wird ihm alles nichts helfen. § 316 StGB – Gefängnis von einem Monat bis zu drei Jahren, und wenn er auf einen tüchtigen Staatsanwalt trifft, so wird der schon noch etwas andres für ihn herausfinden … haben Sie keine Sorge. Ja, es ist eben ein verantwortungsvoller Posten, und den Letzten beißen die Hunde.

Als Arzt ist die Sache schon einfacher – eine Verurteilung bei Kunstfehlern ist nur auf Grund von Gutachten möglich, und ehe da einer den andern hineinreitet … aber immerhin: möglich ists schon.

Als Kaufmann … bedenken Sie bitte, was geschieht, wenn er in einem großen Betriebe ernsthaft patzt. Ist er ein kleiner Angestellter, fliegt er sofort hinaus – ist er ein großer, so kann er sich zwar drehen und wenden, aber die Börse hat ein wirklich Gutes: sie ist im besten Sinne wundervoll verklatscht, und wer dort einmal als unzuverlässig ausgeschrien wird, der hats sehr schwer. Das Gesetz? Ach, das interessiert die Börsianer nicht so sehr. Sie machen sich ihr

Gesetz allein, und es ist besser als das geschriebene, das kann ich Ihnen versichern. Es gibt da so eine Art stillen Boykotts, ganz leise, fast unmerklich – auf einmal ist es mit dem Verfemten vorbei. Die Frage dieser Verantwortung regelt sich ganz von selbst.

Überall also, liebe Frau, wird Ihr Junge, wenns hart auf hart geht, für das einstehen müssen, was er angerichtet hat. Das ist schon so im Leben.

Nur an einer Stelle nicht. Nur in einer Klasse Menschen nicht. Nur in einer einzigen Position nicht. Als Beamter.

Wie das gemacht wird? Und obs auch keiner merkt? In welchem Erdteil leben Sie? Auf dem Mond?

Zunächst kommt es zur Erlangung einer Beamtenstellung in zweiter Linie auf die Kenntnisse an. In erster darauf, daß jener dem Beamtenkörper, in den er eintritt, auch paßt, daß er sich mühelos in den Organismus einfügt, der nicht etwa, wie Sie, liebe Frau, zu glauben scheinen, der Zusammensetzung der Bevölkerung entspricht. Dieser Körper hat vielmehr seine eigenen Gesetze, seine von ihm und für ihn erfundenen Tugenden und Fehler, er nimmt nur an, was ihn lebenstüchtiger macht, und er stößt mit unfehlbarem Instinkt ab, was ihn schwächen könnte. Er führt ein Eigenleben. Er schwimmt oben wie Öl auf dem Wasser.

Ist es ihm nun gelungen, hier einzudringen, hat er die durchschnittlichen Kenntnisse, und ist er dem

Organismus genehm, dann sitzt er so ziemlich wie in Abrahams Schoß. Verstößt er nur nicht gegen die ungeschriebenen Regeln eines stillen Codex, poltert er nur nicht gegen die ehernen Pfeiler dieses unsichtbaren Doms –: dann wird ihm nichts geschehen.

Erleben Sie es oft, daß dieser Beamtenorganismus seine Angehörigen an die Strafbehörden ausliefert? Das geschieht fast nie. Also, so denken Sie, liebe Frau, wird da wohl auch nichts vorkommen. Es kommt aber genau so viel vor wie in allen andern Berufen – nur kräht kein Richter danach, weil eine Krähe ... nehmen Sie nur einen Stuhl, liebe Frau, und hören Sie gut zu.

Wenn zum Beispiel jemand, sehend oder blind, die Valuta seines Landes zugrunde richten läßt, so daß Millionen von Menschen ihr sauer erspartes Vermögen bis auf den letzten Pfennig verlieren; wenn einer die Arbeiter niederschießen läßt, wo sie nur stehen, und wenn er sich brutaldumpf in der Sonne der Gunst uniformierter Verbrecher spiegelt; wenn einer ableugnet, daß es in seinem Bereich jemals Verstöße gegen das Gesetz gegeben hat, wenn seinetwegen die Leute in den Gefängnissen und Zuchthäusern zu Hunderten sitzen; wenn sich einer bei Vergebung von staatlichen Krediten von einem gerissenen litauischen Pferdejuden übers Ohr hauen läßt, weil seine in der Beamtenlaufbahn ersessenen Kenntnisse es ihm nicht gestatten, wie ein moderner Kaufmann zu disponieren; wenn einer aus Karrieresucht, aus falsch verstandener Schneidigkeit, aus Autoritätssadismus ein Todesurteil fahrlässig durchdrückt, dessen zugrunde liegende Indizien zusammengeschludert sind ... was meinen Sie, liebe Frau, geschieht mit solchen, wenn ihre Untaten bekannt und erkannt sind?

Dann machen sie Erholungsreisen, liebe Frau. Dann fahren sie um die Welt, liebe Frau. Von jenem Schreibersmann Michaelis an, der einer bereits geistesschwach gewordenen Umwelt als Reichskanzler präsentiert wurde, bis zum letzten Kriegsminister –: es ist immer dasselbe. Vorher, wenn sie am Werk sind, reißen sie das Maul auf und weisen auf die schwere Verantwortung hin, die sie tragen. Ja, worin besteht denn die –? Etwa, wie bei jedem Kaufmann und Chauffeur, in der Möglichkeit, bei fahrlässig herbeigeführtem Mißerfolg strafrechtlich zu büßen, was staatsrechtlich begangen wurde? Daran kann sich kein Deutscher gewöhnen. Das Äußerste, was sich diese verkorksten Revolutionäre abringen, sind, erschrecken Sie nicht, liebe Frau, ›Untersuchungskommissionen‹; die kommissionieren und untersuchen und fragen und lassen sich von den Zeugen anschnauzen und kuschen und lassen Protokolle drucken und sitzen dann wieder auf geduldigen Gesäßen ... Bestraft wird keiner. Mit seinem Vermögen zahlt keiner. Eingesperrt wird keiner. Ein Versuch, ein einziger, und der deutsche Beamte täte überhaupt nichts mehr. Was? Er soll wirklich und wahrhaftig die Verantwortung tragen, wenn er etwas falsch gemacht hat? Er soll büßen, wenn er etwas ausgefressen hat? Während er doch nur, liebe Frau, ausführte, was ihm seine vorgesetzte Behörde befahl, oder während der Fehler doch nur bei der untergeordneten Behörde lag, oder während es sich nur um einen Kompetenzkonflikt handelte? Liebe Frau –!

Wenn Ihr Junge in der Schule nicht versetzt wird, dann darf er mit Ihnen nicht ins Theater gehen. Wenn ein Minister seine Aufgabe bis zum blamablen Zusammenbruch verfehlt hat, Fehler auf Fehler gehäuft, gelogen, aber schlecht gelogen, so schlecht gelogen, daß nicht einmal das Gegenteil von dem wahr war, was er sagte, geschoben, aber dumm geschoben, getäuscht, aber unvollkommen getäuscht –: dann geschieht was? Dann fährt er, unwiderruflich, liebe Frau, ins Ausland. Zur Erholung, liebe Frau.

Und so sieht sein Tag aus –:

Er erwacht in einem schönen sprungfedrigen Bett, in einem weiten, gut gelüfteten Raum, im Hotel etwa … Er dehnt und streckt sich noch einmal, denn ins Amt braucht er heute nicht zu gehen, sacht erhebt er sich, wäscht sich mit wollüstiger Langsamkeit, so gründlich, wie es in der jeweiligen Familie üblich ist; er bindet sich den Stehkragen um, merkwürdig, welche Vorliebe deutsche Minister für Stehkragen am falschen Ort haben! – und dann wandelt er hinaus ins Freie. Etwa in die südamerikanische Landschaft oder in die asiatische; dort wird er festlich empfangen und hofiert, und Diener machen Verbeugungen, und er besichtigt irgend etwas: ein Nationaldenkmal oder eine Kinderwagenfabrik oder eine Universität für taubstumme Opernsänger … Seine Landsleute umstehen ihn. Und dann wird es plötzlich still um ihn, und er hält eine Rede, und während auf seinem Herzen der Brief der Deutschen Republik knistert, die ihm mitteilt, daß die fällige Quote seiner Pension, wie verabredet, an die Disconto-Gesellschaft überwiesen worden ist, hält er seine Rede und beschimpft sehr vorsichtig, sehr fein, mit jener verschlagenen Dummdreistigkeit, die das hervorragende Kennzeichen seines Standes ist, eben diese Republik. Er weiß: sie wehrt sich nicht. Er war ja die Republik; er kennt sie.

Und dann, liebe Frau, fährt er im Auto umher oder in einer Dampfbarkasse und sieht mit seinen runden Brillenaugen die schöne Welt an, die ihm eine Staffage ist, er sieht sie an wie ein besichtigender General, mit jenem Blick, der vorgibt, alles zu sehen, und der doch blind ist bis in den letzten Nerv hinein – und dann setzt er sich mit Muttern, denn Mutter hat er mitgenommen, aufs Schiff und fährt zurück in die liebe Heimat. Und da wird er dann Aufsichtsrat, wegen seiner guten Beziehungen zu den Behörden, und weil er beamtisch sprechen kann; und intrigiert ein bißchen in den politischen Parteien, und wenn er besonders wild ist, dann aspiriert er auf den Präsidentenposten ... liebe Frau, die Welt ist so reich.

Man nennt das: Studienfahrt.

Und währenddessen hocken seine Opfer in den Zellen; und währenddessen schuften die von ihm geschädigten alten Leute wieder in irgendeinem Papiergeschäft oder trappeln als Versicherungsagenten auf den Straßen; und währenddessen prozessieren Tausende seinetwegen, und laufen Zehntausende auf ein Amt, und klagen Hunderttausende, denen er durch seine Politik das Lebensglück abgeschnürt hat ... immer mit der Verantwortung. Die der Blitz aber verschont hat, stehen mit pfiffigen Mienen herum, nennen ihre charakterlose Schwäche Demokratie, und wenn jener Geschichten macht, so sagen sie: »Die Geschichte wird richten.« Das tut nicht weh.

Eher, liebe Frau, bricht sich einer, der auf einen Stuhl steigt, ein Bein, als daß einem deutschen Minister etwas passiert, und wenn er noch so viel Böses angerichtet hat. Es ist das gefahrloseste und das verantwortungsloseste Metier von der Welt.

Liebe Frau, lassen Sie Ihren Sohn Beamten werden.

Nur

»Es ist ein Irrtum zu glauben«, habe ich neulich bei einem hochfeinen Schriftsteller gelernt, »daß die Arbeiter die Türme erbaut haben; sie haben sie nur gemauert.«

Nur – ›nur‹ ist gut.

Es ist immer wieder bewundernswert, daß nicht viel mehr Türme einstürzen, Eisenbahnbrücken zusammenkrachen, Räder aus den Gleisen springen ... auf wem ruht das alles? Auf einem Zwiefachen.

Auf dem Geist, der es ersonnen hat – und auf der unendlichen Treue, die es ausführte. Der geistige Mitarbeiter hat, manchmal wenigstens, noch mehr als eine innerliche Befriedigung von seinem Werk; er ist an den Überschüssen beteiligt, er kann sich Aktien kaufen, er hat den Ruhm, er macht seinen Namen bekannt ... manchmal. (Obgleich die großen Konzerne es verstanden haben, auch den Ingenieur, den Erfinder, den geistigen Bastler in ein trostloses Angestelltenverhältnis hinabzudrücken – der Arbeiter überschätze ja nicht den weißen Kragen: der täuscht.) Aber was hat der Arbeiter –?

Den unzulänglichen Lohn. Wenig Befriedigung. Im allerbesten Fall das verständnisvolle Lob des

Werkmeisters, der seine Leute kennt und der von Schulze IV weiß: »Der Junge ist richtig. Wo ich den hinstelle, da klappts.« Das ist denn aber auch alles.

Um so beachtlicher, mit welcher Lust, mit welcher Treue im kleinen, mit welcher ernsten Fach- und Sachkenntnis dennoch alle diese Arbeiten ausgeführt werden. Es ist natürlich in erster Reihe die Überlegung: Mache ich das hier nicht gut, fliege ich auf die Straße ... und dann –? Aber daneben ist es doch auch der Stolz des Fachmannes; die Freude an der Sache, trotz alledem, obgleich sich so viele bemühen, sie dem Arbeiter auszutreiben. Er vergißt mitunter, für wen er da eigentlich arbeitet, denn der Mensch ist schon so, daß ihn die Arbeit gefangennehmen kann, und er zieht die Schrauben an, als wären es seine eigenen, und als bekäme er es bezahlt. Er bekommt es nicht bezahlt; er bekommt nur seinen Wochenlohn.

Da hängen sie auf den Türmen, da liegen sie auf den Brücken, da lassen sie sich an Stellings herunter und pinseln auf schwanken Gerüsten – ich vergaß hinzuzufügen: nur. Sie mauern nur. Sie sorgen nur dafür, daß sich die geistige Vision des Erbauers auch verwirkliche – was ist denn das schon, nicht wahr, das kann doch jeder ... Ob es auch der feine Schriftsteller kann, der dieses ›nur‹ hingeschrieben hat, das möchte ich bezweifeln. Daher ich der Meinung bin:

Der Handarbeiter ist dem Kopfarbeiter gleichzusetzen. Der eine ist unfähig, einen Turm auf dem Papier zu konstruieren, kennt nicht die heißen Nächte, wo das Werk, noch in den Wolken schwebend, nach Erfüllung ruft; der andere kann nicht jeden Morgen um fünf aufstehen, bei jedem Wetter zur Stelle sein, schwindelfrei arbeiten, seine Körperkraft drangeben ... jeder seins.

›Nur‹? – Das Überflüssigste auf der Welt ist ein kleinbürgerlicher Philosoph.

Wie wird man Generaldirektor?

Manchmal – in den feinen Hotels – da laufen die kleinen Hotelpagen durch die samtgeschwollenen Räume und rufen mit heller Stimme: »Herr Generaldirektor Eisenstein! Herr Generaldirektor Eisenstein!« – so lange, bis irgendein wohlbeleibter Herr mit schmalgefaßter Brille eilig aufsteht und hinter dem Pagen her ans Telefon stürzt … Das ist der Lauf der Welt. Dann muß ich jedesmal denken:

Wie wird man Generaldirektor –?

Einmal war es doch nur Herr Eisenstein, Willy Eisenstein, wissen Sie, sein Vater hat diese Röhrensache gehabt, die hat er später aufgegeben, jetzt hat er sich mit Beheim u. Ploschke assoziiert, ganz gute Leute, den Jungen kannt ich noch, wie er so klein … ein ganz tüchtiger Bengel, die Frau ist eine geborene Wüstefeld … ja, das ist Willy Eisenstein. Und der hieß am Telefon: Herr Eisenstein und im Büro: Herr Eisenstein und auf den polizeilichen Anmeldungen: Eisenstein, Willy – und überall: Herr Eisenstein … und nun auf einmal ist er Generaldirektor. Wie wird man das?

Macht man ein Examen? Nein, man macht kein Examen. Es ist einer der seltenen Fälle, wo man in

Deutschland kein Examen macht. Wir haben Gärtnerburschen, deren Lehrherren glauben, daß Rosenschneiden ohne Abitur nicht die richtige Würze habe; unsere Motorenschlosser müssen das ›Einjährige‹ haben, keine Handwerksinnung, die nicht darauf hält, daß ihre Leute höhere Schulbildung genossen haben, obgleich die doch gar kein Genuß ist … aber Generaldirektor wird man ohne Examen.

Wie wird man es –? Kommt der Reichsverband Deutscher Generaldirektoren und bringt dem neugebackenen Mitglied ein Diplom ins Haus? Singt ein Männeroktett auf dem Hof:

»Heil sei dem Tag, an dem du uns erschienen –

Dideldumm – didellum – didellum –«

und sitzen dann die acht gesungen habenden Generaldirektoren in der Küche des neuen und bekommen pro Mann ein Glas Bier und eine Zigarre? Wird man zum Generaldirektor ernannt? befördert? geweiht? Wie ist das? Wie macht man das?

Schon, wie man gewöhnlicher ›Direktor‹ wird, ist nicht ganz klar und ein biologisch höchst beachtenswerter Vorgang … die Natur hat viele Rätsel. Und nun: ›Generaldirektor‹! Ist dazu der Nachweis erforderlich, daß man eine Schar hundsgemeiner Direktoren befehlige, einfach unter sich habe, sie beherrsche, wie der General seine Divisionen? Wie wird man Generaldirektor?

Bürgert sich der Titel gewohnheitsrechtlich ein?

Oder geht Willy Eisenstein eines Freitagabends zu Bett, ganz friedlich, nur im Pyjama, noch ohne Titel – und morgens liegt die neue Benennung auf dem Stuhl, und ein Generaldirektor schwimmt in der hochgeehrten Badewanne? Groß sind, o Gott, deine Wunder!

Und was geschieht, wenn den Generaldirektor einer nicht mit dem Titel anspricht? Schmettert ihn ein durchbohrender Blick darnieder? Ergreift der General das Papiermesser und sticht es dem frechen Besucher in die nichtsahnende Brust? Drückt er auf seine Privatsekretärin und befiehlt, man möge den Unbotmäßigen die Treppe herunterwerfen? Niemand weiß das.

Ja, und wie lange bleibt man Generaldirektor? Wie ist das bei … verzeihen Sie, es ist nur eine theoretische Frage, ich meine … wie ist das bei einem gerichtlichen Verfahren? Wird da der Angeklagte auch mit ›Herr Generaldirektor‹ bezeichnet? Oder ist er ausgestoßen aus der Reihe der Generaldirektoren, degradiert, beschimpft, hinuntergestoßen in den Stand der miserrima plebs? Pleitesse oblige.

Man ist Generaldirektor, oder man ist es nicht. Ich glaube: jeder kann es nicht werden. Es gehört wohl eine Art innerer Würde dazu, ein gußeiserner Halt im Charakter, verbunden mit einer ganz leisen, wehen Sehnsucht nach einem verhinderten Doktortitel … denn einen Titel muß der Mensch haben.

Ohne Titel ist er nackt und ein gar grauslicher Anblick. Und Willy Eisenstein sah an sich hinunter, und
siehe, er *sahe,* daß er nackt war und bloß, an der Ecke
lauerte das Schund- und Schmutzgesetz … und da
bekleidete er sich und nahm das härene Gewand des
Generaldirektors auf sich (Marke: Hungerbrokat),
und er ging umher und sah, daß alles gut war, und
wenn die kleinen Hotelpagen nun im Hotel quäken:
»Herr Generaldirektor Eisenstein!«, dann erhebt sich
ein Generaldirektor und schreitet fürbaß.

In ihm sitzt, ganz klein, ganz niedlich und unver-
ändert, der kleine Willy und lugt aus den Guck-
löchern seines Titels. Erweist die Welt dem Hut die
Reverenz? »Orden und Titel«, sagte der Geheimbderath aus Weimar, »halten manchen Puff ab im
Gedränge.« Wobei denn die Frage offen bleiben mag,
wie es in einem Gedränge von Generaldirektoren zu-
gehen mag.

In der Hotelhalle

Ein Blick – und die Neese sitzt hinten.

Wir saßen in der Halle des großen Hotels, in einer jener Hallen, in denen es immer aussieht wie im Film – anders tuts der Film nicht. Es war fünf Minuten vor halb sechs; mein Partner war Nervenarzt, seine Sprechstunde war vorüber, und wir tranken einen dünnen Tee. Er war so teuer, daß man schon sagen durfte: wir nahmen den Tee.

»Sehen Sie«, sagte er, »es ist nichts als Übung. Da kommen und gehen sie – Männer, Frauen, Deutsche und Ausländer, Gäste, Besucher … und niemand kennt sie. Ich kenne sie. Ein Blick – hübsch, wenn man sich ein bißchen mit Psychologie abgegeben hat. Ich blättere in den Leuten wie in aufgeschlagenen Büchern.«

»Was lesen Sie?« fragte ich ihn.

»Ganz interessante Kapitelchen.« Er blickt mit zugekniffenen Augen umher. »Keine Rätsel hier – ich kenne sie alle. Fragen Sie mich bitte.«

»Nun … zum Beispiel: was ist der da?«

»Welcher?«

»Der alte Herr … mit dem Backenbart … nein, der nicht … ja, der …«

»Der?« Er besann sich keinen Augenblick.

»Das ist … der Mann hat, wie Sie sehen, eine fulminante Ähnlichkeit mit dem alten Kaiser Franz Joseph. Man könnte geradezu sagen, daß er ein getreues Abbild des Kaisers sei – er sieht aus … er sieht aus wie ein alter Geldbriefträger, den die Leute für gütig halten, weil er ihnen die Postanweisungen bringt. Seine Haltung – seine Allüren … ich halte den Mann für einen ehemaligen Hofbeamten aus Wien – einen sehr hohen sogar. Der Zusammenbruch der Habsburger ist ihm sehr nahe gegangen, sehr nahe sogar. Ja. Aber sehen Sie doch nur, wie er mit dem Kellner spricht: das ist ein Aristokrat. Unverkennbar. Ein Aristokrat. Sehen Sie – in dem Mann ist der Ballplatz; Wien; die ganze alte Kultur Österreichs; die Hohe Schule die sie da geritten haben – tu, Felix, Austria … Es ist sicher ein Exzellenzherr – irgendein ganz hohes Tier. So ist das.«

»Verblüffend. Wirklich – verblüffend. Woher kennen Sie das nur?«

Er lächelte zu geschmeichelt, um wirklich geschmeichelt zu sein; wie eitel mußte dieser Mensch sein! – »Wie ich Ihnen sage: es ist Übung. Ich habe mir das in meinen Sprechstunden angeeignet – ich bin kein Sherlock Holmes, gewiß nicht. Ich bin ein Nervenarzt, wie andere auch – nur eben mit einem Blick. Mit dem Blick.« Er rauchte befriedigt.

»Und die Dame da hinten? Die da am Tisch sitzt

und auf jemand zu warten scheint – sehen Sie, sie sieht immer nach der Tür ...«

»Die? Lieber Freund, Sie irren sich. Die Dame wartet nicht. Sie erwartet wenigstens hier keinen. Sie wartet ... ja, sie wartet schon. Auf das Wunderbare wartet sie. Lassen Sie ... einen Moment ...«

Er zog ein Monokel aus der Westentasche, klemmte es sich ein, das Monokel fühlte sich nicht wohl, und er rückte es zurecht.

»Das ist ... Also das ist eine der wenigen großen Kokotten, die es noch auf dieser armen Welt gibt. Sie wissen ja, daß die Kokotten aussterben wie das Wort. Die bürgerliche Konkurrenz ... Ja, was ich sagen wollte: eine Königin der käuflichen Lust. Minder pathetisch: eine Dame von großer, aber wirklich großer Halbwelt. Donner ... Donnerwetter ... haben Sie diese Handbewegung gesehen? Die frißt Männer. Sie frißt sie. Das ist eine ... Und in den Augen – sehen Sie nur genau ihre Augen an ... sehen Sie sie genau an ... in den Augen ist ein Trauerkomplex, ein ganzer Garten voller Trauerweiden. Diese Frau sehnt sich; nach so vielen Erfüllungen, die keine gewesen sind, sehnt sie sich. Daran gibt es keinen Zweifel. Fraglich, ob sie jemals das finden wird, was sie sucht. Es ist sehr schwierig, was sie haben will – sehr schwierig. Die Frau hat alles gehabt, in ihrem Leben – alles. Und nun will sie mehr. Das ist nicht leicht. Dieses verschleierte Moll! Kann sein, daß sich ein Mann ihretwegen umgebracht hat – es kann sein – das kann ich nun nicht genau sagen. Ich bin nicht allwissend; ich bin nur ein Arzt der Seele ... Ich möchte diese Frau geliebt haben. Verstehen Sie mich – nicht lieben! Geliebt haben. Es ist gefährlich, diese Frau zu lieben. Sehr gefährlich. Ja.«

»Doktor ... Sie sind ein Cagliostro ... Ihre Patienten haben nichts zu lachen.«

»Mir macht man nichts vor«, sagte er. »Mir nicht. Was wollen Sie noch wissen? Weil wir grade einmal dabei sind ...«

»Der da! Ja, der Dicke, der jetzt aufsteht – er geht – nein, er kommt wieder. Der mit dem etwas rötlichen Gesicht. Was mag das sein?«

»Na, was glauben Sie?«

»Tja ... hm ... heute sieht doch einer aus wie der andere ... vielleicht ...«

»Einer sieht aus wie der andere? Sie können eben nicht *sehen* – sehen können ist alles. Das ist doch ganz einfach.«

»Also?«

»Der Mann ist Weinhändler. Entweder der Chef selbst oder der Prokurist einer großen Weinfirma. Ein energischer, gebildeter Mann; ein willensstarker Mann – ein Mann, der selten lacht und trotz des Weines nicht viel von Humor hält. Ein ernster Mann. Ein Mann des Geschäftslebens. Unerbittlich. Haßt große Ansammlungen von Menschen. Ein Mann des Ernstes. Das ist er.«

»Und die da? Diese kleine, etwas gewöhnlich aussehende Madame?«

»Panter, wie können Sie so etwas sagen! Das ist – (Monokel) das ist eine brave, ordentliche Bürgersfrau aus der Provinz … (Monokel wieder in den Stall) – eine brave Frau, Mutter von mindestens vier Kindern, aufgewachsen in den Ehrbegriffen der kleinbürgerlichen Familien – geht jeden Sonntag in die Kirche – kocht für ihren Mann, flickt ihren Bälgern die Hosen und Kleidchen – es ist alles in Ordnung. Die übet Treu und Redlichkeit und weichet keinen Finger breit … die nicht.«

»Und der da, Doktor?«

»Sehen Sie – *das* ist der typische Geldmann unserer Zeit. Da haben Sie ihn ganz. Ich könnte Ihnen seine Lebensgeschichte erzählen – so klar liegt die Seele dieses Menschen vor mir. Ein Raffer. Ein harter Nehmer in Schlägen. Der läßt sich nicht unterkriegen. Gibt seine Zeit nicht mit Klimperkram ab; liest keine Bücher; kümmert sich den Teufel um etwas anderes als um sein Geschäft. Da haben sie den amerikanisierten Europäer. Mit den Weibern – Himmelkreuz! – Es ist sechs … Seien Sie nicht böse – aber ich habe noch eine dringende Verabredung. Ich muß mir gleich einen Wagen nehmen. Zahlen! – Die Rechnung …« verbesserte er sich. Der Kellner kam, nahm und ging. Der Doktor stand auf.

»Was bin ich schuldig?« fragte ich aus Scherz.

»Unbezahlbar – unbezahlbar. Alles Gute! Also …
auf bald!« Weg war er.

Und da ergriff mich die Neugier, da ergriff sie mich.
Noch saßen alle analysierten Opfer da – alle. Ich
schlängelte mich an den Hotelportier heran, der von
seinem Stand aus die Halle gut übersehen konnte.
Und ich sprach mit ihm. Und ließ etwas in seine
Hand gleiten. Und fragte. Und er antwortete. Und
ich lauschte:

Der österreichische Höfling war ein Nähmaschi-
nenhändler aus Gleiwitz. Die große Hure mit dem
Trauerkomplex eine Mrs. Bimstein aus Chicago –
nun war auch ihr Mann zu ihr an den Tisch getreten,
unverkennbar Herr Bimstein. Der Prokurist der großen Weinfirma war der Clown Grock. Die pummlige
Mama war die Besitzerin eines gastlichen Etablisse-
ments in Marseille; der freche Geldmann war ein
Dichter der allerjüngsten Schule –

Und nur der Psychologe war ein Psychologe.

Der kranke Zeisig

Für Grete Wels

Wartezimmer bei Professor Latschko, *dem großen Endokrenologen für externe Internie. Zeisig – der bekannte* Herr Zeisig, *der Sohn des Kaplans Zeisig – sitzt auf einem Stühlchen und hat gelesen: ›Bade-Anzeiger‹ des Kurorts Bad Stargard; Verzeichnis der Heilbäder der Uckermark; Verzeichnis der Fußbäder im Oberen Lötschtal; ›Velhagen und Klasings Monatshefte‹, März 1919.* Herr Zeisig will grade lesen: ›Velhagen und Klasings Monatshefte‹, April 1897, *da öffnet sich die Tür des Sprechzimmers, und eine volle Dame, die so krank ist, daß sie vor Stolz keinen ansieht, geht, für etwa 45 Mark geheilt, heraus. Die Tür schließt sich. Pause. Eine Schwester erscheint. Sie trägt eine sterilisierte Tracht und gleitet sanft dahin; sie sieht aus wie ein Geheimrat im Finanzministerium auf Rollen.* Bitte! *sagt sie.* Zeisign *ist auf einmal sehr gesund ums Herz. Er will da nicht hinein. Er muß. Er tritt also ins Konsultationszimmer des Herrn* Professor Latschko. *Gediegene Inneneinrichtung. Alles atmet den Geist hoher Wissenschaft und strenger Honorare. Zeisig seinerseits wagt kaum zu atmen. Denn* der Professor *sitzt an seinem Schreibtisch und schreibt emsig sowie auch würdevoll.*

Er ist ein älterer, straffer Mann, bartlos, nur seine Seele trägt eine Brille; männliche Energie und etwas Sacharin-Lyrik, erworben im Verkehr mit gut zahlenden Patientinnen, haben sich hier gepaart.

Der Zeisig *räuspert sich, sehr vorsichtig.*

Der Professor *schreibt.*

Der Zeisig *wartet sich eins.*

Der Professor *blickt auf:* Nun ... was führt Sie hierher?

Auf diese Frage war der Zeisig *nicht vorbereitet. Er hatte gedacht, die Konsultation würde mit einem kleinen Schwätzchen beginnen. Wo nun anfangen!:* Ich ... iche ... mein Name ist Zeisig.

Der Professor *drückt durch seine Stummheit aus:* Wir haben schon ganz andere Krankheiten geheilt!

Der Zeisig: Herr Professor ... Ich habe ... ich bin ... das heißt also: es sind mehr so allgemeine Beschwerden. Meine Arbeitskraft ist herabgesetzt; es ist so eine allgemeine Müdigkeit, vielleicht auch die Leber ... manchmal habe ich Herzstiche, und dann tun mir die Füße weh. Es muß also wohl die Blase sein. Wir hatten in meiner Familie einen Fall, wo meine Tante Elfriede an chronischer Schwangerschaft ...

Der Professor: Was sind Sie?

Der Zeisig: Vasomotoriker.

Der Professor *sanft wie ein Irrenarzt, bevor er* »Dauerbad!« *sagt:* Von Beruf!

Der Zeisig: Nähmaschinen-Grossist.

Der Professor: Nun mal weiter.

Der Zeisig: Also es ist sicherlich die Blase. Wenn ich lache, dann tut es mir weh, und wenn ich morgens aufwache, muß ich immer an Zuckerhüte denken. Es ist wie eine Zwangsvorstellung – immer Zuckerhüte. Auch mit der Verdauung ist das nicht mehr so wie früher ... es macht mir nicht mehr solchen Spaß. Deshalb bin ich zu Ihnen gekommen. Ich komme auf Empfehlung meines Hausarztes, des Herrn Doktor Bullett.

Der Professor, *ein General, hat den Namen dieses Landsknechts der Wissenschaft nicht gehört, er will ihn nicht gehört haben. Merkwürdig, was für Leute den Arztberuf ausüben dürfen ...!* So. Wie ist es denn mit den Augen? Sehen Sie gut?

Der Zeisig, *der stolz darauf ist, daß er Schiffe am Horizont in Westerland eher sehen kann als alle andern:* Gottseidank. Sehr gut.

Der Professor: Das Gehör?

Der Zeisig: Ausgezeichnet.

Der Professor: Waren Sie mal geschlechtskrank?

Der Zeisig: Fast gar nicht.

Der Professor: Rauchen Sie?

Der Zeisig: Ja. Aber nur orthopädischen Tabak.

Der Professor: Alkohol?

Der Zeisig: Nur Wein, Bier und etwas Likör.

Der Professor: Ihre politische Zugehörigkeit?

Der Zeisig: Deutsche Staatspartei.

Der Professor *ist beruhigt. Linksleute behandelt er nicht, wegen fein.* Sie rauchen also? Welche Sorte? Das ist wichtig.

Der Zeisig: Ich rauche Brasilzigarren und türkische Zigaretten ... hauptsächlich.

Der Professor *ist froh, daß der Mann überhaupt raucht. Er blickt hier und da auf eine verborgene Aschenschale, in der sich eine Zigarre allein raucht:* Jedenfalls rauchen Sie nicht zu viel! Ihr Haarschnitt?

Der Zeisig: ? –?

Der Professor: Hinten zu kurz. Diese Mode befördert die Erkältungen. Ihre Rasierseife?

Der Zeisig: Eine Eau-de-Cologne-Seife.

Der Professor, *immer noch wie eine Statue, aus Schmalz gehauen:* Bitte – kommen Sie mit!

Der Zeisig *bereut es entsetzlich, sich diesem Menschen überantwortet zu haben. Er denkt:* Ob es weh tut? So – jetzt wird sich ja herausstellen, was es ist; der Professor wird staunen; mal sehen, ob er das überhaupt kann! So einen interessanten Fall hat er sicherlich noch nie gesehen ... ob es sehr weh tun wird? *Sie gehen ins Behandlungszimmer.*

Darin sieht es aus wie in einer Granatendreherei. Blitzende Apparate, glänzendes Nickel, strahlende Messingarme und elektrische Lämpchen: alles offenbart den Geist einer von der größtenteils jüdischen Kundschaft geforderten Polypragmasie. Ein Arzt, was keine

Apparate hat, ist ein schlechter Arzt; man muß mit seiner Zeit mitgehen.

Der Professor: Machen Sie sich frei, und legen Sie sich hin!

Das tut der Zeisig; es ist sein Stolz, immer und an jedem Tag vor einen Arzt treten zu können. Er hält sich sauber, schon, weil man ja auf der Straße überfahren werden kann. Er legt sich, sieht an die Decke und ist auf einmal sehr krank.

Der Professor *hat der Schwester, die stumm eingetreten ist, gewinkt. Sie geht an das Kopfende des Ruhebettes und macht kein Gesicht. Der Professor holt Atem, bekommt einen merkwürdig starren Ausdruck in den Augen; er hat ein Feldtelefon in der Hand und fragt das Zeisigsche Herz:* »Hallo, hier Professor Latschko! Wer dort?« Das Herz: Puck-puck – puck-puckpuck … pick-pick … ffft … ffft … puckpuckpuck … Ruhig atmen! Nicht stauen! *Das Herz telefoniert weiter; der Professor hat abgehängt. Er läßt sich nun mit der Lunge verbinden.* Die Lunge: Hach-huach –! hach-huach … Der Professor *versetzt dem Zeisig einen leichten Schlag auf das Knie; das Bein hopst artig hoch, wie es das gelernt hat.*

Der Zeisig *bekommt einen kleinen Schrecken, denn* der Professor *hat ihm mit einem spitzen und tückischen Messerchen eine Inschrift auf die haarige Brust gekratzt:* CARMOL TUT WOHL! *Die Haut schreit rot auf und verstummt.*

Der Professor *mißt den Blutdruck:* Viertel sieben. Geht nach.

Der Professor *sieht sich die Hände* Zeisigs *an, läßt nachdenklich dessen Zehen durch seine Finger gleiten, gebietet ihm, sich herumzudrehen und murmelt etwas zur Schwester. Ein Apparat surrt. Zeisig sieht nichts. Sie machen etwas mit ihm; nun ist seine Lebenskraft wesentlich gehoben. Er bekommt langsam Vertrauen zu diesem* Professor – *der Mann versteht sein Handwerk! Und so gründlich! Gründlich ist, wenns lange dauert. Nun muß er in ein Töpfchen machen.*

Der Professor *heißt* Zeisign *sich auf einen Stuhl setzen. Er sieht ihm in die Augen, hält erst ein Auge zu, dann das andre; er leuchtet ihn mit kleinen Scheinwerfern an und schaltet aus; dann muß* der Zeisig *den Schnabel aufmachen,* der Professor *hält sich an* Zeisigs *Zunge fest und sieht mit einem Kehlkopfspiegel nach, ob sein Schlips richtig sitzt:* Ziehen Sie sich wieder an! *Die Schwester verschwindet; die beiden gehen zurück ins Konsultationszimmer.*

Der Zeisig *ist in der Stimmung eines Schülers, der seinen Aufsatz zurückbekommt.*

Der Professor: Sie sind völlig gesund und bedürfen demgemäß einer gründlichen Behandlung. Zu einer Sorge ist durchaus kein Anlaß gegeben – immerhin: Seien Sie vorsichtig, sonst könnte Ihnen eines Tages etwas passieren. Sie gehören zum Typus der vegetativ Stigmatisierten; eine gewisse mitrale Konfiguration läßt auf das Bestehen eines endokrenen Ringes schließen.

Dem Zeisig wird es wirblig. Er lauscht angestrengt und ist bestrebt, jedes Wort des großen Medizinmannes in sich hineinzusaugen.

Der Professor: An der Blase haben Sie nichts. Eine ganz leichte Leberschwellung ist allerdings vorhanden …

Der Zeisig: Das sagte mir Doktor Bullett auch …

Dem Professor macht auf einmal die ganze Diagnose keinen Spaß mehr. Auch! Was heißt: auch? Wenn zwei Ärzte derselben Meinung sind, dann ist einer davon überhaupt kein Arzt. Immerhin ist die Reihenfolge die: Der große Latschko – dann etwa vier Lichtjahre nichts – dann seine Assistenten – dann irgendwelche andren Ärzte – dann dieser Doktor … wie war der Name? Boulette? Dann ein Trennungsstrich. Dahinter das Heer der Laien: das Material. Man kann im Notfall eine Theorie fallenlassen; man kann keinen Kollegen fallenlassen. Latschko geht daher zu etwas anderm über: Wir wissen heute, daß die Hypophyse und solche leicht tonischen und vasomotorischen Störungen vom Stoffwechsel ausgehen. Hand in Hand mit der Beeinflussung des Stoffwechsels muß eine Entspannungskur treten; ich sage Ihnen gleich, daß ich von der Psychoanalyse nichts halte, dagegen werde ich Sie mit Hormonen behandeln. Sie haben zu wenig. Manchmal auch zu viel. Auf alle Fälle die fal-

schen. Ich habe Ihnen den Thymus perkutiert –
möglich, daß da noch infantile Residuen vorhanden
sind; jedenfalls gehören Sie zum thymoplastischen
Typ.

Der Zeisig *ist gänzlich verdattert. Wüßte er, daß die
Thymus-Untersuchung ihre wahre Bestätigung erst bei
der Sektion fände, er wäre es noch mehr.*

Der Professor: Nun zum Diätzettel. Keine Rhein-
weine, nur junge Moselweine – keine jungen Pfälzer-
weine. Keine Zigarren mit Fehlfarben; keine lange
Pfeife, nur kurze Pfeife. Und vor allem einen andern
Haarschnitt! Und Teerseife! Ist Ihr Sexualleben in
Ordnung?

Der Zeisig *rekapituliert blitzschnell die diesbezüg-
lichen Vorwürfe Lillys und sagt* Ja.

Der Professor: Das habe ich mir gedacht; also
müssen wir da etwas tun. Ich habe mit der Methode,
die ich bei Ihnen anwenden werde, gute Erfolge
erzielt, so neu sie ist; in leichten Fällen hilft auch
die Terminologie. Wir haben in meiner Klinik schon
sehr schwere Fälle von solchen Herz- und Nieren-
kranken gehabt ... wir haben immerhin erreicht,
daß wir sie entlassen konnten, damit sie anderswo
eingingen. Ich schreibe Ihnen hier zunächst einmal
Tropfen auf – die nehmen Sie, vierzehn Tropfen vor
dem Mittagessen, zweiundzwanzigeinenhalben nach
dem Abendessen und ein kleines Wasserglas voll vor
dem Aufstehen. Ich werde Ihnen wöchentlich drei

Spritzen machen: eine subkutan, eine intravenös und eine intramuskulär.

Der Zeisig *hat Angst und vertagt dieselbe.*

Der Professor: Vor allem schonen Sie sich und muten Sie sich nicht zuviel zu. Das Nähmaschinengeschäft ist mit speziellen Aufregungen verknüpft; es treten dann Ermüdungserscheinungen hinzu … dergleichen kann einen Mann wie Sie untauglich machen.

Der Zeisig *hat auf das Reizwort ›untauglich‹ einen Assoziations-Kurzschluß. Er sieht den* Professor *plötzlich in Uniform vor sich, die Konsultation kostet gar nichts, und der* Professor *sagt mit einem Ausdruck, wie wenn er in einen Pferdeapfel gegriffen hätte:* »k. v.« *Die Vision verschwindet.*

Der Professor: Der Laie überschätzt naturgemäß diese Symptome, die – verstehen Sie mich recht – eigentlich gar keine Symptome sind. Für mich sind diese Dinge, von denen Sie mir da erzählen, Folgeerscheinungen; es ist wichtig, daß Sie sich das immer vor Augen halten: Folgeerscheinungen. Sie bleiben in Berlin? Ich werde Sie behandeln; schlagen Sie sich den Gedanken aus dem Kopf, mit aller Gewalt gesund zu werden – das ist nicht der Zweck der Medizin. Die Medizin ist eine Wissenschaft, also der Mißbrauch einer zu diesem Zweck erfundenen Terminologie. Laien verspüren leicht Schmerzen: das ist völlig irrelevant. Es handelt sich nicht darum, den

Schmerz zu beseitigen – es handelt sich darum, ihn in eine Kategorie zu bringen! Hier ist das Rezept.

Es entsteht eine eigentümliche Pause. Der Zeisig wäre sehr erleichtert, wenn der Professor *jetzt sagte:* »Na, Schatz, was schenkst du mir denn –?« Der Professor *sagts aber nicht.*

Der Zeisig *ungeheuer klein und bescheiden:* Was … was bin ich Ihnen schuldig, Herr Professor?

Der Professor *groß, aber leichthin:* Fünfzig Mark.

Der Zeisig *hat auf der äußersten Zungenspitze:* »Fünfzig Mark? Fünfunddreißig! Valuta 1. Dezember – Wer zahlt mir …!«, *bremst aber im letzten Augenblick und zahlt so schnell und schämig, als verrichte er ein kleines Geschäft, während gleich jemand um die Ecke kommt.*

Der Professor *nimmt, schließt ein und steht auf.*

Händedruck, Verbeugung. Zeisig ab.

Der Zeisig *draußen:* Das mit den Zuckerhüten … das muß ich ihn nächstes Mal noch fragen …! Ob es Zucker ist? Ich werde doch noch einen Spezialisten konsultieren! – *Aber nun wird dem Zeisig plötzlich ganz durchsichtig im Gemüt; er winkt noch einmal schwach mit der Hand, dann löst er sich in Whisky auf, aus dem er gekommen ist, und der Autor dieser Szene trinkt ihn aus.*

Lasset uns beten!

Heiliger Äskulap! der du die Ärzte eingesetzt hast, auf daß sie eine Beschäftigung haben, sowie die meschuggenen Patienten, auf daß sie Valerian bekommen, so es Kassenpatienten sind, Insulin aber, so sie es bezahlen können; der du die Heilmethoden erfunden hattest, die da wechseln wie die Hutmoden und kleidsam sind bis zum Exitus; der du alljährlich auf die Menschheit einen ganzen Waschkorb junger Doktoren losläßt, die den Herrn Wendriner mit Fremdwörtern und mit dem neuen Medikament Eizeïn behandeln; der du den medizinischen Spießer zum Erzpriester machst, weil der Patient seinen Wundermann braucht!

Heiliger Äskulap! der du die Chirurgen geschaffen hast, auf daß das Überflüssige am Menschen entfernt werde, und die Hals-Spezialisten, auf daß die Chirurgen nicht alles allein operieren; der du die Gynäkologen schufest, die zu Ende führen, was der Ehemann so unvollkommen angefangen; welches Wunder, daß diese Ärzte noch Frauen lieben – aber siehe: grade diese lieben Frauen! Der du Homöopathen und Allopathen schufest, damit der Kranke wenigstens weiß, wovon ihm schlecht wird; sowie auch die Hautärzte, die sich über gar nichts mehr wundern; und die Psychiater, die aus Seelenverwandtschaft mit den Verrückten sogar die Vornamen der Geisteskrankheiten kennen!

Heiliger Äskulap! der du die Doktoren geschaffen hast, deren Wissen zusammenknallt, wenn sie selber einmal Patienten sind; Mediziner, die so lange Fort-

schritte machen, bis sie wieder bei Hippokrates angelangt sind:

> gepriesen werde dein Namen –!
> Amen.

… zu dürfen

Eine der schauerlichsten Folgen der Arbeitslosigkeit ist wohl die, daß Arbeit als Gnade vergeben wird. Es ist wie im Kriege: wer die Butter hat, wird frech.

Es ist nicht nur, daß die Koalitionsrechte der Arbeiter und nun gar erst die der Angestellten auf ein Minimum zusammengeschmolzen sind, daß ihre Stellung bei Tarifverhandlungen immer ungünstiger wird, weil bereits das Wort ›Tarif‹ bedrohliche Wettererscheinungen in den Personalbüros hervorruft … auch die Atmosphäre in den Betrieben ist nicht heiterer geworden. Zwar jammern die Arbeitgeber: »Wir können die Untüchtigen so schwer herauskriegen – heutzutage kann man ja niemand mehr kündigen …« keine Sorge: man kann. Und so wird Arbeit und Arbeitsmöglichkeit, noch zu jämmerlichsten Löhnen, ein Diadem aus Juwelen und ein Perlengeschmeide.

»Der Portier, dem Sie da gekündigt haben«, sagte neulich ein Beisitzer zu dem Vertreter des Café Josty, »hat immerhin dreißig Jahre vor Ihrer Tür gestanden …« – Der Vertreter: »Ist es nicht bereits ein Plus, dreißig Jahre vor dem Café Josty stehen zu dürfen?« Und wenn er den ganzen Satz nicht gesagt hat: »… zu dürfen« hat er bestimmt gesagt. Die einen haben das ›Recht‹, für das Vaterland sterben zu dürfen, andre ›dürfen‹ zu Hungerlöhnen arbeiten – wobei denn wieder andre die saure Pflicht haben, vierundzwanzig Aufsichtsratsposten bekleiden zu müssen.

Merk: Wenn einer bei der Festsetzung von Arbeit und Lohn mit ›Ehre‹ kommt, mit ›moralischen Rechten‹ und mit ›sittlichen Pflichten‹, dann will er allemal mogeln.

Vom Urlaub zurück

Wenn einer vom Urlaub zurückkommt, dann ist er noch gar nicht da, wenn er da schon da ist. »Na, wie wars?« sagen die andern. »Sie sehn aber schön erholt aus! Gutes Wetter gehabt?« Darauf fängt er an zu erzählen. Wenn er aber Ohren hat, zu hören, so merkt er, daß die Frage eigentlich mehr gesellschaftlicher Natur war – so genau wollen es die andern gar nicht wissen. Und dann bricht er seine Erzählung mit allen ihren Einzelheiten bald ab. Schon deshalb, weil man ja hier keinem klarmachen kann, warum die eine Bergtour beim besten Willen nie zu machen war, und daß das ganze Haus so furchtbar über Fräulein Glienicke und über die Ziegen lachen mußte ... davon wissen die hier nichts. Woher sollen sie das auch wissen!

Wenn einer vom Urlaub zurückgekehrt ist, gehört er in den ersten beiden Tagen noch nicht so recht zum Betrieb. Während seiner Abwesenheit haben sich vielerlei kleine Sachen ereignet, von denen er natürlich nicht unterrichtet ist, und so versteht er manche Anspielungen nicht, er weiß nicht, daß Bader nicht mehr bei der Abteilung IIIb ist, sondern sich mit Koch verkracht hat, er sitzt jetzt in der Wirtschaftsabteilung, und da werden sie ihn vielleicht auch bald herausschmeißen. Das weiß er alles nicht, noch nicht, nicht mehr – und etwas mitleidig wird er informiert. In dem Ton der Zuhausegebliebenen schwingt ein wenig jener Ton mit, den sonst ›alte erfahrene Beamte‹ einem Neuling gegenüber anzuwenden pflegen. In den ersten beiden Tagen geht der Betrieb über den Kopf des Ex-Urlaubers hinweg: die andern wissen alles, er weiß nur die Hälfte. Die da werfen sich die Bälle zu – er fängt sie nicht.

In seinen Gesprächen flackert, also da kannst du nichts machen, immer noch der Urlaub auf. Einmal denkt er: »Heute vor acht Tagen …«, aber da klingelt das Telefon, und die Erinnerung zerstiebt. Dann kommt wieder einer vorbei, stellt die üblichen Fragen, und er antwortet. »Danke – nur viel zu kurz! So – Sie gehen jetzt auch auf Urlaub?« Aber das interessiert wieder den ehemaligen Urlauber nicht mehr.

In diesen ersten Tagen geht die Arbeit eigentlich nicht leichter als vor dem Urlaub; sie geht eher etwas schwerer vonstatten. Die Lungen sind noch voll frischer Luft, der Körper hat noch den Rhythmus des Schwimmens und des Laufens in sich, die Haut fühlt sich in den Stadtkleidern noch nicht wohl, und der Hals nicht im Kragen. Das Auge sieht zum Hof hinaus; wenn man den Kopf dreht, kann man ein Stückchen blauen Himmel sehn. Übrigens ist er heute nicht blau, es regnet. Aber der Regen im Freien, das war doch ganz etwas anderes.

Sitzt er noch fest in seiner Stellung? Er sitzt noch fest. Doch braucht man nur mal auf Urlaub zu gehen, gleich machen sie Dummheiten (Melodie: »Ohne mich geht der ganze Betrieb zugrunde!«). Das war ja alles sehr schön und gut, da in Riesenhausen an der Dassel, die Bäume haben gerauscht, auf der Veranda haben wir Skat gespielt, aber unterdessen haben die hier ... »Müller! Wo sind die A-Belege?« Die Schweinerei hört von heute ab auf; wir sind wieder da.

Das dauert gut und gern seine drei, vier Tage. Dann haben sich die andern an den Zurückgekehrten gewöhnt; er gehört nun schon wieder dazu, er ist da, er erlebt es alles mit, nichts kittet so aneinander wie gemeinschaftliches Arbeits-Erlebnis. Das kommt gleich nach der Liebe und nach der Gottbehüte Verwandtschaft.

Nach sechs Tagen fragt ihn kein Mensch mehr nach dem Urlaub, nun kommen auch die letzten Sommerurlauber zurück, alle sind wieder da und fangen ganz langsam an, sich auf den nächsten Urlaub zu freuen.

Abends nach sechs

Selig, wer sich vor der Welt
Ohne Haß verschließt;
Einen Freund am Busen hält
Und mit dem genießt.

Was von Menschen nicht gewußt
Oder nicht bedacht,
Durch das Labyrinth der Brust
Wandelt in der Nacht.
                                        Unbekannter Dichter

Abends nach sechs Uhr gehen im Berliner Tiergarten lauter Leute spazieren, untergefaßt und mit den Händen nochmals vorn eingeklammert – die haben alle recht. Das ist so:

Er holt sie vom Geschäft ab oder sie ihn. Das Paar vertritt sich noch ein bißchen die Beine, nach dem langen Sitzen im Büro tut die Abendluft gut. Die grauen Straßen entlang, durch das Brandenburger Tor zum Beispiel – und dann durch den Tiergarten. Was tut man unterwegs? Man erzählt sich, was es tagsüber gegeben hat. Und was hat es gegeben? Ärger.

Nun behauptet zwar die Sprache, man ›schlucke den Ärger herunter‹ – aber das ist nicht wahr. Man schluckt nichts herunter. Im Augenblick darf man

71

ja nicht antworten – dem Chef nicht, der Kollegin nicht, dem Portier nicht; es ist nicht ratsam, der andere bekommt mehr Gehalt, hat also recht. Aber alles kommt wieder – und zwar abends nach sechs.

Das Liebespaar durchwandelt die grünen Laubgänge des Tiergartens, und er erzählt ihr, wie es im Geschäft zugegangen ist. Zunächst der Bericht. Man hat vielleicht schon bemerkt, wie Schlachtberichte solcher Zusammenstöße erstattet werden: der Berichtende ist ein Muster an Ruhe und Güte, und nur der böse Feind ist ein tobsüchtig gewordener Indianer. Das klingt ungefähr folgendermaßen: »Ich sage, Herr Winkler, sage ich – das wird mit dem Ablegen so nicht gehn!« (Dies in ruhigstem Ton von der Welt, mild, abgeklärt und weise.) »Er sagt, erlauben Sie mal! sagt er – ich lege ab, wies mir paßt!« (Dies schnell, abgerissen und wild cholerisch.) Nun wieder die Oberste Heeresleitung: »Ich sage ganz ruhig, ich sage, Herr Winkler, sage ich – wir können aber nicht so ablegen, weil uns sonst die C-Post mit der D-Post durcheinanderkommt! Fängt er doch an zu brüllen! Ich hätte ihm gar nichts zu befehlen, und er täte überhaupt nicht, was ihm andere Leute sagten – finnste das –?« Dabei haben natürlich beide spektakelt wie die Marktschreier. Aber manchmal wars der Chef, und dem konnte man doch nicht antworten. Man hat also ›heruntergeschluckt‹ – und jetzt entlädt es sich. »Finnste das?«

Lottchen findet es skandalös. »Hach! Na, weißt du!« Das tut wohl, es ist Balsam fürs leidende Herz – endlich darf man es alles heraussagen! – »Am liebsten hätte ich ihm gesagt: Machen Sie sich Ihren Kram allein, wenns Ihnen nicht paßt! Aber ich werde mich doch mit so einem ungebildeten Menschen nicht hinstellen! Der Kerl versteht überhaupt nichts, sage ich dir! Hat keine Ahnung! So, wie ers jetzt macht, kommt ihm natürlich die C-Post in die D-Post – das ist mal bombensicher! Na, mir kanns ja egal sein. Ich weiß jedenfalls, was ich zu tun habe: ich laß ihn ruhig machen – er wird ja sehen, wie weit er damit kommt …!« – Ein scheu bewundernder Blick streift den reisigen Helden. Er hat recht.

Aber auch sie hat zu berichten. »Was die Elli intrigiert, das kannst du dir überhaupt nicht vorstellen. Fräulein Friedland hat vorgestern eine neue Bluse angehabt, da hat sie am Telefon gesagt, wir habens abgehört –: Man weiß ja, wo manche Kolleginnen das Geld für neue Blusen herhaben! Wie findest du das? Dabei hat die Elli gar keinen Bräutigam mehr! Ihrer ist doch längst weg – nach Bromberg!« Krach, Kampf mit dem zweiten Stock auf der ganzen Linie – Schlachtgetümmel. »Ich hab ja nichts gesagt … aber ich dachte so bei mir: Na – dacht ich, wo du deine seidenen Strümpfe her hast, das wissen wir ja auch! Weißt du, sie wird nämlich jeden zweiten Abend abgeholt, sie läßt immer das Auto eine Ecke weiter warten … aber wir haben das gleich rausgekriegt! Eine ganz unverschämte Person ist das!« Da drückt er ihren Arm und sagt: »Na sowas!« Und nun hat sie recht.

So wandeln sie. So gehen sie dahin, die vielen, vielen Liebespaare im Tiergarten, erzählen sich gegenseitig, klagen sich ihr kleines Leid, und haben alle recht. Sie stellen das Gleichgewicht des Lebens wieder her. Es wäre einfach unhygienisch, so nach Hause zu gehen: mit dem gesamten aufgespeicherten Oppositionsärger der letzten neun Stunden. Es muß heraus. Falsche Abrechnungen, dumme Telefongespräche, verpaßte Antworten, verkniffene Grobheiten – es findet alles seinen Weg ins Freie. Es ist der Treppenwitz der Geschäftsgeschichte, der da seine Orgien feiert. Die blauen Schleier der Dämmerung senken sich auf Bäume und Sträucher, und auf den Wegen gehen die eingeklammerten Liebespaare und töten die Chefs, vernichten den Konkurrenten, treffen die Feindin mitten ins falsche Herz. Das Auditorium ist dankbar, aufmerksam und grenzenlos gutgläubig. Es applaudiert unaufhörlich. Es ruft: »Noch mal!« an den schönen Stellen. Es tötet, vernichtet und trifft mit. Es ist Bundesgenosse, Freund, Bruder und Publikum zu gleicher Zeit. Es ist schön, vor ihm aufzutreten.

Abends nach sechs werden Geschäfte umorganisiert, Angestellte befördert, Chefs abgesetzt und, vor allem, die Gehälter fixiert. Wer würde die Tarife anders regeln? Wer die Gehaltszulagen gerecht bemessen? Wer Urlaub mit Gratifikation erteilen? Die Liebespaare, abends nach sechs.

Am nächsten Morgen geht alles von frischem an. Schön ausgeglichen geht man an die Arbeit, die Erregung von gestern ist verzittert und dahin, Hut und Mantel hängen im Schrank, die Bücher werden zurechtgerückt – wohlan! der Krach kann beginnen. Pünktlich um drei Uhr ist er da – dieselbe Geschichte wie gestern: Herr Winkler will die Post nicht ablegen, Fräulein Friedland zieht eine krause Nase, die Urlaubsliste hat ein Loch, und die Gehaltszulage will nicht kommen. Ärger, dicker Kopf, spitze Unterhaltung am Telefon, dumpfes Schweigen im Büro. Es wetterleuchtet gelb. Der Donner grollt. Der erfrischende Regen aber setzt erst abends ein – mit ihr, mit ihm, untergefaßt im Tiergarten.

Da ist Friede auf Erden und den Paaren ein Wohlgefallen, der Angeklagte hat das letzte Wort – und da haben sie alle, alle recht.

Der Sucher

Such – such
suche immer nach dem Geld.
Dann kommt es an.
Such – such
such es auf der ganzen Welt!
Denk immer dran!
    Krieche ihm nach.
    Leck auf seine Spur!
    Sei nicht schwach –
    denk immer nur:
Verdienen! Verdienen! Verdienen!
Verdienen! Verdienen! Verdienen!
    Ernst ist die Spekulation.
    Aber lieben – aber lieben –
    aber lieben mußt du es schon.

Such – such
suche immer den Erfolg.
Dann kommt er an.
Pfeif – pfeif –
pfeife auf das ganze Volk!
Tritt auf den Vordermann!
    Schmeichle der Macht!

Sag immer Ja.
Bei Tag und bei Nacht.
Halleluja – Hurra!
Nach oben! Nach oben! Nach oben!
Nach oben! Nach oben! Nach oben!
Geld winkt dir als Lohn.
Aber lieben – aber lieben –
aber lieben mußt du es schon.
Such – such
suche immer nach dem Glück.
Dann kommt es – wenn es will.
Dein Herz
ist ein Serienstück;
einmal steht es still.
Wenn du dich dann
nach dem goldnen Tanz
präsentierst
zur großen Bilanz:
»Ich hoffe, man wird mich hier loben!
Da unten lag ich immer oben!«
Kann sein, daß DIE STIMME spricht:
Mensch, dein Leben –
Mensch, dein Leben –
Ja, ein Leben war das nicht.

»BESCHIMPFT DEN AUTOR NICHT
AM RANDE«

Das Persönliche

Schreib, schreib …
Schreib von der Unsterblichkeit der Seele,
vom Liebesleben der Nordsee-Makrele;
schreib von der neuen Hauszinssteuer,
vom letzten großen Schadenfeuer;
gib dir Mühe, arbeite alles gut aus,
schreib von dem alten Fuggerhaus,
von der Differenz zwischen Mann und Weib …
Schreib … schreib …

Schreib sachlich und schreib dir die Finger
    krumm:
kein Aas kümmert sich darum.
Aber:
schreibst du einmal zwanzig Zeilen
mit Klatsch – die brauchst du gar nicht zu feilen.
Nenn nur zwei Namen, und es kommen in Haufen
Leser und Leserinnen gelaufen.
»Wie ist das mit Fräulein Meier gewesen?«
Das haben dann alle Leute gelesen.
»Hat Herr Streuselkuchen mit Emma geschlafen?«
Das lesen Portiers, und das lesen Grafen.
»Woher bezieht Stadtrat Mulps seine Gelder?«

Das schreib – und dein Ruhm hallt durch Felder und
   Wälder.

Die Sache? Interessiert in Paris und in Bentschen
      keinen Menschen.
Dieweil, lieber Freund, zu jeder Frist
die Hauptsache das Persönliche ist.

Die Wanzen

Die Wanzen saßen oben an der Tapetenborte und ärgerten sich, daß es Tag war, ein strahlender, heller Tag. Der konnte noch lange dauern, und so berieten sie inzwischen, bis die liebe, dunkle, graue Nacht herankam, was sie nachts zu tun gedachten. Ab und zu kroch eine an den Rand der Borte, hinter der sie saßen, und sah auf das weiße Bett herunter, das da unten stand. Sie wußten, daß ein dickes, also liebes Mädchen in diesem Bette nächtigte. Von ihr sprachen sie jetzt.

»Ich«, sagte die älteste Wanze, »krieche ihr auf dem Kopf herum und sauge ihr das Blut aus den Schläfen. Hinter den Schläfen sitzt der Verstand, und ich bin eine gebildete Wanze. Ich glaube, ich werde mit jedem Tag klüger. Das machen die klugen Gedanken der Menschin da unten. Ich bin eine politische Wanze.«

»Ich«, sagte die zweite Wanze, »halte mich mehr an die fleischigen Partien. Das macht mich fett, ich bin die fetteste von euch allen. Handel und Wandel müssen sein – ich sauge ihr das Blut aus den Adern, sie hat ja genug. Ich bin eine ökonomische Wanze.«

»Ich«, sagte die dritte Wanze, »laufe hierhin und

dorthin, wenn ich da unten bin. Ich brauche nicht viel zum Fressen, ich fühle mich wohl, wenn ich da herumkriechen kann, und ich sehe alles und kümmere mich um alles. Ihr schlagt euch die Leiber dick, ich aber bin über alles orientiert, was an diesem Mädchen vor sich geht. Ich bin eine lokale Wanze.«

»Ich«, sagte die vierte Wanze, »fresse überhaupt nichts. Ich genieße nur den Anblick der gelösten Mädchenglieder, wie sie so im Schlaf daliegen und herrlich für meine Künstleraugen anzuschauen sind. Ich bin eine ästhetische Wanze.«

»Und wohin kriechst du?« wurde die letzte der Wanzen gefragt. »Ich …« sagte die kleine Wanze … »Pfui!« machten die andern Wanzen.

Und so saßen sie und unterhielten sich und rührten die Fühler und bewegten die platten Leiber. Und da sprach die älteste unter ihnen:

»Kinder!« sagte sie, »der Tag ist noch so lang, und wir haben nichts zu tun, aber wir haben jede unser Programm. Gründen wir doch eine Zeitung!«

Und also geschah es, und wenn Wanzen so vom Schriftsteller mißbraucht werden, nennt man das eine Allegorie.

Ein deutsches Volkslied

>»Das Volk ist doof, aber gerissen.«

In deutschen Landen ist augenblicklich ein Lied im
Schwange, das den vollendetsten Ausdruck der Volks-
seele enthält, den man sich denken kann – ja, mehr:
das so recht zeigt, in welcher Zeit wir leben, wie diese
Zeit beschaffen ist, und wie wir uns zu ihr zu stellen
haben. Während der leichtfertige Welsche sein Liedchen vor sich hinträllert, steht es uns an, mit sorg-
samer, deutscher Gründlichkeit dieses neue Volkslied
zu untersuchen und ihm textkritisch beizukommen.
Die Worte, die wir philologisch zu durchleuchten haben, lauten:
> Wir versaufen unser Oma sein klein Häuschen –
> sein klein Häuschen – sein klein Häuschen –
> und die erste und die zweite Hypothek!

Bevor wir uns an die Untersuchung machen, sei
zunächst gesagt, daß das kindliche Wort ›Oma‹ so
viel bedeutet wie ›Omama‹, und dieses wieder heißt
›Großmutter‹. Das Lied will also besagen: »Wir, die
Sänger, sind fest entschlossen, das Hab und Gut unsrer verehrten Großmutter, insbesondere ihre Immo-
bilien, zu Gelde zu machen und die so gewonnene
Summe in spirituösen Getränken anzulegen.« Wie

dies –? Das kleine Lied enthält klipp und klar die augenblickliche volkswirtschaftliche Lage: Wir leben von der Substanz. So, wie der Rentner nicht mehr von seinen Zinsen existieren kann, sondern gezwungen ist, sein Kapital anzugreifen – so auch hier. Man beachte, mit welcher Feinheit die beiden Generationen einander gegenübergestellt sind: die alte Generation der Großmutter, die noch ein Häuschen hat, erworben von den emsig verdienten Spargroschen – und die zweite und dritte Generation, die das Familienvermögen keck angreifen und den sauern Schweiß der Voreltern durch die Gurgel jagen! Mit welch minutiöser Sorgfalt ist die kleine Idylle ausgetuscht; diese eine Andeutung genügt – und wir sehen das behaglich kleinbürgerliche Leben der Großmama vor uns: freundlich sitzt die gute alte Frau im Abendsonnenschein auf ihrem Bänkchen vor ihrem Häuschen und gedenkt all ihrer jungen Enkelkinder, die froh ihre Knie umspielen …

Das ist lange her, Großmutter sank ins Grab, und die grölende Korona der Enkel lohnt es ihr mit diesem Gesang: »Wir versaufen unser Oma ihr klein Häuschen …« Ist dies ein Volkslied –? Es ist seine reinste Form. Man darf freilich nicht an früher denken. Früher sang wohl der Wanderbursch sein fröhlich Liedchen von den grünen Linden und den blauäugigen Mägdelein – weil das sein Herz bewegte. Nun, auch dieses Lied singt von dem, was unser Herz bewegt: von den Hypotheken. Hatte früher Walther von der Vogelweide sein »Tandaradei« durch die Lüfte tönen lassen und den Handel den Pfeffersäcken überlassen, so ist es heute an den Kaufleuten, »Tandaradei!« zu blasen, und die Liederdichter befassen sich mit den Hypotheken. Wenn auch freilich in naiver Weise. Denn es ist dem Liedersänger entgangen, daß die Hypothek selbst ja eine Schuld ist, die man unmöglich vertrinken kann – meint er doch wahrscheinlich die für die eingetragene Hypothek als Darlehn gegebene Summe, die der Schuldner in leichtfertiger Weise verbraucht. So singt das Volk. Hier spricht die Seele deines Volkes. Hier ist es ganz. Es soll uns nicht wunder nehmen, wenn nächstens in einem schlichten Volkslied das Wort ›Teuerungszulage‹ oder ›Weihnachtsgratifikation‹ vorkommt – denn dies allein ist heute echte, unverlogene Lyrik.

Dichter umspannen die Welt in brüderlicher Liebe, Poeten sehen Gott in jedem Grashälmchen – das ehrliche Volk aber gibt seinen Gefühlen unverhohlen Ausdruck. Noch lebt es von den Gütern der Alten. Langsam trägt es Sommerüberzieher, Sofas, Überzeugungen und Religionen auf – neue schafft es zur Zeit nicht an. Was dann geschieht, wenn die alle dahin sind, darüber sagt das Lied nichts. Vorläufig sind sie noch da – und so lange sie noch da sind, lebt das Volk von der Substanz.

Und versauft der Oma sein klein Häuschen.

Plädoyer gegen die Unsterblichkeit

Der felsenfeste Glaube, mit dem sich jeder Autor eines Durchfalls auf die Nachwelt beruft, hat etwas Rührendes: der Fuß stiefelt in dicken Pfützen, aber das Auge sieht mit kälbernem Ausdruck in die Sterne einer neuen Zeit. So ist es immer gewesen.

Nie wird es einem gesunden Menschen einfallen, sich etwa nach einer ausgezischten Premiere auf die Vorwelt zu berufen – und täte ers, so schämte er sich vor sich selbst. So unverrückbar ist in jeden Mitteleuropäer der Glaube an den Fortschritt eingehämmert. Immerhin hat die Rechnung doch ein Loch. Wir, wir selbst, sind Nachwelt, Nachkommen, achtzehnte Generation, nächstes Jahrhundert. Und was tun wir –?

Sind wir Calvinisten oder Anticalvinisten? Haben wir uns für Wallenstein oder gegen ihn entschieden? Tobt bei uns ein erbitterter Streit über Lavaters Physiognomik?

Weltfragen werden nicht beantwortet, sondern vergessen. Große Probleme werden nicht entschieden, sondern liegengelassen. Für einen erwachenden Toten dürfte es schwierig sein, sich in der neuen Umwelt von heute herauszufinden: vergeblich suchte er die alten Parteien, das alte Feldgeschrei, die alten

Gruppen. Wohl sieht er welche – aber es sind andere, er versteht sie nicht mehr.

Und wir können ihn auch nicht mehr verstehen – denn was wissen wir von seiner Zeit –? Was ist uns denn überkommen. Es ist ein schwerer Irrtum, zu glauben, daß sich das Wertvollste erhält oder daß das Wertvolle nach Jahrhunderten zu neuem Leben und endgültiger Wirkung auftaucht. Erhalten bleibt: wer am lautesten geschrien hat. Oder: was man später noch einmal gut brauchen kann, als Flicken, will-kommenen Zeugen, neu aufzunehmendes Frideri-cus-Schlagwort. Erhalten bleibt alles durcheinander: ein Tagestrottel, ein Talent, vielleicht das Genie, viele gute Mittelstandsleute. Erhalten zu bleiben ist kein Zeichen von Wert.

Wir leben in einer günstigen Zeit: wir können ge-nau kontrollieren, was ›Unsterblichkeit‹ ist. Wir kön-nen kontrollieren, wie wir auf die Nachwelt kom-men; die ersten Ansätze zur Geschichtsschreibung der Jahre 1914–1920 sind vorhanden. Man lese nun einmal diese verlogenen Schilderungen, diese partei-lichen Fälschungen, die ganze würdige Statistik und Archivwissenschaft, die sechzig Jahre später unbese-hen und fast ungeprüft übernommen werden wird. Wer hat von den Forschern Zeit, Gelegenheit, Mög-lichkeit und Geld, sich darum zu kümmern, wie sol-che offiziellen Berichte zustande gekommen sind? Wer Philologie und Geschichte studiert hat, weiß, wie da immer einer auf den andern aufgebaut hat, wie dieselbe Lüge, derselbe Fehler sich durch zehn Werke hindurchziehen – unabsetzbar, unverbesserbar, als ›Material‹. Wir kommen würdig auf die Nachwelt, durch Retouchen derart zugerichtet, daß wir uns schon heute nicht mehr erkennen und dem bärtigen Geschichts- und Geschichtenschreiber dauernd zurufen mögen: »Nein! So war es ja gar nicht! Schwindel!« schon heute ist das schwer. Wir sterben. Der Wälzer bleibt in den Bibliotheken liegen. Und lebt.

»Noch mit Schauer werden sich Generationen nach Ihnen erzählen …« Ach, erzähl uns doch nichts. Das Verhältnis der Nachwelt zur Vorwelt ist ziemlich respektlos: bei Parlamentseröffnungen, bei Denkmalsweihen und Schulaufsätzen erinnert sich der Gehrock wohl gern der ›Unsterblichkeit‹ – im großen und ganzen ist jede Nachwelt viel zu sehr mit sich selbst beschäftigt, als daß sie Zeit und Lust verspürte, nun auch die Sorgen der Gräberinsassen auf sich zu laden. Haben Sie einmal die alten Jahrgänge der ›Vossischen Zeitung‹ gelesen? Sie sollten das nicht versäumen. Jede Zeit ist in sich befangen – die verständliche Gier, dieses eine Mal voll auszukosten, diese souveräne Verachtung der Vorwelt, die völlige Gleichgültigkeit gegen alles, was gewesen, – treiben wirs nicht geradeso –? Wir wären schön weise, wenn wirs anders machten. Nur manchmal, an Klassikerabenden oder zur Konfirmation oder bei der Einführung eines neuen Steuergesetzes, da haben wirs mit der Nachwelt, daß es nur so hallt. »Die Nachwelt wird …« – »Die Nachwelt hat …« Sie wird euch was blasen.

Es gibt noch fünfzig Schriftsteller vom Range Wielands – die sind vergessen. Es gibt noch zwanzig chinesische Napoleons – die kennen wir nicht. Noch acht Edisons – sie besaßen keinen Patentmusterschutz. Walther von der Vogelweide hatte neben allem andern: Glück. In dem großen Papierkorb der Vergangenheit kam er obenauf zu liegen, und da liegt er nun – bis auf weiteres.

Werke leben. Und zeugen Kinder. Und daß französische Emigranten einmal nach Berlin gekommen sind, zeigt heute noch manch Wohnungsschild, manches Buch, manche Frauengrazie (und der ganze Fontane). Ein Werk tun, die Welt ändern, mit den Beinen auf der Erde stehen und diesseitig sein – das kann eine anonyme Unsterblichkeit ergeben. Aber schiele nicht nach vorn – da ist für dich nichts zu holen. Als vielleicht ein bißchen Denkmalsstuck oder eine Doktordissertation. In fünfzig Jahren ist alles vorbei – und spätestens in hundert. Unsterblichkeit …? Glaubs nicht. Schwör sie ab. Laß sie unsterblich werden, alle miteinander. Für dich gibt es nur ein Wort, wenn du weise bist, es richtig auszusprechen.

Heute.

Wieso

soll ich eigentlich Zeitungen lesen? Um zu erfahren, was auf der Welt vorgeht? Aber ich erfahre ja höchstens, wie man das Vorgegangene darzustellen beliebt.

Objektivität gibt es nicht. Was hingegen die modernen großen Zeitungen treiben, das ist doch wohl grotesk. Wenn man mit Redakteuren spricht, welcher Nationalität sie auch immer seien, so hört man, wie sie alle nur eine Sorge bewegt: Wie mach ichs, daß die Schreiberei nun mit Bedeutung auch gefällig sei? Wem ...? Das kommt ganz darauf an.

Man muß einmal einer Unterhaltung von Nachrichtenmännern beigewohnt haben, die darüber beraten, ob man dieses oder jenes ›geben‹ könne. Sie denken an alles: an die Wirkung der Nachricht auf die Börse, auf die Rechte, die Linke, auf das Inland und das Ausland – und sie pflegen gern die Größe dieser Wirkung zu überschätzen –; nur auf einen einzigen Gedanken kommen sie überhaupt nicht: daß man etwa die Dinge so schreiben könnte, wie sie sich zugetragen haben, also: wie man sie sieht. Von den Redaktionen, die die Berichte ihrer Korrespondenten nach Belieben zurechtstutzen, zu schweigen.

Aber das ist überall so. In Frankreich noch viel stärker als bei uns. Die französischen Journalisten sind Meister in der ›Aufmachung‹ einer Nachricht. Sie geben dem Ding erst die richtige Farbe, nicht, indem sie es lang und breit kommentieren, nicht durch den Leitartikel, der im ›Matin‹, im ›Journal‹, im ›Petit Journal‹ und im ›Petit Parisien‹ einen viel kleinern Raum einnimmt als in den deutschen Zeitungen gleichen Kalibers, nein: indem sie die Nachricht richtig zurechtmachen. Stilisierung, Placierung, Längenabmessung – und, das Wichtigste: die typographischen Mittel. Der ›Temps‹ und das ›Journal des Débats‹ beschreiben die Ereignisse, die andern drucken sie.

Und da können die modernen französischen Soziologen, die hier sehr in Blüte stehen, das alles aussprechen, wie es wirklich ist – Lucien Romier tuts in seiner ›Explication de notre Temps‹ und der verstorbene Jouvenel, der Bruder des ehemaligen Ministers und ›Matin‹-Politikers, tats in seinen ›Vingt Leçons de Journalisme‹ –: es nützt alles nichts. Hundertmal kann man von Franzosen hören: »Peuh! Bourrage de crâne!« (was etwa heißt: tendenziöse Stimmungsmache) – es nützt nichts. Denn während Hunderte es einsehen, glauben Millionen daran.

Die Zeitung ist ein Geschäft? Aber sie ist schlimmer: ein von tausend Interessenten beeinflußtes Geschäft. Und äfft unter der Maske einer Zeitung eine Zeitung: bieder und noch atemlos von der Radiographie kommt die Nachricht angelaufen und berichtet, berichtet … Sie hat vorher die engsten Siebe passiert, und was etwa Gefährliches, Unerwünschtes, Revoltierendes an ihr war, liegt zurückgeblieben oder gar nicht erst aufgeschrieben. Kommt dazu, daß die meisten Leute nur ein Blatt lesen, ihr Blatt …

Selbst die Nachrichten, die nicht in der Zeitung stehen, sind erlogen.

Interessieren Sie sich für Kunst –?

»Dieser unaufhörliche Musiktrieb gab ihm zu denken. ›Der Blinde hört gut‹, fiel ihm ein. An Stelle des verkümmerten Sehens scheinen die meisten Menschen eben mit etwas musikalischem Schwachsinn behaftet. Auch ist ja insofern Musik die bequemste Kunst, als ihre Reproduktion bereits die Illusion selbständiger Schöpfung gibt. Schließlich gilt es schon beinah als eine Art Leistung, in einem Konzert gewesen zu sein. Er dachte: schlappschenklig dasitzen, dösend recipierend, ohne daß die dicken Augenlider dabei aufgehen müssen, das ist bei übriger Denkfäule und Stagnation noch eben möglich. Hatte aber etwa ein Fremder hier noch nicht jedes Musikwerk und in jeglicher Bearbeitung gehört, wich man vor ihm zurück wie vor einem Aussätzigen, kam sich maßlos überlegen vor.«

Sir Galahad

Der Bürger mitteleuropäischer Staaten hat es mit der Kunst; darauf ist er sehr stolz. Das macht er so:

Papa liest in den Abendstunden ein ›gutes Buch‹, womöglich eines, das seiner alten Schulbildung schmeichelt und über das man nachher wunderschön reden kann. Mama liest den neuen Roman, in dem sie die Fährnisse der Geschlechtlichkeit erlebt wie ein alter Matrose die Beschreibung fremder Stürme – Ellychen liest denselben Roman heimlich, und dabei puppert ihr nicht nur das Herz; Karl war in der Kunstausstellung und erklärt die grünen Bilder für ›blödsinnigen Kitsch‹ und die roten für ›außerordentlich modern‹. So tut jeder, was er kann.

Das bliebe ja nun das Privatvergnügen der Herrschaften, wenn sie sich nicht noch gar so viel darauf einbildeten. Sie halten diesen Kunstrummel ernsthaft für das, was sie in ihren Salons ›Kultur‹ nennen – und sie glauben ebenso ernsthaft, es sei bereits etwas, wenn einer mehr oder minder gescheit über Hodler, die Epigonen C. F. Meyers, Honegger und Rodin mitreden könne. Es gibt auch schon eine ganze Menge Familien, in denen die Kunst ohne Snobismus gepflegt wird, recht vernünftig und gemessen – aber welche Überschätzung dieses Tuns –!

Es ist natürlich immer noch besser, wenn sich kleinere Gesellschaften über Strawinsky unterhalten, als daß sie pokern. Ich halte nur den Unterschied nicht für gar so gewaltig. Um das begreiflich zu machen, denken wir ein bißchen an eine Salon-Unterhaltung aus dem achtzehnten Jahrhundert, die wir imaginär miterleben wollen. Eine halbe Stunde unsichtbarer Gast in einem solchen Kreis, der sich die Zungen über die kleine Modeliteratur des Tages, über die Malerchen und Musikerchen zerbricht – und wir sprächen: »Sonst haben die Herrschaften keine Sorgen –? Das ist es, womit ihr euch beschäftigt? Seht ihr nicht um euch? Wie es den Bauern geht? Wie es in euern verlausten Gefängnissen aussieht? Wie die Warenproduktion geregelt ist? Daß Mädchen von ihren Aushältern gequält werden –?« Indigniert hätten sich alle Lorgnonträger abgewandt ... Welch ein kulturloser Flegel!

Es ist heute genau so.

Sie sind nicht nur stolz auf die Tatsache, daß sie Kunst genießen – noch viel stolzer sind sie, wenn sie ein Urteil fällen. Ein junger, begabter Dramatiker Frankreichs, Marcel Belvianes, schrieb mir jüngst: »Der Leser fühlt sich dem Autor überlegen, einfach durch die Tatsache, daß er sein Urteil über ihn abgibt.« Moderne Literatengespräche, moderne Kunstgespräche unterscheiden sich in nichts von einer Börsenunterhaltung: notierte und unnotierte Werte schwirren in der Luft umher, der ist gut, jener ist besser, der dritte ist ganz schlecht – und eine hitzige, völlig sinnlose Debatte hebt an und endet nie. »Wie findest du Rilke? Wie, du findest ihn gut? Findest du ihn noch gut oder schon wieder gut? Malt Klee besser als Cézanne? Und ich sage dir, Pfitzner ist kein Wert für die moderne Musik ...« Man kann das jahrelang fortsetzen. Der Kunsttrottel aber ist in seinem Kram so befangen, daß er ehrlich glaubt, mit diesem Geschwätz eine Leistung vollbracht zu haben.

Wer die Enge seiner Heimat ermessen will, reise. Wer die Enge seiner Zeit ermessen will, studiere Geschichte. Er sehe sich einmal alte literarische Zeitschriften an, ältere Kunstbücher – und er wird staunend erkennen, wie wenig bleibt: die Vokabeln, die Begriffe, die Schlagworte haben gewechselt, zergangen ist alles wie Staub im Wind.

Und es ist mit Recht vergangen.

Fragt mich einer nach den letzten schweizer Musikern, so fangen meine Gedanken an, zu wandern, und ich frage dagegen, ob es wahr ist, daß in gewissen schweizer Gefängnissen absolutes Sprechverbot besteht. Besteht es, dann können mir sämtliche schweizer Kunstbewunderer den Buckel herunterrutschen und ihre braven Frauen hinterdrein. Besteht es nicht, dann wollen wir weiter sehen.

Kunst ist in gemäßigten Bürgerkreisen ein Gesellschaftsspiel. Sie hat genau den Wert eines solchen und wiegt nicht ein Gramm mehr. Richard Strauss, die Wertung des Kellerschen Einflusses auf die moderne Prosa, blinde Kuh, italienische Frühgotik und französische Spätrenaissance – es geht alles in einem hin. Dafür gibt es einen schlüssigen Beweis.

In dem Augenblick, wo solche Kunst Tendenz wird, spielt der Bürger nicht mehr mit. Er, der so entsetzlich stolz ist, wenn in seinem Literaturvereinchen

Georgesche Verse mit denen Valérys verglichen werden, erstarrt zu Eis, wenn solche Verse etwa den Aufschrei einer vom Arbeitgeber gequälten Kreatur wiedergeben. Nur sehr große Snobs sprechen dann noch von der ›Schönheit der Form‹ –. Die andern gehen lieber zu Proust über. Nur nichts ändern –!

Und diesem Getu ist entgegenzusetzen: alles ändern.

Das bürgerliche Kunstspiel ist die Ablenkung vom wesentlichen. Es führt zu gar nichts, als ohnehin satten Leuten die Zeit zu vertreiben. Es ist an sich vielleicht nicht schädlich – aber es wird maßlos überschätzt, und es wird bewußt überschätzt, weil es so schön ungefährlich ist, weil kein Zinswucher, keine Ungerechtigkeit des Besitzes an Grund und Boden, keine Agrarreform damit verbunden ist. Ein Musikenthusiast frißt selten andre Menschen.

Soweit also die bürgerliche Kunstduselei keine Lüge ist, die den vom Wucher ermatteten Kaufmann abends freundlich aufheitert wie der Rundfunk und ihm die Möglichkeit gibt, einen richtigen – denken Sie nur! – ›Salon‹ aufzutun – ist sie gleichgültig. Hie und da unnütz. Auf alle Fälle unbeträchtlich.

Nicht das ist Kultur, daß irgendein Oberlehrer schöne Verse nachzuschmecken vermag, ein Musikstück versteht, ein Gemälde zeitlich richtig einordnet – nicht das ist Kultur. Das ist überkommenes Spiel.

Wertvoll darf heute ein Volk genannt werden, wenn seine Polizei in Ordnung ist. Wenn seine Geschworenen keine Mörder freisprechen, die unbequeme Reformer aus Rache ermorden. Wenn seine Arbeiter arbeiten können und dabei ihr Auskommen finden. Wenn die Verteilung von Einkommen und Lasten gerecht verteilt ist. Dann mögen sich die Leute die Köpfe über die Lyriker heiß reden. Aber erst dann.

Denn es kommt eben nicht mehr darauf an, welches Land die schönsten Theaterstücke, die besten Tänzer, die kompliziertesten Musiker hervorbringt, sondern es kommt darauf an, daß jeder tätige Mensch gesund und anständig wohnt, sich gut nährt, sich waschen kann und sein Leben nicht den Wirtschaftsoperationen des Staates schuldet. Dafür zu sorgen ist wesentlich undankbarer, weniger amüsant, mitunter gefährlicher als Fräulein Minna die Schönheiten Thomas Manns schwärmend auseinanderzusetzen.

Die Kultur fängt da an, wo Bankdirektors aufhören: bei der tätigen radikalen Politik, die die Welt nach oben reißen will.

Man sollte mal ...

Man sollte mal heimlich mitstenographieren, was die Leute so reden. Kein Naturalismus reicht da heran. Gewiß: in manchen Theaterstücken bemühen sich die Herren Dichter, dem richtigen Leben nachzuahmen – doch immer mit der nötigen epischen Verkürzung, wie das Fontane genannt hat, der sie bei Raabe vermißte, immer leicht stilisiert, für die Zwecke des Stücks oder des Buchs zurechtgemacht. Das ist nichts.

Nein, man sollte wortwörtlich mitstenographieren – einhundertundachtzig Silben in der Minute – was Menschen so schwabbeln. Ich denke, daß sich dabei folgendes ergäbe:

Die Alltagssprache ist ein Urwald – überwuchert vom Schlinggewächs der Füllsel und Füllwörter. Von dem ausklingenden »nicht wahr?« (sprich: »nicha?«) wollen wir gar nicht reden. Auch nicht davon, daß: »Bitte die Streichhölzer!« eine bare Unmöglichkeit ist, ein Chimborasso an Unhöflichkeit. Es heißt natürlich: »Ach bitte, sein Sie doch mal so gut, mir eben mal die Streichhölzer, wenn Sie so freundlich sein wollen? Danke sehr. Bitte sehr. Danke sehr!« – so heißt das.

Aber auch, wenn die Leute sich was erzählen – da gehts munter zu. Über Stock und Steine stolpert die Sprache, stößt sich die grammatikalischen Bindeglieder wund, o tempora! o modi!

Das oberste Gesetz ist: Der Gesprächspartner ist schwerhörig und etwas schwachsinnig – daher ist es gut, alles sechsmal zu sagen. »Darauf sagt er, er kann mir die Rechnung nicht geben! Er kann mir die Rechnung nicht geben! Sagt er ganz einfach. Na höre mal – wenn ich ihm sage, wenn ich ganz ruhig sage, Herr Wittkopp, gehm Sie mir mal bitte die Rechnung, dann kann er doch nicht einfach sagen, ich kann Ihnen die Rechnung nicht geben! Das hat er aber gesagt. Finnste das? Sagt ganz einfach …« in infinitum.

Dahin gehört auch das zärtliche Nachstreicheln, das manche Leute Pointen angedeihen lassen. »Und da sieht er sie ganz traurig an und sagt: Wissen Sie was – ich bin ein alter Mann: geben Sie mir lieber ein Glas Bier und eine gute Zigarre!« Pause. »Geben Sie mir lieber ein Glas Bier und eine gute Zigarre. Hähä.« Das ist wie Selterwasser, wenn es durch die Nase wiederkommt …

Zweites Gesetz: Die Alltagssprache hat ihre eigene Grammatik. Der Berliner zum Beispiel kennt ein erzählendes Futurum. »Ick komm die Straße langjejangn – da wird mir doch der Kuhkopp nachbrilln: Un vajiß nich, det Meechen den Ring zu jehm! Na, da

wer ick natierlich meinen linken Jummischuh aus-
ziehen un ihn an Kopp schmeißn ...«

Drittes Gesetz: Ein guter Alltagsdialog wickelt sich
nie, niemals so ab wie auf dem Theater: mit Rede und
Gegenrede. Das ist eine Erfindung der Literatur. Ein
Dialog des Alltags kennt nur Sprechende – keinen
Zuhörenden. Die beiden Reden laufen also aneinander vorbei, berühren sich manchmal mit den Ellen-
bogen, das ist wahr – aber im großen ganzen redet
doch jeder seins. Dahin gehört der herrliche Übergang: »Nein.« Zum Beispiel:

»Ich weiß nicht (sehr wichtige Einleitungsredens-
art) – ich weiß nicht: wenn ich nicht nach Tisch
meine Zigarre rauche, dann kann ich den ganzen Tag
nicht arbeiten.« (Logische Lässigkeit: es handelt sich
um den Nachmittag.) Darauf der andere: »Nein.«
(Völlig idiotisch. Er meint auch gar nicht: Nein. Er
meint: mit mir ist das anders. Und überhaupt ...)
»Nein. Also wenn ich nach Tische rauche, dann ...«
folgt eine genaue Lebensbeschreibung, die keinen
Menschen interessiert.

Viertes Gesetz: Was gesagt werden muß, muß gesagt werden, auch wenn keiner zuhört, auch, wenn es
um die entscheidende Sekunde zu spät kommt, auch
wenns gar nicht mehr paßt. Was so in einer ›angeregt
plaudernden Gruppe‹ alles durcheinandergeschrien
wird – das hat noch keiner mitstenographiert. Sollte
aber mal einer. Wie da in der Luft nur für die lieben

Engelein faule Pointen zerknallen und gute auch, wie kein Kettenglied des allgemeinen Unterhaltungsgeschreis in das andere einhakt, sondern alle mit weitgeöffneten Zangen etwas suchen, was gar nicht da ist: lauter Hüte ohne Kopf, Schnürsenkel ohne Stiefel, Solo-Zwillinge ... das ist recht merkwürdig.

Ungeschriebne Sprache des Alltags! Schriebe sie doch einmal einer! Genau so, wie sie gesprochen wird: ohne Verkürzung, ohne Beschönigung, ohne Schminke und Puder, nicht zurechtgemacht! Man sollte mitstenographieren.

Und das so Erraffte dann am besten in ein Grammophon sprechen, es aufziehen und denen, die gesprochen haben, vorlaufen lassen. Sie wendeten sich mit Grausen und entliefen zu einem schönen Theaterstück, wissen Sie, so eines, Fritz, nimm die Beine da runter, wo man so schön natürlich spricht, reine wie im Leben, haben Sie eigentlich die Bergner, find ich gar nicht, na also, mir ist sie zu ...

Man sollte mitstenographieren.

Das ›Menschliche‹

Das Wort ist seit etwa zehn Jahren in die Umgangs-
sprache eingegangen: ›menschlich‹. – Herr Kulicke
sagt: »Ich habe eine Enttäuschung an ihm erlebt –
menschlich.« – Und: »Wie ist er menschlich?« Das ist
so zu erklären:

Deutschland ist, wie seine Sprache in tausend Einzelheiten anzeigt, so verfachlicht, in Berufskatego-
rien eingeteilt, ständisch schematisiert, daß es immer besonders hervorgehoben werden muß, wenn
jemand den andern nicht ›als‹ Kommunalbeamten
ansieht, sondern als das, was er wirklich ist. Die Fik-
tion, jemand könne nur ›dienstlich‹ etwas tun, jemand habe überhaupt den Anspruch, nur sachlich
und fachlich gewertet zu werden, rächt sich bitter: sie
treibt den Wesensgehalt scheinbar aus dem Menschen aus, aber er kommt fürchterlich zurück, und
meist verborgen. Was eine herrliche Gelegenheit ist,
Verantwortungen von sich abzuwälzen/sich hinter
den Dienst zu verkriechen und wesenlose Schemen
eine Verantwortung tragen zu lassen, die das Individuum zu tragen zu feige und zu charakterlos ist.

Wie so viele Fachwörter der falschen Innerlichkeit
heißt das Wort ›menschlich‹ in Wirklichkeit etwa:

›und überhaupt und so‹ – denn eine exakte Bedeutung ist da nicht zu finden. Die Entdeckung eben dieses Menschlichen hinter dem Fachwerk der Berufseitelkeiten ist lustig genug – vollkommen irreal und in Wahrheit nicht vorhanden. Der zweite Bürgermeister tut sich etwas darauf zugute, nur Beamter im Dienst zu sein und nichts als das – das ›Menschliche‹ holt er in Mußestunden hervor und zu ganz besonders schönen Anlässen – dann heißt dergleichen ›human‹. Es ist die ehemals preußische Furcht darin, alles Menschliche sei von vornherein verdächtig, unangemessen, ungehörig – und es wird darum verjagt wie Singvögel von einem Kasernenhof.

Unsere Schlagwortsprache ist zur Zeit ein bißchen gedunsen – ›menschlich‹ ist eine der zahlreichen Beulen, die zu verarzten wären. In diesem modernen Seelenjargon ist so viel schwerer Augenaufschlag, so viel falsches Drama, so viel Romankram. Die Trivialität kleidet sich heute so schön bunt und apart, daß nichts Apartes übrig bleibt – Originalität ist zum Schluß eine banale Mode, die ja auch manchmal darin bestehen kann, um Gottes willen nicht originell zu sein.

»Sie ist menschlich schon sehr fein …« (man beachte das scheußliche ›schon‹, das wie eine falsche Perle in der Kunstseide dieses Satzes blinkt). Natürlich ist sie ›menschlich‹ sehr fein – wie denn: Welch Unfug, durch solche Adverbia alles kastenmäßig einzuordnen! Aber das trägt man so. Und es ist recht beliebt.

Das wäre ja nun nichts als ein Aufputz billiger Waren durch ein billiges Goldfädchen, wenn sich die Fabrikanten nicht gar so bedeutend vorkämen, so geschwollen, so kompliziert, so seelisch verwickelt. Und sind doch nur armselige Straßenhändler von Massenartikeln.

In der Industrie hat man das längst heraus; eine gute, brauchbare Ware täuscht kein falsches Material mehr vor, das ist vorbei – und täuscht vor allem nicht vor, eine Handarbeit zu sein. Wir wissen, daß die Handarbeit für den Luxus oder die Liebhaberei reserviert ist; wir andern haben uns im täglichen Leben mit Massenfabrikaten zu behelfen, nein: uns ihrer zu bedienen – und Aufgabe der Industrie ist es, diesen Massenartikel, so ornamentlos, so sauber, so glatt, so billig und so praktisch wie möglich herzustellen. Ford.

Aber im Seelischen haperts. Da wird ›menschlich‹ gemogelt. Da spukt das gute alte Handwerk, das schlechte alte Handwerk, Biedermeier, falsche Individualisation, kleine Eigenarten zu eins fünfzig und der ganze Humbug einer Privatseele. In summa: der Mensch zu dieser Zeit ist in Mitteleuropa noch nicht geboren – er hinkt den Ereignissen um ein betrübliches nach. Schade – er wäre ›menschlich‹ höher zu werten, wenn er seine Zeit und sich selbst begriffe.

Die unerbittliche Wirtschaft nivelliert erbarmungslos; die Leute wohnen schon unverlogener, besonders in Deutschland; sie disponieren mit ihrem Geld genau der harten Wirklichkeit entsprechend. Die Rache des Individuums, das sich vergewaltigt fühlt, wirft sich aufs ›Menschliche‹ und will mit aller Gewalt, bockend, zurück. Vergebens. Es wird nach vorn gerissen, es muß, es muß.

Hoffen wir, daß die ›Menschlichen‹ des Jahres 1980 soweit sind, wie die Welt aus dem Jahre 1926. Dann wäre sie sachlicher und weniger unmenschlich.

Taschen-Notizkalender

Meine Freundin Grete Walfisch hat mir aus dem völkerversöhnenden Locarno einen Notizkalender geschickt, den man in die Tasche stecken kann. Ich habe darin geblättert und sogleich des alten, berliner Liedes gedacht:

> Ich gucke einmal,
> ich gucke zweimal –
> Ich denk: Nanu?
> da hat doch einer dran gedreht …?

Das Ding ist in deutscher Sprache verfaßt, unzweifelhaft – aber irgend etwas in der Druckerei muß feucht geworden sein: der Verfasser, das Papier oder der Setzer … es ist eine Art Privatdeutsch. So:

Über »Angaben und Rezepten über einfache Tierarzneikunde«, wobei zu bemerken: »Zur Vernichtung der Lause« und »Zur Entfernung der Fliegen« treten wir in den Jahreskalender, der durch allgemein belehrende Angaben und fromme Sprüche geziert ist. Da hätten wir im Januar die »Sieben Wunder der Welt«, unter denen an erster Stelle die »Längenden Görten von Semiramis« hängen, an fünfter aber der »Koloss von Rhodus, der in dem Hafen als Leuchtturm diente«. Der Koloß schillert in allen Artikeln.

»Er war zirka 40 Meter hoch. Durch ihre Beine fuhren die größten Schiffe mit vollen Segeln.« Durch den Koloß seine.

Die eingestreuten Sentenzen sind unbestreitbar richtig, wenn auch nicht immer zur Gänze verständlich. »Wer bitter im Munde hat, kann nicht süssprikken« – wie wahr! und weil schön dunkel, so doppelt beachtenswert … Auch: »Die Rosen fallen ab, die Dörner bleiben« enthält eine schwermütige Lebensweisheit, die uns überall weiterhilft, nur nicht in der Küche. In der Küche helfen Kochrezepte. Zum Beispiel dieses: »Würste mit Eiern.«

»Nehmet die Würste eine nach der andern, schneidet sie in der länge und setzt sie zum Kochen in eine ungeschmierte Brandpfanne; sind dieselben zu mager, so kann man sie mit einem bißchen Butter kochen. Sobald die Würsten gekocht sind, wirft darauf die gechüttelten Eier und nachdem diese gerinnt sein werden, schickt die Speise ganz warm auf den Eßtisch.« Das war ein merkwürdiger Vorgang.

Der ist aber gar nichts gegen das am Bratspieß geröstete Lamm.

»Der am Bratspieß geröstete Lamm. Nimmt ein 1/4 Lamm« (man beachte die Subtilität der Gewichtsangabe!); »laßt ihm einige Stunden lang mit Öhl, Pfeffer, Salz oder einem Tropfen Essig ausruhen. Durchbohrt ihm da und dort mit einer Messerspitze. Zieht ihm auf den Brandspieß mit einem Ästchen

Rosmarin, und schmiert ihm öfters mit der obgenannten Flüssigkeit, bis er gekocht ist. Bevor ihn zu servieren nimmt das Ästchen Rosmarin weg.« Ob es Hammelbraten wird, was da herauskommt, ist eine andere Frage; aber es ist sicherlich die tierfreundlichste Art, ein Lamm zu braten. Nie noch hat ein Koch daran gedacht, ein Lamm bei solcher Prozedur ausruhen zu lassen.

So blättere ich und lerne die »Embleme der Farbe«, zum Beispiel: »Dunkelpomeranzenfarbig: Genugtuung, Ruhmlieben«; kluge Sätze allgemein gültiger Lebenserfahrung: »Der Mensch spinnt an, der Zufall webt«, und am allerschönsten ist es, wenn ich überhaupt nicht mehr weiß, was gemeint ist. Dann leuchtet die deutsche Sprache wie der Mond hinter den Wolken hervor, und ich denke darüber nach, ob wir Vollmond haben oder Mittelmond oder Jungmond; es ist ein Deutsch wie frisch aus dem Lexikon, die einzelnen Wörter gibt es, aber es ist keine Sprache. Nun, laßt uns hier nicht von der modernen und mondänen Literatur sprechen, sondern im bescheidenen Kalender aus Locarno blättern – denk du an deine Liebe, ich denk an meine, und beherzigen wir den Spruch auf Seite 22, links unten:

»Liebe ist nicht ohne bitter.« Wem sagt der Kalender das!

Die Zeit schreit nach Satire

Für Walter Hasenclever

1

Per Eilboten.
Sehr geehrter Herr!

In der Annahme, daß Sie für die Ausarbeitung einer literarischen Groß-Revue mit satirischem Einschlag Interesse haben, erlauben wir uns, uns mit der Bitte an Sie zu wenden, unserm Herrn Generaldirektor Bönheim – möglichst heute noch – Gelegenheit zu einer persönlichen Rücksprache mit Ihnen zu geben.

Wir erwarten Ihren Anruf zwischen 11 und ½ 12 Uhr.

Indem wir hoffen, von Ihnen umgehend eine zusagende Antwort zu erhalten, begrüßen wir Sie

mit vorzüglicher Hochachtung
Deutscher Literatur-Betrieb G.m.b.H.
Abteilung: Theater
Für den geschäftsführenden Direktor:
(gez.) Dr. Milbe

»Hallo!«

»Hier Deutscher Literatur-Betrieb!«

»Hier Peter Panter. Sie hatten mir geschrieben; Ihr Herr Generaldirektor Bönheim möchte mich sprechen; es handelt sich um eine Revue …«

»'n Augenblick mal. – – Ja –?«

»Sie hatten mir geschrieben …«

»Wer ist denn da?«

»Hier Peter Panter. Sie hatten mir geschrieben: Ihr Herr Generaldirektor Bönheim möchte mich …«

»Ich verbinde mit dem Generalsekretariat Generaldirektor Bönheim.«

»Hier Generalsekretariat Generaldirektor Bönheim?«

»Hier Peter Panter. Sie hatten mir geschrieben: Ihr Herr Generaldirektor Bönheim möchte mich sprechen – es handelt sich um eine Revue …«

»'n Augenblick mal …! – – Ja, was gibts denn –?«

»Hier Peter Panter. Sie hatten mir geschrieben: Ihr Herr Direktor Bönheim möchte mich sprechen; es handelt sich um eine Revue …«

»Sie meinen Herrn *General*direktor Bönheim –! Herr Generaldirektor ist nicht zu sprechen, er ist verreist; wenn er hier wäre, wäre er in einer wichtigen Konferenz.«

»Ja, aber … in dem Brief stand, es wäre eilig … unterzeichnet hat ein Herr Doktor Milbe.«

»Das ist Abteilung: Theater. Ich verbinde mit der Abteilung: Theater.«

(Schlaganfall)

Darauf: Verabredung mit Herrn Dr. Milbe.

3

»Also, sehn Se, ich hab mir das so gedacht –: wir machen eine Revue, verstehn Se, also eine Revue, so was hat Berlin überhaupt noch nicht gesehn! Scharf, verstehn Sie mich, witzig, spritzig – also es ist ja gar kein Zweifel: diese Zeit schreit ja nach Satire! – das wird eine ganz große Sache! Wir haben sofort an Sie gedacht – nehm Sie ne Zigarette? – kommt ja gar kein anderer in Frahre. Wir engagieren Pallenberg, die Valetti, Paul Graetz, Ilka Grüning, Otto Wallburg – – Hallo? 'tschuldjen 'n Momentchen …! (Viertelstündiges Telefongespräch) – also, wo waren wir stehengeblieben – Ja! Engagieren also die Massary, Emil Jannings, Lucie Höflich … Nu ist da allerdings ein Haken: Ablieferungstermin des Manuskripts in acht Tagen. Ja, also das is nich anders! Warten ist zu teuer. Wir haben das Theater gepachtet – wir müssen mit der Sache raus. Na, Sie werden das schon machen! Regie? Piscator! Seffaständlich! Hat schon zugesagt; wenn er also nicht kann, dann Jeßner. Oder Haller. Auf alle Fälle: Ia. Da können Sie sich auf uns verlassen.

Und gehn Sie ran, besonders in den Couplets …

nein, halt, machen Sie keine Couplets – machen Sie Sonx – jetzt macht man Sonx – natürlich nicht zu literarisch, nicha, wir wenden uns ja an ein großes Publikum … also 'n bißchen allgemein-verständlich … wir haben so etwa gedacht: ›*Dreigroschenoper*‹ mitm Schuß Lehár. Komponisten? Na, wahrscheinlich Meisel und Kollo oder Hindemith und Nelson, ein bißchen einheitlich muß es ja schon sein. Das Geschäftliche –? besprechen wir noch – unser leitender Herr ist heut grade in Moabit. Als Zeuge. Wissen Sie, ich war früher auch literarisch tätig; was meinen Sie, beneide ich Sie, wie gern würd ich wieder … Hallo? nein! gehn Sie noch nicht weg! ich hab Ihnen noch was zu sagen! (Dreiviertelstündiges Telefongespräch) – Also wir verbleiben dann so, nicht wahr: es bleibt dann dabei: am 18. liefern Sie ab, und am 19. fangen wir an mit den Proben. Hier gehts raus …«

4

»Doktor Milbe hat mich aber um halb elf bestellt.«

»Tut mir sehr leid, Herr Doktor Milbe ist in einer wichtigen Konferenz.«

»Da werd ich warten – Nanu! Mehring? Was machen Sie denn hier? … und was … der Onkel Kästner!«

»Tag, Panter. Ja, wir kommen hierher, wir haben uns unten getroffen, wir wissen auch nicht … Mehring sagt mir, er arbeitet hier an einer Revue. Ich arbeite hier auch an einer Revue.«

»Ich auch. Ganz ulkig – mir hat der Mann gar nichts gesagt, daß er noch andere auffordert ... da hätten wir doch gut zusammenarbeiten können ... so ein –«

»Herr Doktor Milbe läßt die Herren bitten!«

(gezischt) – »Ich hab Ihnen doch gesagt, nicht alle drei zusammen –!

Also ... sehr nett, daß Sie kommen: ich habe die Herren gleich zusammengebeten, nicht wahr, es ist einfacher – – es war ja auch so besprochen. Bitte nehmen Sie Platz ... Tja ... also wir haben Ihre Texte durchgesehen ... durchgesehen ... ja, also da muß ich Ihnen nun leider sagen: also so geht das nicht. Sehn Se mal ... Hallo? 'tschuldjen 'n Momentchen ... (Halbstündiges Telefongespräch) – Wo waren wir stehengeblieben ... ja, also meine Herren, ich habe Ihnen das ja eben auseinandergesetzt, warum es so nicht geht. Herr Kästner, das ist ja viel zu fein, was Sie da gemacht haben – das verstehen die Leute ja gar nicht ... nee, die Revue soll natürlich gut sein, aber zu gut soll sie auch wieder nich sein! Herr Panter, das ist unmöglich, unmöglich, verstehen Sie mich – sehn Sie, hier das da, das ist gut, diese Szene mit dem Spreewaldkahn –«

»Die hatte ich mir als Parodie gedacht; die Szene ist gar nicht ernst ...«

»Na, das ist ja ganz gleich – dann machen wir sie

eben ernst. So müßte die ganze Revue sein … und hier, das da –:

> Komm mal rüber –
>
> komm mal rüber mit der Marie! –

Sie irren, wenn Sie glauben, daß unsere Besucher für Geld ›Marie‹ sagen – na ja, *ich* versteh das ja, aber wir haben Smoking-Publikum … und dann hier, das mit der Reichswehr, das geht natürlich nicht, und das mit Zörgiebel muß weg … aber sonst ist es ganz … Hallo? 'tschuldjen mich … Zum Donnerwetter! Ich bin jetzt in einer wichtigen Konferenz! Ich will jetzt nicht gestört werden! Nein! Ja! Weiß ich nicht! Hören Se mal – –! (Halbstündiges Telefongespräch) – Also wo … ja, Herr Mehring, nehmen Sie mir das nicht übel – ich habe das nicht verstanden! Also ich versteh das nicht! Na, dann bin ich eben literarisch nicht so gebildet wie ihr … ich habe schließlich meine journalistischen Sporen verdient; ich trau mich gar nicht, das Herrn Generaldirektor Bönheim vorzulegen, der lacht uns ja glatt aus! Hier –:

> Und weil der Eskimo anders als der Börsianer
>   spricht:
>
> Deswegen verstehen, verstehen wir alle, wir alle
>   uns nicht!

Verstehn Sie das? Natürlich spricht er anders. Na, und das da:

> Es liegt eine Leiche im Landwehrkanal.
>
> Fischerin, du kleine –

also erstens ist das alt – und außerdem ist das unappetitlich; die Leute wollen doch nachher essen gehn. Nee, meine Herren – so geht das nicht. Also arbeiten Sie mir das um … verstehen Sie mich, pikant, witzig, spritzig; ich habe für heute nachmittag auch noch Herrn Polgar und Herrn Marcellus Schiffer und Herrn Roellinghoff gebeten – wir müssen das schaffen. Sonst wende ich mich eben an Herrn Ammer oder an Herrn Villon oder schlimmstenfalls an Herrn Brecht … also um vier Uhr, meine Herren, beim Regisseur … auf Wiedersehn –!«

5

»Ich habe ihm erklärt: ich übernehme die Inszenierung überhaupt nicht. Ich weiß gar nicht, warum er Sie hier alle zu mir herbestellt hat! Wenn ich das mache, dann mach ich es nur unter folgenden Bedingungen: Gesinnung! Gesinnung! Gesinnung! Es muß was rein von der Wohnungsnot; es muß was rein von der Aufhebung des § 194 der Strafprozeßordnung – das sind doch Probleme! Außerdem ist da natürlich der Film.«

»Was für ein Film?«

»Der Film nach dem Stück von Bronnen.«

»Was für ein Stück von Bronnen?«

»Das Stück nach dem Roman von Remarque. Also dieser Film nach dem Stück nach dem Roman – daraus mache ich einen Tonfilm, also es wird eigentlich kein Tonfilm, aber ich mach das so, mit einer laufenden Treppe, Jeßner hat ... Guten Tag, Herr Doktor! Guten Tag! Herr Direktor Bönheim – sehr nett, daß Sie gekommen sind ...«

»Wo kann man bei Ihnen mal telefonieren –?«

»Hier, bitte ...« – –

»So. Also jetzt kanns losgehen. Ja, also, meine Herren, wir fangen morgen an, mit den Proben, aber es müssen da noch einige Kleinigkeiten geändert werden. Das hier, geben Sie mal her, das hier geht nicht. Über die Justiz können wir uns so nicht lustig machen; das muß – bitte mal den Rotstift, danke! – das muß hier raus. Meine Herren, wenn Sie es nicht wissen sollten: wir sind mit Bosenstein & Klappholz liiert, und hinter denen stehn IG-Farben, solche Witze über die Börse – nee, also Taktlosigkeiten, verzeihen Sie, aber das wolln wir nicht machen. Immer hübsch im Rahmen bleiben. Na, hier ... das mit der Internationale ... die können Sie ja singen lassen, wenn Sie durchaus meinen; das hören ja die Leute vorm Abendbrot immer ganz gerne. Also arbeiten Sie mir das um –«

»Herr Generaldirektor Bönheim wird am Telefon verlangt!«

»Ich? – 'tschuldjen einen Augenblick mal –!«

(Bängliche Pause. Geflüster)

»Herr Doktor Milbe meint ... mit der Massary!«

»Na das können Sie doch machen, Panter; Sie haben doch schon so oft für die Frau Couplets, danke, ich rauch jetzt nicht, machen wollen …«

»So, da bin ich wieder. Ja, also ich höre eben, Emil Jannings hat abtelegrafiert und Otto Wallburg auch, das schadet aber nichts, das besetzen wir um, ich habe da ein paar sehr begabte junge Leute. (Milbe, ich dachte an … puschpuschpusch …) Ja, also wie weit sind Sie nu –? Mit den Streichungen. Ja. Herr Mehring, was hat Ihnen eigentlich der Reichskanzler getan? Lassen Sie doch den Mann in Frieden – wird auch kein leichtes Leben haben. Is nich wahr? Nein, sehn Se mal … zum Beispiel die berliner Verkehrsregelung, *das* ist ein Skandal! Vorhin hat mein Wagen geschlagene fünf Minuten am Wittenbergplatz halten müssen – *da* müßtet ihr mal was schreiben! Ja. Na, und der Titel?«

»Ja, der Titel …?«

»Herr Kästner, wie nennen Sie das Ding?«

»Herz im Spiegel.«

»Und Sie Herr Panter?«

»Schwedenpunsch.«

»Und Sie, Herr Mehring?«

»Nacht auf dem Blocksberg.«

»Also schön – dann heißt die Revue: Jeder einmal in Berlin. Meine Herren, Herr Doktor Milbe wird Ihnen das Weitere auseinandersetzen; ich habe noch eine wichtige Konferenz … Auf Wieder –!«

»Gewiß, Herr Generaldirektor. Famos, Herr Generaldirektor!

Also, meine Herren, wie ich Ihnen gesagt habe: die Revue – steht. Nu arbeiten Sie sie um!«

6

»Halt!«

»Warum Halt?«

»Wie kommt der Alligator auf die Bühne?«

»Ich habe das so angeordnet – Herr Klöpfer will das so …«

»Das hat doch aber … hat doch aber gar keinen Bezug auf den Text –? Es ist ein Lied des Kuppelvaters … was soll um alles in der Welt …«

»Ich schmeiße euch die Rrrolle hin, wenn Herr Panter hier immer stört! So kann ich nicht probieren! Da soll der Teufel probieren – ich nicht! Da –«

»Aber, Herr Klöpfer … wir …«

»Halten Sie Ihren Mund! Ich erwürrge Sie mit meinen nackten Händen! Wenn ich aus diesem Drecktext nicht was mache, dann lacht kein Aas, dann geht überhaupt keiner rein! Alle Nuancen sind von mir, alles von mir: hier, das mit dem Reifen, und beim zweiten Refrain mache ich falschen Abgang und komm mit ner Gasmaske wieder raus, und wenn ich hier nicht den Alligator auf den Arm nehmen kann, dann könnt ihr mich alle …«

»Herr Panter, lassen Sie ihm schon den Alligator –! Es ist vielleicht wirklich ganz gut! (Piano) Am Abend geb ich dem Tier Rizinus!«

7

»Das sing ich nicht.«

»Ja, Kinder, wenn ihr nicht singt, was da steht – ihr könnt doch nicht eigene Verse reinmachen!«

»Warum können wir das nicht! Das können wir sehr schön! Dann mußt du uns eben bessere Texte machen, Panterchen!«

»Gnädige Frau, das geht wirklich nicht. Von mir aus kann ja hier gesungen werden, was will … aber mein Name steht auf dem Zettel – –«

»Ich kann das nicht! Ich kann das nicht! Meine Nerven halten das nicht aus! Ich werf euch den ganzen Kram hin! Entweder ich singe hier, oder ich singe hier nicht! Sie gehn überhaupt raus, Sie alter Bock – den ganzen Tag ist der Kerl hinter der Kate her … gearbeitet wird hier nichts … ich wunder mich, daß ihr die Betten nicht mit ins Theater bringt!«

»Aber, Kindchen … es …«

»Dieses Bordell ist ein Theater … ich meine: dieses Theater … ich geh überhaupt ab! Spielt euch euern Dreck alleine –!«

»Bühne frei –! Halt mal, nicht! noch nicht anfangen! Was ist, Herr Direktor –?«

»Milbe, ändern Sie mir das um! Hier, das hier im vierten Bild. Unmöglich! Wie konnten Sie das stehenlassen! Stresemann verkehrt im Bühnenklub, so kann man nicht mit unserer Diplomatie umspringen! Herr Kommerzienrat Moosheimer hat mir überhaupt schon Vorwürfe gemacht, daß ich mich auf die Sache eingelassen habe – mir ist schon mies vor der ganzen Revue ... unntä ... dann dürfen die Schupos im achten Bild keinesfalls wieder ihre Uniform anziehen; die müssen französische Uniformen nehmen, wir haben ja noch welche aus der vorigen Revue ... lassen Sie Pichorek mal sofort nachsehen – und das Lied gegen den Reichstag wird gestrichen ... das ...«

»Hat aber auf der Generalprobe sehr gewirkt, Herr Direktor!«

»Das ist mir pipenegal! Wer ist hier Direktor, Sie oder ich? Diese revolutionären Texte, ich bin ein guter Republikaner ... die Karikatur vom Kronprinzen in der Gerichtsszene kommt mir auch runter, es ist leicht, einem toten Löwen einen Fußtritt zu versetzen, außerdem hab ich nicht Lust, euretwegen meine ganzen Geschäftsverbindungen ...«

»Bühne frei! Gong –!«

(›*Deutsche Tageszeitung*‹): – – Dieser rote Schund – –

(›*Vossische Zeitung*‹): … unser Freund Peter Panter wohl seinen matten Tag gehabt haben mag. Das kann jedem passieren. Aber an solchen Tagen dichtet man eben nicht. Nach der Reichstagsszene, die seltsam salzlos war, ging der Sprecher ab, und wir blieben zurück, ratlos, was das wohl zu bedeuten hätte; es schien dann, als wollte der Schauspieler, der den Reichstagspräsidenten darstellte, noch irgend etwas sagen, aber wahrscheinlich hat hier die Erfindungsgabe des Autoren nicht gereicht … was französische Polizisten in einem deutschen Versammlungssaal zu tun haben, wird wohl das ewige Geheimnis unseres Autors bleiben … es war kein guter Tag für ihn. Man werfe diesem Raubtier einen andern Braten vor und lasse es durch neue Reifen springen.

(Frau Wendriner am Telefon; morgens halb elf) – »hat sie gesagt, wenn sie ein neues Mädchen für dich hat, wird sie mich anklingeln. Du kannst dich unbedingt auf sie verlassen; sie besorgt mir immer die Tassen nach, fürs Geschirr; sie ist durchaus zuverlässig. Gestern –? Im Majolika-Theater, zu der neuen Revue, Premiere. Nei-en – mäßig. Die Bois ganz nett, aber es war alles so durcheinander, wir haben gar nicht gelacht. Es hieß erst, das wär nu die ganz große Sache, aber wir wollten schon nach der Pause gehen. Oskar ist dann noch geblieben, weil er Paul nach der Vorstellung noch sprechen wollte, geschäftlich. Das einzige war noch Graetz und die Hesterberg, sonst gar nichts. Margot hat gestern angerufen; warum du denn gar nicht mal bei ihr anrufst, sie will mich morgen anklingeln, und du sollst doch auch mal Lina anklingeln, damit Lina Trudchen anruft, wegen dem Schleiflack, Käte ist sehr zufrie –«

11

»Sie sind schuld –!«

»Ich? Das ist ja großartig! Sie sind schuld –!«

»Wer hat es gleich gesagt? Wer hat es gleich gesagt?«

»Macht hier nicht sonen Krach im Theaterbüro! Davon kommt das Geld auch nicht wieder! – Statt sich anständige Autoren zu holen! Presber! Remarque! Ferdinand Bruckner! Nein, da holen sie sich ihre guten Freunde ran …«

»Das verbitte ich mir.«

»Sie haben sich hier gar nichts zu verbitten – das ist mein Unternehmen, Herr Doktor Milbe –! Was steht ihr überhaupt hier alle rum? Wollt ihr vielleicht Geld von mir? Dafür wollt ihr noch Geld?

Wozu zahle ich meine Theaterpacht ... Ich will euch mal was sagen –«

»Was ist denn das für ein Ton –?«

»Sie sind entlassen! Sie ehmfalls! Ich werde hier mit eisernem Besen ...«

»Sie mir auch! Diese Dreckbude von Theater – Mahlzeit!«

»Raus hier! Hat einen Charakter wie ein Klosettdeckel –«

»Panter! Los! Ab!«

»Sie hätten ...« – »Ich habe ...« – »Sie Riesenroß, wer hat gleich am ersten Tag ... aber auf mich hört ja keiner, in meinem eigenen Betrieb ... das wird mir von heute ab ... ich bin ein alter Theaterhase, und diese Lausejungen ... Ich verkaufe den Betrieb überhaupt, da könnt ihr sehen, wie ihr ohne mich fertig werdet! Ich geh ins Tonfilmsyndikat oder zurück zur Konfektion –!«

»Ihr kommt runter? Ich geh rauf – mein Geld holen.«

»Da bemühen Sie sich gar nicht erst nach oben. Geld is nich. Aber Krach.«

»Um Gottes willen ... was ist da oben los? Man möchte ja meinen, es wär Mord und Totschlag – wer schreit denn da so –?«

»Das? Das ist die Zeit. Sie schreit nach Satire –!«

Wo lesen wir unsere Bücher?

Wo –?

Im Fahren.

Denn in dieser Position, sitzend-bewegt, will der Mensch sich verzaubern lassen, besonders wenn er die Umgebung so genau kennt wie der Fahrgast der Linie 57 morgens um halb neun. Da liest er die Zeitung. Wenn er aber zurückfährt, dann liest er ein Buch. Das hat er in der Mappe. (Enten werden mit Schwimmhäuten geboren – manche Völkerschaften mit Mappe.) Liest der Mensch in der Untergrundbahn? Ja. Was? Bücher. Kann er dort dicke und schwere Bücher lesen? Manche können es. Wie schwere Bücher? So schwer, wie sie sie tragen können. Es geht mitunter sehr philosophisch in den Bahnen zu. Im Autobus nicht so – der ist mehr für die leichtere Lektüre eingerichtet. Manche Menschen lesen auch auf der Straße … wie die Tiere.

Die Bücher, die der Mensch nicht im Fahren liest, liest er im Bett. (Folgt eine längere Exkursion über Liebe und Bücher, Bücher und Frauen – im Bett, außerhalb des Bettes … gestrichen.) Also im Bett. Sehr ungesund. Doch – sehr ungesund, weil der schiefe Winkel, in dem die Augen auf das Buch fallen … fragen Sie Ihren Augenarzt. Fragen Sie ihn lieber nicht; er wird Ihnen die abendliche Lektüre verbieten, und Sie werden nicht davon lassen – sehr ungesund. Im Bett soll man nur leichte und unterhaltende Lektüre zu sich nehmen sowie spannende und beruhigende, ferner ganz schwere, wissenschaftliche und frivole sowie mittelschwere und jede sonstige, andere Arten aber nicht.

Dann lesen die Leute ihre Bücher nach dem Sonntagessen – man kann in etwa zwei bis zweieinhalb Stunden bequem vierhundert Seiten verschlafen.

Manche Menschen lesen Bücher in einem Boot oder auf ihrem eigenen Bauch, auf einer grünen Wiese. Besonders um diese Jahreszeit.

Manche Menschen lesen, wenn sie Knaben sind, ihre Bücher unter der Schulbank.

Manche Menschen lesen überhaupt keine Bücher, sondern kritisieren sie.

Manche Menschen lesen die Bücher am Strand, davon kommen die Bücher in die Hoffnung. Nach etwa ein bis zwei Wochen schwellen sie ganz dick an – nun werden sie wohl ein Broschürchen gebären, denkt man – aber es ist nichts damit, es ist nur der Sand, mit dem sie sich vollgesogen haben. Das raschelt so schön, wenn man umblättert ...

Manche Menschen lesen ihre Bücher in ... also das muß nun einmal ernsthaft besprochen werden.

Ich bin ja dagegen. Aber ich weiß, daß viele Männer es tun. Sie rauchen dabei und lesen. Das ist nicht gut. Hört auf einen alten Mann – es ist nicht gut. Erstens, weil es nicht gut ist, und dann auch nicht hygienisch, und es ist auch wider die Würde des Dichters, der das Buch geschrieben hat und überhaupt. Gewiß, kann man sich Bücher vorstellen, die man *nur* dort lesen sollte, ›*Völkische Beobachter*‹ und dergleichen. Denn sie sind hinterher unbrauchbar: so naß werden sie. Man soll in der Badewanne eben keine Bücher lesen. (Aufatmen des gebildeten Publikums.)

Merke: Es gibt nur sehr wenige Situationen jedes menschlichen Lebens, in denen man keine Bücher lesen kann, könnte, sollte … Wo aber werden diese Bücher hergestellt? Das ist ein anderes Kapitel.

Kleine Bitte

Wenn einer und er entleiht ein Buch von einer Bibliothek, sagen wir den Marx: Was will er dann lesen? Dann will er den Marx lesen. Wen aber will er mitnichten lesen? Den Herrn Posauke will er mitnichten lesen. Was aber hat der Herr Posauke getan? Der Herr Posauke hat das Buch vollgemalt. Pfui!

Ob man seine eigenen Bücher vollschreiben soll, ist eine andere Frage. (Vgl. hierzu: ›Über das Vollschreiben von Büchern, Buchrändern sowie buchähnlichen Gegenständen‹; Inaugural-Dissertation von Dr. Peter Panter; der Universität Saarow-Pieskow vorgelegt, meinen lieben Eltern gewidmet.) Mit den eigenen Büchern also beginne man, was man mag. Aber wie verfährt man mit fremden?

Die Preußische Staatsbibliothek, der man die Kosten für eine mittlere Infanterie-Division bewilligen sollte, auf daß sie eine moderne Bibliothek werde, sollte sich auf das schärfste gegen jene schützen, die die Unart haben, entliehene Bücher vollzugeifern, man kann das nicht anders nennen.

– »Oho!« – »Ganz falsch, siehe Volkmar Seite 564.« – »Blödian!« – »Bravo!« – »Nein, diese Theorie ist eben nicht von N. abgelehnt worden!« – »Dumme Frechheit!« … was soll denn das alles –?

Erstens einmal ist es feige, den Autor anzukrähen: er ist ja nicht dabei und kann sich nicht wehren. Zweitens stört es den nächsten Leser außerordentlich bei der Lektüre: man mag nicht oben auf einer linken Seite zu lesen beginnen, wenn unten rechts etwas angestrichen ist, was man nicht kennt; das Auge wird unruhig, schweift ab ... ja, wenn wir das selber unterstrichen hätten, dann kennen wir auch das Buch, und das ist ganz etwas anderes. Ein Bibliotheksbuch aber gehört allen, und alle sollten es sauber und anständig behandeln.

Stadtbibliotheken und Fachbibliotheken leiden unter dieser Unsitte – wir alle leiden darunter, die wir uns viele Bücher nicht kaufen können. Es ist wie: Stullenpapier im Grunewald liegen lassen.

Kleine Bitte an Bibliotheksbenutzer:

Laßt Marginalien von andern Leuten schreiben – tut es nicht! Malt nicht die Bücher voll, es ist nicht schön. Zeichnet eure Bemerkungen auf; schreibt nicht so viel in die Bücher hinein, schreibt lieber mehr aus ihnen heraus! Beschimpft den Autor nicht am Rande. Schreibt ihm einen Brief.

Herrn

Geheimbderath Göthe

Weimar.

Eine nähere Adresse ist nicht nötig; der Brief kommt schon an. Frick paßt auf.

Und malt die Bücher nicht voll. Nein? Tuts nicht mehr!

Die Essayisten

St. Clou den 25. Juni 1721

… Ich habe mitt den zeittungen einen grossen
brieff bekommen von dem postmeister von
Bern, er heist Fischer von Reichenbach; aber
sein stiehl ist mir gantz fremdt, ich finde
wörtter drinen, so ich nicht verstehe, alsz
zum exempel: »Wir uns erfrachen dörffen
thutt die von I.K.M.generalpost-verpachtern
erst neuer dingen eingeführte francatur aller
auswärtigen brieffschaften uns zu verahn-
lassen.« Dass ist ein doll geschreib in meinem
sin, ich kans weder verstehen, noch begreiffen;
das kan mich recht ungedultig machen. Ist es
möglich, liebe Louise, dass unssere gutte,
ehrliche Teüutschen so alber geworden, ihre
sprache gantz zu verderben, dass man sie nicht
mehr verstehen kan?

Liselotte von der Pfalz

»Ich habe nun bis ins einzelne verfolgt und nach-
gewiesen, daß letztere Periodizität der Weltan-
schauungsformen und erstere Periodizität der
Stilformen stets Hand in Hand gehen als re-
ligiösphilosophische bzw. ethisch-ästhetische
Ausdrucksformen und Widerspiegelungen der
organischen Entwicklung jedes Kulturzeitalters

von seiner Renaissance bis zu seiner Agonie und daß auch wieder die verschiedenen Kulturzeitalter sich als Volksaltersstufen entsprechend organisch auseinander entwickeln, in großen Zügen als patriarchalische Kindheit, feudale Jugend, konstitutionelle Reife, soziales Alter und kosmopolitisches Greisentum der Völker.«

Und davon kann man leben –?

Offenbar sehr gut, denn dies ist die Lieblingsbeschäftigung vieler Leute: Essays zu schreiben. Die meisten davon sehn so aus wie diese Probe.

Es hat sich bei jenen Schriftstellern, die nie aliquid, sondern immer de aliqua re schreiben, ein Stil herausgebildet, den zu untersuchen lohnt. So, wie es, nach Goethe, Gedichte gibt, in denen die Sprache allein dichtet, so gibt es Essays, die ohne Dazutun des Autors aus der Schreibmaschine trudeln. Jenes alte gute Wort darf auch hier angewandt werden: der Essaystil ist der Mißbrauch einer zu diesem Zweck erfundenen Terminologie. Es ist eine ganze Industrie, die sich da aufgetan hat, und sie hat viele Fabrikanten.

Die Redlichkeit des alten Schopenhauer scheint bei den Deutschen nichts gefruchtet zu haben. Jeder Satz in den beiden Kapiteln ›Über Schriftstellerei und Stil‹ und ›Über Sprache und Worte‹ gilt noch heute und sollte, Wort für Wort, den Essayisten hinter die Ohren geschrieben werden, es wäre das einzig Lesbare an ihnen. »Den deutschen Schriftstellern würde durchgängig die Einsicht zustatten kommen, daß man zwar, wo möglich, denken soll wie ein großer Geist, hingegen die selbe Sprache reden wie jeder Andere. Man brauche gewöhnliche Worte und sage ungewöhnliche Dinge: aber sie machen es umgekehrt.« Jeder kennt ja diese fürchterlichen Diskussionen, die sich nach einem Vortrag zu erheben pflegen; da packen Wirrköpfe die Schätze ihrer Dreiviertelbildung aus, daß es einen graust, und man mag es nicht hören. Dieser Stil hat sich so eingefressen, daß es kaum einen Essayisten, kaum einen Kaufmann, kaum einen höhern Beamten gibt, der in seinen Elaboraten diesen schauderhaften Stil vermeidet. Das Maul schäumt ihnen vor dem Geschwätz, und im Grunde besagt es gar nichts. Wer so schreibt, denkt auch so und arbeitet noch schlechter. Es ist eine Maskerade der Seele.

Der Großpapa dieses literarischen Kostümfestes heißt Nietzsche, einer der Väter Spengler, und die österreichischen Kinder sind die begabtesten in der Kunst, sich zu verkleiden. Es gibt Anzeichen, an denen man alle zusammen erkennen kann, untrüglich.

Bei Nietzsche finden sich Hunderte von Proben dieses Essaystils, es sind seine schwächsten Stellen. Sie blenden auf den ersten Blick; auf den zweiten erkennt man, welch spiegelnder Apparat die Blendung hervorgebracht hat – die Flamme ist gar nicht so stark, sie wird nur wundervoll reflektiert. Das sind jene bezaubernden Formeln, die sie ihm seitdem alle nachgemacht haben, allerdings mit dem Unterschied, daß die Nachahmer einzig die Formeln geben, während sie bei Nietzsche meist das Ende langer Gedankenreihen bilden – manchmal freilich sind auch sie nur Selbstzweck, ein kleines Feuerwerk im Park. »Sportsmen der Heiligkeit« – das ist sehr gut gesagt, aber es ist zu spitz gesagt. Auch findet sich in diesem Wort eine Technik angewandt, die sie uns in Wien, also in Berlin bis zum Überdruß vorsetzen: die Vermanschung der Termini. Sie hören in der Lichtsphäre; sie sehen Gerüche; sie spielen sich als gute Fechter auf, aber nur im Kolleg, wo sie sicher sind, daß nicht gefochten wird; sie sind Priester in der Bar, und es ist alles unecht. Nietzsche hat ihnen die Pose geliehen; wieweit man einen Künstler für seine Anhänger und auch noch für die falschen verantwortlich machen kann, steht dahin – Nietzsche hat auf sie jedenfalls mehr im bösen als im guten gewirkt. Von ihm jenes »man«, wo ›ich‹ oder das altmodische ›wir‹ gemeint ist; beides hatte einen Sinn, dieses ›man‹ ist eine dumme Mode. »Man geht durch das hohe Portal in die Villa der Greta Garbo ...« Quatsch doch nicht. Man? Du gehst. Von Nietzsche jene Wichtigtuerei mit dem Wissen, das bei ihm ein organischer Bestandteil seines Humanismus gewesen ist; die Nachahmer aber sind nur bildungsläufig und lassen ununterbrochen, wie die Rösser ihre Äpfel, die Zeugnisse ihrer frisch erlesenen oder aufgeschnappten Bildung fallen; ich empfehle ihnen Plotin, und sehr hübsch ist auch Polybios statt Hippokrates, man kann das nicht so genau kontrollieren. Von Nietzsche jene Pose der Einsamkeit, die bei den Nachahmern nicht weniger kokett ist als der Ausdruck jener Einsamkeit beim Meister; ›man‹ lese das heute nach, und man wird erstaunt sein, wie blank poliert die Schmerzen aus Sils-Maria sind. Von Nietzsche jene lateinische Verwendung des Superlativs, wo statt der größte: sehr groß gemeint ist. So entstehen diese fatalen Urteile: »das beste Buch des achtzehnten Jahrhunderts«, und um das zu mildern, wird der falsche Superlativ mit einem ›vielleicht‹ abgeschwächt. Das lesen wir heute in allen Kritiken. Sie haben an Nietzsche nicht gelernt, gut deutsch zu schreiben. Er war ein wunderbarer Bergsteiger; nur hatte er einen leicht lächerlichen, bunt angestrichenen Bergstock. Sie bleiben in der Ebene. Aber den Bergstock haben sie übernommen.

Aus der Hegelecke naht sich ein Kegelkönig: Spengler. Von diesem Typus sagt Theodor Haecker: »Das Geheimnis des Erfolges besteht genau wie bei Hegel darin, daß jeder, der keck genug ist, auch mittun kann.« Und das tun sie ja denn auch. Sie stoßen einen Kulturjodler aus, und die Jagd geht auf.

Der Italiener sieht sich gern malerisch: er stellt sich vorteilhaft in den Ort. Der deutsche Essayist sieht sich gern historisch: er stellt sich vorteilhaft in die Zeit. So etwas von Geschichtsbetrachtung war überhaupt noch nicht da. Nur darf man das Zeug nicht nach zwei Jahren ansehn, dann stimmt nichts mehr. Sie schreiben gewissermaßen immer eine Mittagszeitung des Jahres, mit mächtigen Schlagzeilen, und zu Silvester ist alles aus. »Wenn einst die Geschichte dieser Bewegung geschrieben wird ...« Keine Sorge, sie wird nicht. Sie eskomptieren die Zukunft. Und die Vergangenheit wiederum ist ihnen nur das Spielfeld ihrer kleinen Eitelkeiten, wo sie den großen Männern Modeetiketten aufpappen: Grüß di Gott, Cäsar! Wos is mit die Gallier? Auf der Kehrseite dieser falschen Vertraulichkeit steht dann das Podest, auf das die alten Herren hinaufgeschraubt werden; und wenn sich einer mit Wallenstein befaßt, dann glaubt er, der Geist des in den Geschichtsbüchern so Fettgedruckten sei ihm ins eigne Gehirn geronnen. Welcher Geschichtsschwindel!

Nur wenige Menschen vermögen das, was sie erleben, geschichtlich richtig zu sehn, und ganz und gar kanns keiner. Diese Essayisten tun so, als könnten sies. Wir sehn an alten Kirchen hier und da kleine Dukatenmännchen, die machen Dukaten. So machen sie Geschichte.

Kein Wunder, daß dann der Stil, den sie schreiben, so gräßlich aussieht; auf zwei linken Barockbeinen kommt er einhergewankt. ›Das Wollen‹ gehört hierher. Die geschwollenen Adjektive, denen man kalte Umschläge machen sollte. Die dämliche Begriffsbestimmung, die für jeden Hampelmann eine eigne Welt aufbauen möchte. »Er kommt her von ...« – »Für ihn ist ...« – Der Mißbrauch der Vokabeln: ›magisch‹, ›dynamisch‹, ›dialektisch‹. Diese faden Klischees, die fertig gestanzt aus den Maschinen fallen: »das Wissen um ...« – »wir wissen heute«; der »Gestaltwandel« und dann: der »Raum«.

Ohne ›Raum‹ macht ihnen das ganze Leben keinen Spaß. Raum ist alles, und alles ist im Raum, und es ist ganz großartig. »Rein menschlich gesehn, lebt die Nation nicht mehr im Raum ...« Man versuche, sich das zu übersetzen: es bleibt nichts, weil es aufgepustet ist. Früher hätte etwa ein Mann, der eine Bücherei leitete, gesagt: »Männer lesen gewöhnlich andre Bücher als Frauen, und dann kommt es auch noch darauf an, welchem Stand sie angehören.« Viel steht in diesem Satz nicht drin; ich spräche oder schriebe ihn gar nicht, weil er nichts besagt. Heute spricht, nein – der Direktor der städtischen Bücherhallen ergreift das Wort: »Dieser Gegensatz zwischen Mann und Frau ist verschieden nach dem soziologischen Ort, an dem man vergleicht.« Dieser soziologische Ort heißt Wichtigstein a. d. Phrase, aber so blitzen tausend Brillen, so rinnt es aus tausend Exposés, tönt es aus tausend Reden, und das ist ihre Arbeit: Banalitäten aufzupusten wie die Kinderballons. Stich mit der Nadel der Vernunft hinein, und es bleibt ein runzliges Häufchen schlechter Grammatik.

Und es sind nicht nur jene österreichischen Essayisten, von denen jeder so tut, als habe er grade mit Buddha gefrühstückt, dürfe uns aber nicht mitteilen, was es zu essen gegeben hat, weil das schwer geheim sei –: die Norddeutschen können es auch ganz schön. Zu sagen haben sie alle nicht viel – aber so viel zu reden!

Aus einem einzigen Buch:

»Abermals ist also der gesamte Komplex der Politik Niederschlag des Kulturgewissens und der geistigen Strömungen unserer Zeit.« – »Was Klaus Mann erlaubt ist, darf nicht Edschmid erlaubt sein, denn er hat sich nicht nur an den Vordergründen zu ergötzen, sondern um die Perspektiven zu wissen und an der Ordnung des Chaotischen beteiligt zu sein.« Da bekommt also der vordergründige Edschmid eine Admonition im Chaotischen. Und man höre den falschen Ton: »Charakteristisch waren zunächst die jungen Männer, welche mit gelassener Hand den Fernsprecher ans Ohr legten und ihrem Bankbevollmächtigten Weisung für Ankauf oder Abstoß von Papieren gaben. Begabte, freundliche, quicke junge Burschen, man soll gegen sie nichts Schlechtes sagen.« – »Junge Burschen …« das hat der alte Herr Pose selber geschrieben, und diese fett aus dem Wagen winkende Hand ist ein Wahrzeichen vieler

Schriftsteller solcher Art. Manchmal winken sie, wenn sie grade in London sitzen, zu Deutschland, manchmal zu den Jungen hinüber, manchmal spielen sie neue Zeit ... auf alle Fälle wedeln sie immer mit irgend etwas gegen irgend wen. Aber: »Wie Blüher die Geschichte des Wandervogels, wie er seine eigne schreibt, das alles ist unverfälscht deutsch: gefurchte Stirn, bedeutende Geste, Ernstnehmen des geringsten Umstandes bis zum Bekennen biographischer Intimitäten, stets bestrebt, sogar Belangloses auf letzte Gründe zu untersuchen und sein Ich ohne Rest zu objektivieren.« Na also! Und dieser Satz schöner Selbsterkenntnis stammt aus demselben Buch, dem alle diese Proben entnommen sind: aus Frank Thiessens ›Erziehung zur Freiheit‹. Ein Mann mit zu viel Verstand, um dumm zu sein, mit zu wenig, um nicht schrecklich eitel zu sein; mit zu viel, um jemals Wolken zu einem Gewitter verdichten zu können, er ist kein Dichter; mit zu wenig Verstand, um einen guten Essayisten abzugeben. Doch welche Suada! welch gefurchte Stirn, bedeutende Geste ... siehe oben.

Ich habe eine Sammlung von dem Zeug angelegt; sie wächst mir unter den Händen zu breiten Ausmaßen. »Der vollkommene Sieg der Technik reißt unsere ganze Gesinnung ins Planetarische.« – »Hier ist dämonisches Wissen um letzte Dinge der Seele mit einer harten, klaren, grausam scheidenden Darstellungskunst vereint – unendliches Mitleid mit der

Kreatur kontrastiert großartig mit einer fast elementaren Unbarmherzigkeit der Gestaltung.« Wo er recht hat, hat er recht, und das hat sich Stefan Zweig wahrscheinlich auf einen Gummistempel setzen lassen, denn es paßt überall hin, weil es nirgends hinpaßt. »Nach den beschreibenden Gedichten der Jugend bemerkt man im Gedicht ›Karyatide‹ das Eindringen eines stärker dynamisierenden Wortvorgangs; das Motiv schwindet, zerrinnt fast in den zeitflutenden Verben; das zeithaltige funktionsreiche Ich läßt das Motiv vibrieren und aktiviert den Dingzustand im Prozeß; nun lebt das Motiv stärker, doch nur in der Zentrierung in das Ich; die Bedingtheit der Welt durch das lyrische Ich wird gewiesen.« Dies wieder stammt von Carl Einstein, der bestimmt damit hat probieren wollen, was man alles einer Redaktion zumuten kann. Und wie die obern Zehntausend, so erst recht die untern Hunderttausend.

Man setze den mittlern Studienrat, Syndikus, Bürgermeister, Priester, Arzt oder Buchhändler auf das Wägelchen dieser Essay-Sprache, ein kleiner Stoß – und das Gefährt surrt ab, und sie steuern es alle, alle. »Der heutige Mensch, so er wirken will, muß innerlich verhaftet sein, sei es in seinem Ethos, in seiner Weltanschauung oder in seinem Glauben, aber er darf sich nicht isolieren durch Verharren in seinem Gedankengebäude, sondern muß kraft seines Geistes seine Grundhaltung stets neu verlebendigen und

prüfen.« Wenn ich nicht irre, nennt man das jugend-
bewegt.

Verwickelte Dinge kann man nicht simpel ausdrücken; aber man kann sie einfach ausdrücken.
Dazu muß man sie freilich zu Ende gedacht haben,
und man muß schreiben, ohne dabei in den Spiegel
zu sehn. Gewiß ließen sich Sätze aus einem philosophischen Werk herauslösen, die für den Ungebildeten kaum einen Sinn geben werden, und das ist kein
Einwand gegen diese Sätze. Wenn aber ein ganzes
Volk mittelmäßiger Schreiber, von denen sich jeder durch einen geschwollenen Titel eine Bedeutung
gibt, die seinem Sums niemals zukommt, etwas
Ähnliches produziert wie ein Denkmal Platos aus
Hefe, bei dreißig Grad Wärme im Schatten, dann
darf denn doch wohl dieser lächerliche Essay-Stil
eine Modedummheit genannt werden. Unsre besten
Leute sind diesem Teufel verfallen, und der große
Rest kann überhaupt nicht mehr anders schreiben
und sprechen als: »Es wird für jeden von uns interessant sein, die Stellungnahme des Katholizismus zu
den einzelnen Lebensproblemen und den aktuellen
Zeitfragen kennen zu lernen und zu sehen, welche
Spannungseinheiten hier zwischen traditionsgebun-
dener Wirtschaftsauffassung und der durch die Not-
wendigkeiten der Zeit geforderten Weiterentwick-
lung bestehen.« So versauen sie durch ihr blechernes
Geklapper eine so schöne und klare Sprache wie es

die deutsche ist. Sie kann schön sein und klar. Die abgegriffenen Phrasen einer in allen Wissenschaftsfächern herumtaumelnden Halbbildung haben sie wolkig gemacht. Die deutsche Sprache, hat Börne einmal gesagt, zahlt in Kupfer oder in Gold. Er hat das Papier vergessen.

Der deutsche Essay-Stil zeigt eine konfektionierte humanistische und soziologische Bildung auf, die welk ist und matt wie ihre Träger. Und das schreibt in derselben Sprache, in der Hebel geschrieben hat! Man sollte jedesmal, wenn sich so ein wirres und mißtönendes Geschwätz erhebt, von Bäumer bis zu Thiess, von Flake bis zu Keyserling, die falschen Würdenträger auslachen.

Versuche, einen Roman zu schreiben. Du vermagst es nicht? Dann versuch es mit einem Theaterstück. Du kannst es nicht? Dann mach eine Aufstellung der Börsebaissen in New York. Versuch, versuch alles. Und wenn es gar nichts geworden ist, dann sag, es sei ein Essay.

Die Reportahsche

Einmal hieß alles, was da kreucht und fleucht, ›nervös‹, dann ›fin de siècle‹, dann ›Übermensch‹, dann hatten sie es mit den ›Hemmungen‹ und heute haben sie es mit der Reportahsche, als welches Wort man immer so schreiben sollte. Lieber Egon Erwin Kisch, was haben Sie da angerichtet! Sie sind wenigstens ein Reporter und ein sehr guter dazu – aber was nennt sich heute nur alles ›Reportage‹. Es ist völlig lächerlich.

Es gibt von allen Arten.

Es gibt ›soziale Reportagen‹ und einer trägt eine ›Reportage‹ vor, und Paul Fechter, der Klopf-Fechter der ›Deutschen Allgemeinen‹ macht ›Versuche einer Rollen-Reportage‹, die denn auch so ausgefallen sind, daß man sich verwundert fragt, wie einer das schreiben kann, ohne dabei einzuschlafen. Dafür tuts denn der Leser. Und dann gibt es ›Reportagen-Romane‹, und das sind die allerschlimmsten.

Der richtige Reportage-Roman ist im Präsens geschrieben und so lang wie ein mittelkräftiger Bandwurm. Der romancierende Reporter nimmt sich ein Milljöh vor, und das bearbeitet er. Das kann man nun endlos variieren, aber es ist immer dasselbe Buch.

Nicht die Spur einer Vertiefung, nichts, was man nicht schon wüßte, bevor man das Buch angeblättert hat, keine Bewegung, keine Farbe – nichts. Aber Reportage. Was einen höchst mäßigen Essay abgäbe, das gibt noch lange keinen Roman. Wie überhaupt bei uns jede kleine Geschichte gern ›Roman‹ genannt wird – die Kerle sind ja größenwahnsinnig. ›Krieg und Frieden‹ ist ein Roman. Das da sind keine.

Sie kommen sich so wirklichkeitsnah vor, die Affen – und dabei haben sie nichts reportiert, wenn sie nach Hause kommen. Nur ein paar Notizen, die sie auswalzen. Reportahsche ... Reportahsche ...

Auf dieses Wort gibt es einen Reim: deshalb schreibe ich es so.

Vor dem Kriege hat einmal die Kaffee-Firma Tengelmann ein Preisausschreiben in die Zeitungen gesetzt; sie wollte ein kurzes Gedicht für ihre Reklamen haben: die Firma sollte darin genannt sein, die Vorzüglichkeit ihrer Produkte, ihre Tee- und Kaffeeplantagen und das alles in gefälliger, gereimter Form.

Der große Schauspieler Victor Arnold gewann zwar den Preis nicht – aber er hatte einen der schönsten Verse gefunden. Und der hieß so:

> Mein lieber guter Tengelmann!
> Was geht denn mich dein Kaffee an
> und deine Teeplantage –
> Ach ...!

Na, dann reportiert man.

Ratschläge für einen schlechten Redner

Fang nie mit dem Anfang an, sondern immer drei Meilen *vor* dem Anfang! Etwa so:

»Meine Damen und meine Herren! Bevor ich zum Thema des heutigen Abends komme, lassen Sie mich Ihnen kurz ...«

Hier hast du schon so ziemlich alles, was einen schönen Anfang ausmacht: eine steife Anrede; der Anfang vor dem Anfang; die Ankündigung, daß und was du zu sprechen beabsichtigst, und das Wörtchen kurz. So gewinnst du im Nu die Herzen und die Ohren der Zuhörer.

Denn das hat der Zuhörer gern: daß er deine Rede wie ein schweres Schulpensum aufbekommt; daß du mit dem drohst, was du sagen wirst, sagst und schon gesagt hast. Immer schön umständlich.

Sprich nicht frei – das macht einen so unruhigen Eindruck. Am besten ist es: du liest deine Rede ab. Das ist sicher, zuverlässig, auch freut es jedermann, wenn der lesende Redner nach jedem viertel Satz mißtrauisch hochblickt, ob auch noch alle da sind.

Wenn du gar nicht hören kannst, was man dir so freundlich rät, und du willst durchaus und durchum frei sprechen ... du Laie! Du lächerlicher Cicero!

Nimm dir doch ein Beispiel an unsern professionellen Rednern, an den Reichstagsabgeordneten – hast du die schon mal frei sprechen hören? Die schreiben sich sicherlich zu Hause auf, wann sie »Hört! hört!« rufen ... ja, also wenn du denn frei sprechen mußt:

Sprich, wie du schreibst. Und ich weiß, wie du schreibst.

Sprich mit langen, langen Sätzen – solchen, bei denen du, der du dich zu Hause, wo du ja die Ruhe, deren du so sehr benötigst, deiner Kinder ungeachtet, hast, vorbereitest, genau weißt, wie das Ende ist, die Nebensätze schön ineinandergeschachtelt, so daß der Hörer, ungeduldig auf seinem Sitz hin und her träumend, sich in einem Kolleg wähnend, in dem er früher so gern geschlummert hat, auf das Ende solcher Periode wartet ... nun, ich habe dir eben ein Beispiel gegeben. So mußt du sprechen.

Fang immer bei den alten Römern an und gib stets, wovon du auch sprichst, die geschichtlichen Hintergründe der Sache. Das ist nicht nur deutsch – das tun alle Brillenmenschen. Ich habe einmal in der Sorbonne einen chinesischen Studenten sprechen hören, der sprach glatt und gut französisch, aber er begann zu allgemeiner Freude so: »Lassen Sie mich Ihnen in aller Kürze die Entwicklungsgeschichte meiner chinesischen Heimat seit dem Jahre 2000 vor Christi Geburt ...« Er blickte ganz erstaunt auf, weil die Leute so lachten.

So mußt du das auch machen. Du hast ganz recht: man versteht es ja sonst nicht, wer kann denn das alles verstehen, ohne die geschichtlichen Hintergründe … sehr richtig! Die Leute sind doch nicht in deinen Vortrag gekommen, um lebendiges Leben zu hören, sondern das, was sie auch in den Büchern nachschlagen können … sehr richtig! Immer gib ihm Historie, immer gib ihm.

Kümmere dich nicht darum, ob die Wellen, die von dir ins Publikum laufen, auch zurückkommen – das sind Kinkerlitzchen. Sprich unbekümmert um die Wirkung, um die Leute, um die Luft im Saale; immer sprich, mein Guter. Gott wird es dir lohnen.

Du mußt alles in die Nebensätze legen. Sag nie: »Die Steuern sind zu hoch.« Das ist zu einfach. Sag: »Ich möchte zu dem, was ich soeben gesagt habe, noch kurz bemerken, daß mir die Steuern bei weitem …« So heißt das.

Trink den Leuten ab und zu ein Glas Wasser vor – man sieht das gern.

Wenn du einen Witz machst, lach vorher, damit man weiß, wo die Pointe ist.

Eine Rede ist, wie könnte es anders sein, ein Monolog. Weil doch nur einer spricht. Du brauchst auch nach vierzehn Jahren öffentlicher Rednerei noch nicht zu wissen, daß eine Rede nicht nur ein Dialog, sondern ein Orchesterstück ist: eine stumme Masse spricht nämlich ununterbrochen mit. Und das mußt du hören. Nein, das brauchst du nicht zu hören. Sprich nur, lies nur, donnere nur, geschichtele nur.

Zu dem, was ich soeben über die Technik der Rede gesagt habe, möchte ich noch kurz bemerken, daß viel Statistik eine Rede immer sehr hebt. Das beruhigt ungemein, und da jeder imstande ist, zehn verschiedene Zahlen mühelos zu behalten, so macht das viel Spaß.

Kündige den Schluß deiner Rede lange vorher an, damit die Hörer vor Freude nicht einen Schlaganfall bekommen. (Paul Lindau hat einmal einen dieser gefürchteten Hochzeitstoaste so angefangen: »Ich komme zum Schluß.«) Kündige den Schluß an, und dann beginne deine Rede von vorn und rede noch eine halbe Stunde. Dies kann man mehrere Male wiederholen.

Du mußt dir nicht nur eine Disposition machen, du mußt sie den Leuten auch vortragen – das würzt die Rede.

Sprich nie unter anderthalb Stunden, sonst lohnt es gar nicht erst anzufangen.

Wenn einer spricht, müssen die andern zuhören – das ist deine Gelegenheit! Mißbrauche sie.

Hauptsätze. Hauptsätze. Hauptsätze.

Klare Disposition im Kopf – möglichst wenig auf dem Papier.

Tatsachen, oder Appell an das Gefühl. Schleuder oder Harfe. Ein Redner sei kein Lexikon. Das haben die Leute zu Hause.

Der Ton einer einzelnen Sprechstimme ermüdet; sprich nie länger als vierzig Minuten. Suche keine Effekte zu erzielen, die nicht in deinem Wesen liegen. Ein Podium ist eine unbarmherzige Sache – da steht der Mensch nackter als im Sonnenbad.

Merk Otto Brahms Spruch: Wat jestrichen is, kann nich durchfalln.

Zehn Gebote für den Geschäftsmann,
der einen Künstler engagiert

1.

Laß ihn in Ruhe.

2.

Überlege dir vorher, ob der Mann für deinen Betrieb paßt; das machst du am besten so, daß du dir seine Werke ansiehst und dich bei jedem fragst: Kann ich das gebrauchen? Wenn du die Mehrzahl nicht gebrauchen kannst, dann engagiere den Mann nicht. Denn:

3.

Wenn ein Künstler anständig ist und etwas taugt, ändert er sich dir zuliebe nicht, nur weil du mit ihm einen Vertrag gemacht hast – ändert er sich aber, hast du nur einen Namen bezahlt, also einen Mann überzahlt.

4.

Laß ihn in Ruhe.

5.

Disponiere sorgfältig, damit sich dein Mann nicht zu
überstürzen braucht – Kunst will Zeit wie eine sau-
bere Bilanz. Man kann, wenn man Pech hat, Flöhe
aus dem Ärmel schütteln; Kunstwerke nicht.

6.

Du sollst den Feiertag deiner Leute heiligen: du irrst,
wenn du glaubst, daß es für Fremde ein Genuß ist,
den Sonntag in deiner Familie zu verbringen. Es ist
mitnichten einer.

7.

Wenn der Künstler, den du engagiert hast, am Werk
ist, halte ihm täglich fremde Arbeiten vor die Nase
und fordere ihn, in anerkennenden Worten für den
andern, auf, dergleichen ›auch mal‹ zu machen. Das
ermuntert ungemein.

8.

Wenn du mit deinem Künstler verhandelst, besinne dich nur nicht, daß auch du eigentlich ein Künstler seist: du hast beinah studieren wollen, doch dein Vater hat dich ins Getreidegeschäft getan ... Zugegeben. Aber nimm deinen falschen Ehrgeiz nicht mit ins Büro: der Künstler redet dir ja auch nicht in die Abschlüsse hinein – o beschneide auch du die holden Maientriebe deiner vertrockneten Kunstanschauung, dieser Rose von Jericho!

9.

Höre auf die Stimme des Publikums, aber überschätze sie nicht – in dir selbst muß eine Kompaßnadel die Richtung anzeigen. Zwanzig Briefe aus dem Publikum sind noch nicht die Volksstimmung – vergiß dies nicht, und laß die Dummheit der Leute den Künstler nicht entgelten.

10.

Laß ihn in Ruhe.

Konjunktur

Wenn du ein dickes Erfolgsbuch schreiben willst, so nimm zwischen Daumen und Zeigefinger der linken Hand …:

1. Das Buch muß in der grade verwichenen Vergangenheit spielen.

2. Das Buch muß ein Ereignis behandeln, an dem möglichst viel Leute – deine Abnehmer – teilgenommen haben: Weltkrieg erwünscht, kleinere Freikorpskämpfe sind auch sehr schön.

3. Das Buch muß sein wie die amerikanischen Kriegsfilme: so rum und auch so rum. Leg dich auf keinen Standpunkt fest; verleih ihm aber kräftigen Ausdruck.

3a. Patriotisch darf es sein.

4. In dem Buch müssen einige krasse Szenen enthalten sein. Das Wort ›Scheibe‹ darf heute auf keinem Toilettentisch fehlen. Sei ein Mann! wenn nicht von vorn, dann von hinten.

5. In dem Buch müssen einige zarte Szenen enthalten sein: vergiß der Liebe nicht. Liebe ist hier aber nicht Liebe wie bei dem gottseligen Storm oder Gottfried Keller – Liebe ist zu verstehen als Miniaturmalerei allgemein erheiternder Vorgänge. Jeder Leser

ist ein Stückchen Voyeur; gib ihm was zu sehen. Und sag alles, wies ist. Dein Buch muß nur mit einer Hand gelesen werden können.

6. Verwende vierzehn Tage auf die Niederschrift des Buches; zwei Monate auf die Erfindung seines Titels.

7. So wie sein Druck sei auch ċeine Charakterzeichnung: schwarzweiß. Zeige die Gegner deiner von dir nicht gehabten Meinung als Schurken, Feiglinge, Lumpen, bezahlte Subjekte … es darf kein anständiger Kerl unter ihnen sein, wie im Leben. Deine Freunde dagegen seien

8. nicht nur ritterlich, hochbegabt, feinfühlend, edel, wollüstig und kühn –, sondern sie seien auch klug, und zwar deshalb klug, weil sie deiner Meinung sind. Das schmeichelt dem Leser und bringt – schlechtgerechnet – zwanzigtausend Stück mehr.

9. Denk stets daran, das Gute, Wahre und Schöne in deinem Buch hochzuhalten und flatternd ein Banner wehen zu lassen, das keinen Menschen verpflichtet, auch nur einen Deut anders zu leben, als er es gewohnt ist; sei ein strenger Prophet deines Volkes, aber sei ein bequemer Prophet. Verschreibe Diät – ohne Berufsstörung. Wenn die Muse dich küßt, so sieht eine Nation auf dich; die schwere sittliche Verantwortung ruht auf dir, ein Land zu bessern, an dem die Welt einst genas, rühre die Trommel und vergiß nicht,

10. mit deinem Verleger 15 % abzumachen.

Zeitungsstreik

Mal nicht!
Mal nicht den Leitartikel
mit Schmus und mit Zitatenschatz.
Unkommentiert fährt das Vehikel
des Chronos auf den Erdenplatz.

Mal nicht die W. T. B.-Frisuren,
mal nicht Havas aus Uruguay;
mal nicht Porträts der Kinodamen –
und nichts von Bayerns Biergeschrei.

Nun weiß ich nicht, ob Rütt am Start ist,
weiß nicht, wo Wilson kränklich ist;
weiß nicht, wo Ebert mit dem Bart ist,
bei Lubitsch und auch sonst: Statist.

Nicht Kunst, nicht sonstige Handelsteile –
kein Schrauben-, Kneipen-, Heiratsmarkt.
Vom Kitschroman nicht eine Zeile,
kein Muck, wie Escherich erstarkt.

Gewiß: es läuft ja alles weiter.
Der Richter wütet in Moabit
und faßt sich den Metallarbeiter,
weil Themis durch die Binde sieht.

Gewiß: die Welt geht fort hienieden.
Doch wächst der Zimt incognito …
Mal nicht –!
    Und ich merk stillzufrieden:
Es geht auch so! Es geht auch so –!

Ideal und Wirklichkeit

In stiller Nacht und monogamen Betten
denkst du dir aus, was dir am Leben fehlt.
Die Nerven knistern. Wenn wir das doch hätten,
was uns, weil es nicht da ist, leise quält.
    Du präparierst dir im Gedankengange
    das, was du willst – und nachher kriegst dus nie ...
    Man möchte immer eine große Lange,
    und dann bekommt man eine kleine Dicke –
        C'est la vie –!

Sie muß sich wie in einem Kugellager
in ihren Hüften biegen, groß und blond.
Ein Pfund zu wenig – und sie wäre mager,
wer je in diesen Haaren sich gesonnt ...
    Nachher erliegst du dem verfluchten Hange,
    der Eile und der Phantasie.
    Man möchte immer eine große Lange,
    und dann bekommt man eine kleine Dicke –
        Ssälawih –!

Man möchte eine helle Pfeife kaufen
und kauft die dunkle – andere sind nicht da.
Man möchte jeden Morgen dauerlaufen
und tut es nicht. Beinah ... beinah ...
    Wir dachten unter kaiserlichem Zwange
    an eine Republik ... und nun ists die!
    Man möchte immer eine große Lange,
    und dann bekommt man eine kleine Dicke –
        Ssälawih –!

Die Familie

> Die Griechen, die so gut wußten, was ein
> Freund ist, haben die Verwandten mit
> einem Ausdruck bezeichnet, welcher der
> Superlativ des Wortes ›Freund‹ ist. Dies
> bleibt mir unerklärlich.
>
> Friedrich Nietzsche

Als Gott am sechsten Schöpfungstage alles ansah, was er gemacht hatte, war zwar alles gut, aber dafür war auch die Familie noch nicht da. Der verfrühte Optimismus rächte sich, und die Sehnsucht des Menschengeschlechtes nach dem Paradiese ist hauptsächlich als der glühende Wunsch aufzufassen, einmal, nur ein einziges Mal friedlich ohne Familie dahinleben zu dürfen. Was ist die Familie?

Die Familie (familia domestica communis, die gemeine Hausfamilie) kommt in Mitteleuropa wild vor und verharrt gewöhnlich in diesem Zustande. Sie besteht aus einer Ansammlung vieler Menschen verschiedenen Geschlechts, die ihre Hauptaufgabe darin erblicken, ihre Nasen in deine Angelegenheiten zu stecken. Wenn die Familie größeren Umfang erreicht hat, nennt man sie ›Verwandtschaft‹ (siehe im Wörterbuch unter M). Die Familie erscheint meist zu scheußlichen Klumpen geballt und würde bei Aufständen dauernd Gefahr laufen, erschossen zu werden, weil sie grundsätzlich nicht auseinandergeht. Die Familie ist sich in der Regel heftig zum Ekel. Die Familienzugehörigkeit befördert einen Krankheitskeim, der weit verbreitet ist: alle Mitglieder der Innung nehmen dauernd übel. Jene Tante, die auf dem berühmten Sofa saß, ist eine Geschichtsfälschung: denn erstens sitzt eine Tante niemals allein, und zweitens nimmt sie immer übel – nicht nur auf dem Sofa: im Sitzen, im Stehen, im Liegen und auf der Untergrundbahn.

Die Familie weiß voneinander alles: wann Karlchen die Masern gehabt hat, wie Inge mit ihrem Schneider zufrieden ist, wann Erna den Elektrotechniker heiraten wird, und daß Jenny nach der letzten Auseinandersetzung nun endgültig mit ihrem Mann zusammenbleiben wird. Derartige Nachrichten pflanzen sich vormittags zwischen elf und eins durch das wehrlose Telefon fort. Die Familie weiß alles, mißbilligt es aber grundsätzlich. Andere wilde Indianerstämme leben entweder auf den Kriegsfüßen oder rauchen eine Friedenszigarre: die Familie kann gleichzeitig beides.

Die Familie ist sehr exklusiv. Was der jüngste Neffe in seinen freien Stunden treibt, ist ihr bekannt, aber wehe, wenn es dem jungen Mann einfiele, eine Fremde zu heiraten! Zwanzig Lorgnons richten sich auf das arme Opfer, vierzig Augen kneifen sich musternd zusammen, zwanzig Nasen schnuppern mißtrauisch: »Wer ist das? Ist sie der hohen Ehre teilhaftig?« Auf der anderen Seite ist das ebenso. In diesen Fällen sind gewöhnlich beide Parteien davon durchdrungen, tief unter ihr Niveau hinuntergestiegen zu sein.

Hat die Familie aber den Fremdling erst einmal in ihren Schoß aufgenommen, dann legt sich die große Hand der Sippe auch auf diesen Scheitel. Auch das neue Mitglied muß auf dem Altar der Verwandtschaft opfern; kein Feiertag, der nicht der Familie gehört! Alle fluchen, keiner tuts gern – aber Gnade Gott, wenn einer fehlte! Und seufzend beugt sich alles unter das bittere Joch ...

Dabei führt das ›gesellige Beisammensein‹ der Familie meistens zu einem Krach. In ihren Umgangsformen herrscht jener sauersüße Ton vor, der am besten mit einer Sommernachmittagsstimmung kurz nach einem Gewitter zu vergleichen ist. Was aber die Gemütlichkeit nicht hindert. Die seligen Herrnfelds stellten einmal in einem ihrer Stücke eine Szene dar, in der die entsetzlich zerklüftete Familie eine Hochzeitsfeierlichkeit abzog, und nachdem sich alle die Köpfe zerschlagen hatten, stand ein prominentes Mitglied der Familie auf und sagte im lieblichsten Ton der Welt: »Wir kommen jetzt zu dem Tafellied –!« Sie kommen immer zum Tafellied.

Schon in der großen Soziologie Georg Simmels ist zu lesen, daß keiner so wehtun könne, wie das engere Kastenmitglied, weil das genau um die empfindlichsten Stellen des Opfers wisse. Man kennt sich eben zu gut, um sich herzinniglich zu lieben, und nicht gut genug, um noch aneinander Gefallen zu finden.

Man ist sich sehr nah. Nie würde es ein fremder Mensch wagen, dir so nah auf den Leib zu rücken, wie die Kusine deiner Schwägerin, a conto der Verwandtschaft. Nannten die alten Griechen ihre Verwandten die ›Allerliebsten‹? Die ganze junge Welt von heute nennt sie anders. Und leidet unter der Familie. Und gründet später selbst eine und wird dann grade so.

Es gibt kein Familienmitglied, das ein anderes Familienmitglied jemals ernst nimmt. Hätte Goethe eine alte Tante gehabt, sie wäre sicherlich nach Weimar gekommen, um zu sehen, was der Junge macht, hätte ihrem Pompadour etwas Cachou entnommen und wäre schließlich durch und durch beleidigt wieder abgefahren. Goethe hat aber solche Tanten nicht gehabt, sondern seine Ruhe – und auf diese Weise ist der ›Faust‹ entstanden. Die Tante hätte ihn übertrieben gefunden.

Zu Geburtstagen empfiehlt es sich, der Familie etwas zu schenken. Viel Zweck hat das übrigens nicht; sie tauscht regelmäßig alles wieder um.

Irgendeine Möglichkeit, sich der Familie zu entziehen, gibt es nicht. Mein alter Freund Theobald Tiger singt zwar:

Fang nie was mit Verwandtschaft an –
denn das geht schief,
denn das geht schief!

aber diese Verse sind nur einer stupenden Lebens-unkenntnis entsprungen. Man fängt ja gar nichts mit der Verwandtschaft an – die Verwandtschaft besorgt das ganz allein.

Und wenn die ganze Welt zugrunde geht, so steht zu befürchten, daß dir im Jenseits ein holder Engel entgegenkommt, leise seinen Palmenwedel schwingt und spricht: »Sagen Sie mal – sind wir nicht mitein-ander verwandt –?« Und eilends, erschreckt und im innersten Herzen gebrochen, enteilst du. Zur Hölle.

Das hilft dir aber gar nichts. Denn da sitzen alle, alle die andern.

Affenkäfig

Der Affe (von den Besuchern): »Wie gut, daß
die alle hinter Gittern sind –!«

Alter ›Simplicissimus‹

In Berlins Zoologischem Garten ist eine Affenhorde
aus Abessinien eingesperrt, und vor ihr blamiert sich
das Publikum täglich von neun bis sechs Uhr. Hamadryas Hamadryas L. sitzt still im Käfig und muß
glauben, daß die Menschen eine kindische und etwas
schwachsinnige Gesellschaft sind. Weil es Affen der
alten Welt sind, haben sie Gesäßschwielen und Bak-
kentaschen. Die Backentaschen kann man nicht sehen. Die Gesäßschwielen äußern sich in flammender
Röte – es ist, als ob jeder Affe auf einem Edamer Käse
säße. Die Horde wohnt in einem Riesenkäfig, von drei
Seiten gut zu besichtigen; wenn man auf der einen
Seite steht, kann man zur andern hindurchsehen und
sieht: Gitterstangen, die Affen, wieder Gitterstangen
und dahinter das Publikum. Da stehen sie.

Da stehen Papa, Mama, das Kleinchen; ausge-
schlafen, fein sonntagvormittaglich gebadet und mit
offenen Nasenlöchern. Sie sind leicht amüsiert, mit
einer Mischung von Neugier, vernünftiger Überlegenheit und einem Schuß gutmütigen Spottes. Thea-

ter am Vormittag – die Affen sollen ihnen etwas vorspielen. Vor allem einen ganz bestimmten Akt.

Zunächst ist alles still im Affenkäfig. Auf den hohen Brettern sitzen die Tiere umher, allein, zu zweit, zu dritt. Da oben sitzt eine Ehe – zwei in sich versunkene Tiere; umschlungen, lauscht jedes auf den Herzschlag des andern. Einige lausen sich. Die Gelausten haben im zufriedenen Gesichtsausdruck eine überraschende Ähnlichkeit mit eingeseiften Herren im Friseurladen, sie sehen würdig aus und sind durchaus im Einverständnis mit dem guten Werk, das da getan wird. Die Lauser suchen, still und sicher, kämmen sorgsam die Haare zurück, tasten und stecken manchmal das Gejagte in den Mund … Einer hockt am Boden, Urmensch am Feuer, und schaufelt mit langen Armen Nußreste in sich hinein. Einer rutscht vorn an das Gitter, läßt sich mit zufriedenem Gesichtsausdruck vor dem Publikum nieder, seinerseits im Theater, setzt sich behaglich zurecht … So … es kann anfangen.

Es fängt an. Es erscheint Frau Dembitzer, fest überzeugt, daß der Affe seit frühmorgens um sieben darauf gewartet habe, daß sie »Zi-zi-zi!« zu ihm mache. Der Affe sieht sie an … mit einem himmlischen Blick. Frau Dembitzer ist unendlich überlegen. Der Affe auch. Herr Dembitzer wirft dem Affen einen Brocken auf die Nase. Der Affe hebt den Brocken auf, beriecht ihn, steckt ihn langsam in den Mund. Sein hart gefalteter Bauernmund bewegt sich. Dann sieht er gelassen um sich. Kind Dembitzer versucht, den Affen mit einem Stock zu necken. Der Affe ist plötzlich sechstausend Jahre alt.

Drüben muß etwas vorgehen. In den Blicken der Beschauer liegt ein lüsterner, lauernder Ausdruck. Die Augen werden klein und zwinkern. Die Frauen schwanken zwischen Abscheu, Grauen und einem Gefühl: nostra res agitur. Was ist es? Die Affen der andern Seite sind dazu übergegangen, sich einer anregenden Okularinspektion zu unterziehen. Sie spielen etwas, das nicht Mah-Jongg heißt. Das Publikum ist indigniert, amüsiert, aufgeregt und angenehm unterhalten. Ein leiser Schauer von bösem Gewissen geht durch die Leute – jeder fühlt sich getroffen. »Mama!« sagt ganz laut ein Kind, »was ist das für ein roter Faden, den der Affe da hat –?« Mama sagt es nicht. Mein liebes Kind, es ist der rote Faden, der sich durch die ganze Weltgeschichte zieht.

In die Affen ist Bewegung gekommen. Die Szene gleicht etwa einem Familienbad in Zinnowitz. Man geht umher, berührt sich, stößt einander, betastet fremde und eigne Glieder ... Zwei Kleine fliehen unter Gekreisch im Kreise. Ein bebarteter Konsistorialrat bespricht ernst mit einem Studienrat die Schwere der Zeiten. Eine verlassene Äffin verfolgt aufmerksam das Treiben des Ehemaligen. Ein junger Affe spricht mit seinem Verleger – der Verleger zieht ihm unter heftigen Arm- und Beinbewegungen fünfzig Prozent ab. Zwei vereinigte Sozialdemokraten sind vernünftig und realpolitisch geworden; mißbilligend sehen sie auf die Jungen – gleich werden sie ein Kompromiß schließen. Zwei Affen bereden ein Geheimnis, das nur sie kennen.

Das Publikum ist leicht enttäuscht, weil wenig Unanständiges vorgeht. Die Affen scheinen vom Publikum gar nicht enttäuscht – sie erwarten wohl nicht mehr. Hätten wir Revue-Theater und nicht langweilige Sportpaläste voll geklauter Tricks – welch eine Revue-Szene!

In dem Riesenkäfig wohnten früher die Menschenaffen aus Gibraltar. Große, dunkle und haarige Burschen, größer als Menschen – mit riesigen alten Negergesichtern. Eine Mutter hatte ein Kleines – sie barg es immer an ihrer Brust, eine schwarze Madonna. Sie sind alle eingegangen. Das Klima hat ihnen wohl nicht zugesagt. Sie sind nicht die einzigen, die dieses Klima nicht vertragen können.

Ob die Affen einen Präsidenten haben? Und eine Reichswehr? Und Oberlandesgerichtsräte? Vielleicht hatten sie das alles, im fernen Gibraltar. Und nun sind sie eingegangen, weil man es ihnen weggenommen hat. Denn was ein richtiger Affe ist, der kann ohne so etwas nicht leben.

Der soziologische Horizont

Vor achthundert Jahren, als noch rechts der Elbe Kaschuben, Wenden und die Vorfahren jener Männer saßen, die heute das Wort ›Rassereinheit‹ im Munde rollen, vor achthundert Jahren wußte der märkische Bauer nichts von den Ureinwohnern Australiens. Hätte man einem von ihnen die Abenteuer Nanuks oder die kaiserlichen Gebräuche in Peking berichtet – wahrscheinlich wäre man aus dem Dorf herausgeprügelt worden. Heute haben wir den Aufkläricht, heute wissen alle Leute alles. Oder sie bilden es sich doch wenigstens ein.

Denn sie sind ›herumgekommen in der Welt‹ – so sagen sie. Und damit meinen sie die lokale Verschiebung auf Reisen, sie haben den geographischen Schauplatz gewechselt, sie sind gereist, gewandert gefahren, haben Touren unternommen … Aber sie haben doch die ökonomische Schicht so selten verlassen, jene Umwelt, der sie fast unabänderlich angehören, und aus der man fast niemals heraufsteigen kann und nur schwer und künstlich herunter … Wie groß ist der soziale Horizont eines Menschen –? Er ist doch wohl viel kleiner als man glaubt.

Die große Menge der Urteile beruht auf Überlieferung, auf angelesenen Urteilen, auf fertiggenähten Schilderungen, die einer dem andern konfektioniert überreicht. Der kleinste Teil ist empirisch erworben. Und auch da gehts sonderbar zu.

Natürlich ist ein Kollektivurteil ohne Verallgemeinerung von Einzelerfahrungen gar nicht denkbar. Es ist nicht möglich, alle Islandfischer zu frequentieren, oder auch nur die Mehrzahl aller sächsischen Fabrikarbeiter – wenn man über diese Klasse ein gültiges Urteil abgeben will. Man wird sich immer auf mehr oder minder zahlreiche Einzelfälle beschränken müssen und nach ihnen, zusammenfassend, urteilen. Das geschieht oft drollig genug.

So, wie Tony Buddenbrook durch ihr ganzes Leben die kleinen verliebten Kollegs über Politik des jungen Herrn Schwarzkopf mit sich führt, so tragen die meisten Menschen – ausgenommen du und ich und der Redakteur und der Setzer, natürlich – gewisse Erfahrungen aus der Jugendzeit als unabänderliche und fest fundierte empirische Tatsachen mit sich herum. Auf nichts ist der Mensch so stolz wie auf das, was er selbst gelernt hat – und wenn es auch blanker Unsinn war, er hats doch einmal begriffen, und da ist dann nichts mehr zu machen. »Sie werden mir das doch nicht erzählen! Ich habe doch selbst ...« Renn mit dem Kopf gegen eine Wand aus Stahl – aber den da gib auf.

Sehen wir von den Menschen ab, deren Beruf es

mit sich bringt, daß an ihnen zahlreiche Schichten, Klassen, Menschenschicksale vorüberziehen (etwa die Richter, wobei zu bemerken wäre, daß gerade solche am ehesten abstumpfen und zum Schluß nicht mehr sehen) –: so sind es Raritäten, die wirklich mit allen Wassern gewaschen, mit allen Hunden gehetzt, in allen Sätteln gerecht sind. Das ist selten, selten wie die blaue Mauritius. Der Rest …

Der Rest hat einen fix und fertigen Vorrat von Begriffen im Kopf, zu denen nicht einmal immer das ökonomische Interesse treten muß, um sie zu färben. Daß ein Glasfabrikant keine Gesellschaftsordnung bejahen wird, in der das Glas für eine gotteslästerliche Sünde erklärt wird, ist glasklar – daß die Schauspieler keine begeisterten Antialkoholiker sind, auch. Aber selbst in Dingen, die jeden persönlichen Interesses entbehren, begnügt sich wohl die Mehrzahl aller Menschen mit Gehörtem, Gelesenem oder mit ein paar Einzelerlebnissen, die dann als Richtschnur für ein ganzes Leben gelten.

»Die Einwohner dieser Stadt haben rote Haare und stottern …« Ach, wie viele solcher Schilderer gibt es. Und wenn man jemand – durch ein Zaubermittel – veranlassen könnte, die volle Wahrheit, sogar vor sich selbst, zu sagen und nicht einmal mehr sich selber zu belügen: was müßte er da als Fundus, als Beweisgrund, als Ursache seiner Werturteile über Klassen, Kasten, Gesellschaftsschichten angeben! Welche Nichtigkeiten kämen da zu Tage! Wer hat wochenlang mit Gutsbesitzern verschiedener Artung und verschiedener Provinzen zusammengelebt, um über sie zu urteilen? Wer kennt die Leiden und Freuden eines Kellners wirklich? Wer weiß, wie es in Spielklubs und zugleich in Nähstuben der Heimarbeiterinnen und zugleich im Gefängnis und zugleich in Botschaften zugeht?

Dichter, sag nicht: der Dichter.

Das langt heute nicht mehr. Balzac war ein Genie – es dürfte kein Zufall sein, daß es heute keinen solchen gibt. Bestenfalls unterrichten sie uns vorzüglich über eine Klasse, etwa über die ihre oder manchmal über eine, die sie besonders hassen – aber über mehrere? Und authentisch? Ihr wißt ja, wie die Bankbeamten, Zahnärzte, Buchbinder, Arbeitsleute, Finanzgrößen in der modernen Literatur aussehen … Schießbudenfiguren.

Es scheint so etwas wie einen soziologischen Flair zu geben, eine untrügliche Ahnung, daß das, was man soeben gesehen hat, nichts Typisches war, sondern etwas Einmaliges, Exzeptionelles, Besonderes … Einen Flair, der von fern her wittert, daß dies der normale berliner Gepäckträger war, daß alle etwas von ihm haben müssen, daß dieser kein Original, sondern ein Fabrikat darstellte … Die meisten Beobachter hauen hierbei daneben.

Wie schief und krumm sind die meisten soziologischen Urteile! Wie vorschnell! Oder wie urgründlich, aber ohne jeden Instinkt! Es muß wohl eine besondere Veranlagung sein.

Den Tanganjika-See erforschen, das kann jeder. Aber die Gemütsart von mitteldeutschen Fabrikbesitzern grundlegend schildern, die Denkweise von ausgesperrten Arbeitern aus dem Rheinland, die Gefühle von jungen Studenten in Königsberg, lokale und gesellschaftliche Besonderheiten auch durch die Mechanisierung hindurch zu sehen – das können wenige, fast begnadete Forscher.

Der soziologische Horizont der meisten Menschen ist klein wie der Boden einer Konservenbüchse. Sie wähnen sich im Himmel. Eine neue Gesellschaftsliteratur sollte sie aus diesen schönen Träumereien reißen und ihnen die Erde zeigen, wie sie ist. Bunt, eintönig, abwechslungsreich, bis zur tödlichsten Langeweile individuell, von uralter Frische. Aber die Herren Schriftsteller haben keine Zeit. Sie lösen Probleme, sie bekümmern sich um die außerordentlich wichtigen Modalitäten einer Fortpflanzung, sie bauen eine Nebenwelt auf. Freilich: um einer Zeit den Spiegel vorzuhalten, muß man ein guter Glasmacher sein.

Was machen Menschen, wenn sie allein sind –?

Diese Frage hat Maxim Gorki einst gestellt, und er hat sie fast tragisch beantwortet. Vor allem: er hat sie für Russen beantwortet. Was aber tun brave Mitteleuropäer?

Zunächst ist festzustellen, daß in dem Augenblick, wo der Mann allein ist, etwas von ihm fällt, eine dünne Haut – eine zarte Maske ... Einer der größten deutschen Denker, Lichtenberg, hat einmal die Beobachtung aufgezeichnet, wie Menschen in Nebenstraßen ein anderes Gesicht aufsetzen als in Hauptstraßen. Daran ist viel Wahres. Was also tut der Mann, wenn er allein ist?

Ist er ohne feste Beschäftigung, so wird fast jeder Mann um etliche Jahre jünger: er beginnt, wenn auch nicht zu spielen, so doch seinem Spieltrieb leise nachzugehen. Es ist viel Jungenshaftes, was sich da meldet. Ich glaube, daß kinematographierte Menschen, die allein sind und sich unbeobachtet glauben, zu dem Komischsten gehören müssen, was es gibt.

Die Tür ist also zugefallen, du bist allein. Was nun?

Die Sache fängt gewöhnlich damit an, daß man bei ganz vernünftigen Handgriffen mit etwas völlig Sinn-

177

losem beginnt. (Ein kaum wahrnehmbarer Schleier von Irrsinn liegt auf Leuten, die allein sind.) Du nimmst die Bürste, das ist wahr – aber dabei hebst du einen Kamm auf, und wenn du auch nur eine Minute Zeit hast, balancierst du den ein bißchen, und wenn du nicht balancierst, dann fängst du an, irgend etwas in Reih und Glied zu legen, und wenn du nicht in Reih und Glied legst (was sehr beruhigt), dann trommelst du mit dem Nagelreiniger auf einer Seifenschale … Welcher Oberregierungsrat hätte noch nie im Bad mit dem Thermometer Schiffchen gespielt!

Auch ist sehr schön, Männer, die allein sind, singen zu hören. Daß die Majorität so schön singt wie Suzanne Lenglen, mag noch hingehen. Aber was sie so singen! Zunächst: fünfzigmal dasselbe Lied, nein, denselben Liedfetzen, dieselben paar Takte, immer sentimentaler, immer falscher – immer im Rhythmus dessen, was sie grade tun … Auch verwandelt sich der Text leicht in einen völlig wahnsinnigen Indianergesang:

> Valencia!
> Laß mich wippen, wippen, wippen
> auf den Klippen, Klippen, Klippen –
> mit der ganzen Kompanie –!

Das klingt nach der einundsechzigsten Wiederholung ganz menschlich. Auch kann man es pfeifen.

Dann gibt es etliche, die sprechen sehr leise mit ihren Sachen. Es erhebt sehr, wenn man die Arbeit mit frommen Sprüchen begleitet. »Wo ist denn der Schuh? Wo ist denn der Schuh?« (Jetzt kleiner Opernchor: Schuhschuh – Schuhschuh – Schuuhuuhuu –!) Dann: »Na, da bist du ja! Vielleicht läßt du dich noch drei Stunden suchen. Hund!« (Rrrumms, an die Wand.) Großes Orchester: »Trararaaha –!« Gesprochen: »Das Zahnwasser ist alle.« Gejodelt: »Allehalle –!« So an sonnigen Tagen.

Für alle Tage aber gilt eines, das bei allen Alleinseiern zu beachten ist, wenn die nicht gerade in acht Minuten sich anziehen müssen, um ins Geschäft zu stürzen: das sind die amüsanten kleinen Umwege, die ihre Betätigung vornimmt. Sie macht Kurven, schlägt Bogen, spielt unterwegs, verbraucht den Kräfteüberschuß, den jeder gesunde Mensch inne hat … Und das ist bei der Arbeit nicht anders.

In Sinclair Lewis' herrlichem ›Babbitt‹ steht zu lesen, wie der Held dieses amerikanischen Romans arbeitet, wie er Zettelchen vollschmiert, und ich bin überzeugt, daß wir alle so zu ›malen‹ beginnen, wenn wir das tun, was wir mit Denken bezeichnen. (Es ist bekannt, daß die meisten Menschen keinem Redner zuhören können, ohne Männerchen zu zeichnen.) Es ist, als ob neben der eigentlichen Kraft des Arbeitsmotors noch ein Nebenstrom herliefe, der Schnitzel und Späne auf einer Säge produziert. Nutzen hat das keinen, aber ohne den Strom geht es auch nicht ... Arbeitet einer mit andern zusammen im großen Büro, so läßt er seinen Eigenheiten im allgemeinen nicht so ungehinderten Lauf, hat er aber ein ›Privatkontor‹, so schöpft er aus dem großen Reservebehältnis einer angeblichen Kraftverschwendung neue Kräfte. Dazu hat der Mensch seine Nägel, die Ohren, die Krawatte – die Beschäftigung mit diesen Dingen stärkt sehr. Und aus der unergründlichen Tiefe eines Spiels mit dem Manschettenknopf und einem Blaustift steigen schwerwiegende Entschlüsse auf ... Soweit die Männer, diese ewigen Jungen.

Kinder sind oft allein, auch wenn sie gar nicht allein sind. Sie spielen, in einer Hülle von Jugend und Unbekümmertheit, die nur selten zerreißt: wenn sie Hunger haben oder sonst etwas Wichtiges wollen.

Was Frauen tun, wenn sie allein sind, ahne ich nicht. Ein Weiser hat behauptet, eine Frau sei überhaupt nie allein – sie stelle sich stets jemand vor, und sei es auch nur einen Spiegel. Ich denke, daß sich ein Mann da kein Urteil erlauben kann: denn ist er mit einer Frau allein, dann ist sie nicht mehr allein, er stört sehr, und so mag diese Frage eine Frau entscheiden.

Daß der Berliner, an welchem Ort auch immer allein gelassen, nachdenklich dasitzt, den Boden fixiert und plötzlich, wie von der Tarantella gestochen, aufspringt: »Wo kann man denn hier mal telefonieren?« – das ist bekannt. Wenn es keine Berliner gäbe: das Telefon hätte sie erfunden. Es ist ihnen über, und sie sind seine Geschöpfe.

Man stelle sich einen kühnen jungen Mann vor, der einen ernsten Geschäftsmann während einer wichtigen Verhandlung stören will. Es wird ihm nicht gelingen. Hellebarden versperren den Weg, Privatsekretärinnen werfen sich vor die Schwelle, nur über ihre Weichteile geht der Weg, und jeder Angriff des noch so kühnen jungen Mannes muß mißlingen. Wenn er nicht antelefoniert.

Wenn er nämlich antelefoniert, dann kann er den Präsidenten bei der Regierung, den Chefredakteur bei den Druckfehlern, die gnädige Frau bei der Anprobe stören. Denn das berliner Telefon ist keine maschinelle Einrichtung: es ist eine Zwangsvorstellung.

Klopft das Volk drohend an die Türen, macht der Berliner noch lange nicht auf. Klingelt aber ein kleiner Apparat, so winkt er noch dem adligsten Besucher ab, murmelt mit jener Unterwürfigkeitsmiene, wie man sie sonst nur bei gläubigen Sektierern findet: »'n Augenblick mal –!« und wirft sich voll wilden Interesses in den schwarzen Trichter. Vergessen Geschäft, Hebamme, Börse und Vergleichsverhandlung. »Hallo? Ja, bitte? Hier da – wer dort –?«

Einen Berliner fünfzehn Minuten lang, ungestört von einem Telefon, zu sprechen, ist ein Ding der Unmöglichkeit. Wieviel Pointen verpuffen da! Wieviel angesammelte Energie raucht zum Fenster hinaus! Wie umsonst sind Verhandlungslist, Tücke und herrlich ausgeknobelte Hinterhältigkeit! Das Telefon ist keine Erfindung der Herren Bell und Reis – der V-Vischer hat die ganze Tücke des Objekts in diesen Kasten gelegt Es klingelt nur, wenn man das gar nicht haben will.

Wie oft habe ich nun schon erlebt, daß die kräftige Rede eines Besuchers den ganzen Raum überzeugt, gleich ist er auf der Höhe, der Sieg ist nahe, hurra, noch ein Schritt ... da klingelt das Telefon, und alles ist aus. Der dicke Mann am Schreibtisch, der eben noch, dreiviertel hypnotisiert, schon das Doppelkinn auf die Krawatte hat sinken lassen und friedlich die Unterlippe vorgeschoben hat, läßt eine eisige Maske über das gleiten, was er als Gesicht ausgibt. Die nervigte Hand am Telefonhörer, vergißt er Partner, Geschäft und sich selbst. »Hier Dinkelsbühler – wer dort –?« Emsig strudelt er im fremden Gewässer, völlig gefangen vom andern, untreu dem Partner der letzten Minute, ganz hingegeben in Betrug und Verrat.

Der andre ist der Dumme. Hohl und leer sitzt er dabei, das eben noch ausgesprochene pathetische Wort ragt ihm sinnlos aus dem Mund wie eine alte Fahne im Zeughaus, Flagge einer Truppe, die längst gestorben ist. Beschämt sitzt er da, haltlos und nackt, und in ihm kocht dumpf der unerfüllte Wille. Was nun –?

Nun redet der dicke Mann am Schreibtisch so lange, wie man eben in Berlin am Telefon spricht, und es gibt nur noch einen, der mehr redet: das ist der am andern Ende. Der muß wohl rauschen wie ein mittelgroßer Wasserfall: die Augen des Schreibtischmannes schauen gedankenvoll auf ein Löschpapier, wandern über das Tintenfaß, blicken irr und leer dem betrogenen Partner auf die Glatze, nun beginnt er gar Männerchen aufs Papier zu malen und Quadrate, und der andre scheint, wie die Membrane quakend verkündet, ganze Wörterbücher ins Telefon brausen zu lassen.

Schon ruckelt der Gast ungeduldig auf seinem Stühlchen, da nahen sich im unendlichen Gespräch die ersten Anzeichen des Schlusses. »Na denn …!« – »Also dann verbleiben wir so …« Dem Gast wirds freudig zumute: so eilt die Seele des Konzertbesuchers in die Garderobe vorauf, wenn es im Orchester bedrohlich laut wird, wenn das Flügelschlagen des Dirigenten Blech und immer mehr Blech ins Getöse wirft ... aber es ist noch nicht so weit. Sie verbleiben noch eine ganze Weile so, setzen immer wieder zu Schlußwendungen an, der Schluß kommt nicht. Langsam steigt in dem Wartenden der Wunsch auf, dem Telefonierenden das Handelsgesetzbuch auf den Kopf zu schlagen ... »Na dann – auf Wiedersehn!« sagt der endlich. Und legt den Hörer hin.

Und das ist der schlimmste Augenblick von allen. In den Augen des Schreibtischmannes wechselt die Beleuchtung, man hört es förmlich knacken, wie er sich umstellt; mit etwas schwachsinnigem Ausdruck wendet er sich zwinkernd dem alten, verratenen Partner wieder zu. »Ja, also – wo waren wir stehengeblieben ...?«

Nun fang du wieder von vorne an. Nun klaube die zerbrochenen Stücke deiner Rede wieder vom Boden zusammen, nun hole tief Atem, bemühe dich, wieder in Zug zu kommen ... Gute Nacht. Der Schwung ist dahin, der Witz ist dahin, der Wille ist dahin. Lahm geht die Unterredung zu Ende. Nichts hast du erreicht. Das hat mit ihrem Singen die Lorelei getan.

Nun legt der Leser das Buch still und freundlich aus der Hand und denkt einen Augenblick nach. Dann springt er wie ein gejagter Hirsch auf, die ›Mona Lisa‹ lächelt am Boden ... Er eilt zum Telefon.

Traktat über den Hund,
sowie über Lerm und Geräusch

1. SCHERZ

a) *Das Tier*

> Wie dem Hund, dem auf dem Wege vom
> Herzen zum Maule alles zum Gebell wird.
> Alfred Polgar

Der Hund ist ein von Flöhen bewohnter Organismus, der bellt (Leibniz). Dieser Definition wäre einiges hinzuzufügen.

Im Hund hat sich der bäuerische Eigentumstrieb des Menschen selbständig gemacht; der Hund ist ein monomaner Kapitalist. Er bewacht das Eigentum, das er nicht verwerten kann, um des Eigentums willen und behandelt das seines Herrn, als gebe es daneben nichts auf der Welt. Er ist auch treu um der Treue willen, ohne viel zu fragen, wem er eigentlich die Treue hält: eine Eigenschaft, die in manchen Ländern hoch geschätzt wird. Sie ist für den Betreuten recht bequem.

Einem Hund, der etwas bewacht, zuzusehen, kommt dem Erlebnis gleich, einen Urmenschen zu beobachten. Er ist stets unsicher, unruhig und macht sich mit Lärm Mut – er greift an, weil ihn seine Angst nach vorn treibt.

Der Hund ist ein anachronistisches Wesen.

Der Hund lebt ständig im Dreißigjährigen Krieg. In jedem Briefträger wittert er den fahrenden Landsknecht, im Milchmann die schwedische Vorhut, im Freund, der uns besucht, den Gottseibeiuns. Er bewacht nicht nur den Hof seines Herrn, sondern auch den Weg, der daran vorbeiführt, und versteht niemals, daß die Leute, die dort gehen, neutral sind – diesen Begriff kennt er nicht. Seine Welt zerfällt in Freunde (seines Futternapfes) und in gefährliche Feinde. Undressierte Hunde leben noch im Urzustand der Erde.

Der Hund bellt immer.

Er bellt, wenn jemand kommt, sowie auch, wenn jemand geht – er bellt zwischendurch, und wenn er keinen Anlaß hat, erbellt er sich einen. Er hört auch so bald nicht wieder auf, ja, es scheint, als besäßen die Hunde eine Bellblase, die man nur anzustechen braucht, damit sie sich entleere. Ein besserer Hund bellt seine vier, fünf Stunden täglich. (Weltrekord: Hund Peschke aus Königswusterhausen; bellte am 4. Oktober 1927 zweiundfünfzigtausendvierhundertachtundsiebzigmal in sechzehn Stunden. Als das vorbei war, sprach sein Herr: »Ich weiß gar nicht, was der Hund hat – er ist so still?«)

Wenn ein Hund sehr lange bellt, hört es sich an, als übergebe sich einer.

Ein Hund bellt, wenn er mit den Sinnen etwas wahrgenommen hat; daraufhin, weil ihn sein Bellen erschreckt und aufregt, und des weiteren, weil sich das wahrgenommene Objekt um ihn kümmert, nicht um ihn kümmert oder davonläuft. Dieses Geschrei wird von vielen Leuten als Wachsamkeit ausgelegt; schon der französische Kynologe Hispa sagt: »Der Hund ist ein wachsames Tier, das mit seinem Gebell den Herrn nachts aufweckt, damit der aufsteht und ruft: ›Halt die Schnauze!‹« Da Hunde immer bellen, so dient ihr Gebrüll lediglich dazu, daß sich die Einbrecher vor ihrem Geschäft Gift besorgen und es dem Hundchen streuen.

Niemanden haßt der Hund so wie den Wolf; er erinnert ihn an seinen Verrat, sich dem Menschen verkauft zu haben – daher er dem Wolf seine Freiheit neidet, ihn hassend fürchtet und sich durch doppelten Verrat beim Menschen lieb Hund zu machen sucht.

Hunde blaffen mit Vorliebe schlecht gekleidete Menschen an, wie sie überhaupt die mindern Eigenschaften des Besitzers personifizieren. Nachts, wenn kein Fremder da ist, machen sie eine alte Familienfehde mit dem Mond aus. Der Mond, den das nächtliche Gebell auf der Erde stört, kehrt ihr darum seit Jahr und Tag sein blankes Hinterteil zu. Wir kommen nunmehr zu dem Tierhalter.

b) Der Tierhalter

Hundebesitzer sind die rücksichtslosesten Menschen auf der Welt.

Hier soll nicht einmal von jenen gesprochen werden, die ihrem Mistbatzen das Fressen aus Restaurationsschüsseln reichen; der Hund, frisch aus dem Popo einer Hundedame entronnen, steckt seine feuchte Nase in deinen Teller … Aber auch sonst können Hundebesitzer zum Beispiel nicht begreifen, daß der Lärm, den ihr Liebling macht, andern Leuten nicht angenehm ist. Kein grünes Rasenstück, das er nicht verbellt.

Die Ausdehnung einer Lärmglocke, die ein bellender Hund seinen Nachbarn über den Kopf stülpt, beträgt etwa achtzehnhundert Kubikfuß; auf diese Entfernung hin hat alles an den Entzückungen, Anfällen und Aufregungen eines mittleren Hundes teilzunehmen. Es ist also unsre Pflicht, uns mit ihm zu erheben, sein Vormittagsgeschrei sowie sein Nachmittagsgebell mit ihm zu teilen, und nachts zu lauschen, wie er, wenn Nachtigallen fehlen, das Mondgesäß beschimpft.

Auf diese Weise sind Villen-Vororte großer Städte fast unbewohnbar geworden, weil sich jeder gegen jeden mit einer Bellmaschine gesichert hat, die angeblich gegen Einbrecher gut ist. Es muß danach angenommen werden, daß in Vororten niemals mehr eingebrochen werden kann. Wird aber.

Ich habe mich schon so an das Gebell gewöhnt, daß ich es hier, am Kap der Roten Grütze, sehr entbehre. Kunstschriftsteller Hasenclever hat sich jedoch erboten, jeden Morgen zum Frühstück zu kommen und ein Stündchen zu bellen.

Es ist nunmehr die Stelle des Aufsatzes gekommen, wo der Hundebesitzer seinem Flohtier über die Nase streicht, mit der jener die kleinen Hundewürstchen und den Urin der Verwandten aufriecht, und spricht: »Was schreiben sie denn da alles von dir! Jaa! Nicht wahr, du bellst nicht? – nein!« Und zu mir, fortfahrend: »Sie sind aber nerfeehs!«

Hätte einer im Zeitalter Ludwigs des Quecksilbernen bemerkt: »Nun wollen wir uns einmal alle jeden Morgen die Füße waschen!« – so hätte er sich mit einem hohen katholischen Heiligen entschuldigen müssen, sonst hätten sie ihn verbrannt. Hätte er für frische Luft plädiert, für Hygiene der Säuglinge – er wäre genau so ausgelacht worden wie einer, der heute für Stille plädiert. Was Stille bedeutet, wissen sie noch nicht.

»Ich höre das gar nicht!« sagen sie. Es ist nicht wahr; sie hören es doch. Davon wissen ihre Untergebenen zu sagen, die Lärm, Geratter, Wagenstöße, Klavierspiel und Hundegebell ausbaden müssen. »Was der Alte nur hat?« sagen sie dann. Es ist der Lärm. Seine schlechte Laune ist der Lärm, der aus ihm herausbrodelt und der wieder ans Licht will; er hat ihn von den Ohren her nach innen gesogen; es hilft ihm aber nichts, er kommt wieder hochgegurgelt. Um es ›nicht zu hören‹, verbrauchen sie so viel unnötig vertane Kraft, die man besser anwenden könnte. Der Beweis dafür ist die Steigerung aller Lebenskräfte, wenn es einem gelingt, in das Reich der ungebrochenen Stille einzudringen; in den Bergen, im Luftballon über dem Meer, auf dem Segelboot, am windstillen Tag im Wald. Da lassen die Nervenstränge nach, da entspannt sich der Wille, da ruht der Mensch. In der vollkommenen Stille hört man die ganze Welt. Nur so ist wahre Erholung möglich; sie ist aber fast unerreichbar. Gegen diese wohltuende Wirkung der Stille auf den Intellekt gibt es nur ein einziges Gegenargument: das sind die Regierungsgebäude, die gewöhnlich in stillen Parks liegen.

Menschen, die sich lebende Hunde in Mietwohnungen halten, sollten mitsamt ihrem Köter aus der Wohnung gejagt werden.

Menschen, die einen Hund anbinden oder einsperren, verdienen, ihrerseits angebunden zu werden. Es ist das äußerste an Quälerei, ein jagendes, laufendes und unruhiges Tier zu fesseln und in seiner Freiheit zu beschränken. Diese Leute haben gar keinen Hund – sie haben nur ein Stückchen Hund; der Rest ist unterdrückt und rächt sich mit flammendem Gebell.

Ich habe noch nie gesehen, daß Hundebesitzer mit

Erfolg ihren Hunden, wenn sie unnütz kläffen, zu schweigen befehlen. Weil jene stumpfohrig sind, hören sie das Gebelfer nicht und bürden nun andern die Plage auf.

Dafür haben Hundebesitzer den Tick, als ›bessere Menschen‹ durchs Leben zu gehen. Sie haben erfunden, daß es ein Zeichen von Seele sei, Hunde zu lieben, ihren schmutzigen Geruch zu ertragen, ihr lästiges Geschrei mitanzuhören. Ihre Persönlichkeit kriecht in den Hund, wo sie den Kampf ums Dasein noch einmal mitkämpft: »Mein Hund läuft aber schneller als Ihrer!« Das ist ein großer Sieg.

Etwas gegen den Hund zu sagen, heißt für viele, am Heiligsten rühren, wo der Mensch hat. Die Hundenarren sind häufig ganz erbarmungslose Menschen; Leute, die einen Kommunisten vor ihrer Tür verbluten ließen, nicht eine Mark für entlassene Gefangene geben, überhaupt nichts Gutes tun – ihren Hund lieben sie mit jener stummen Aggressivität, die das beste Zeichen eines hohlen Affekts ist. Der Hund ist ihnen nicht nur Schutz, sondern auch Selbstbetätigung.

Nie legt ein Hundebesitzer in das Tun der Menschen a priori so viel Gutes wie in den Blick seines Hundes. Wenn ihn der ansieht, zerschmilzt er vor Lyrik. Ein Bettler wird ihn vergebens so ansehen. Der sentimentalitätstriefende Blick jenes aber heischt mit Erfolg verschmiertes Mitleid.

So ist der treue Hund so recht ein Ausdruck für die menschliche Seele. Allerseits geschätzt; nur selten in der Jugend ersäuft; gehalten, weil sich der Nachbar einen hält, von feineren Herrschaften auch als Schimpfwort benutzt – so bellt er sich durchs Leben. Und ich will nicht länger murren, wenn es kaum noch einen Fleck gibt, den er nicht verunreinigt: mit Unrat, nassem Geruch und mit nimmer endendem Lärm. Seiner Gnade ist unsre Ruhe ausgeliefert.

Eine fortgeschrittene Zivilisation wird ihn als barbarisch abschaffen.

2. SATIRE

Die Wahrheiten müssen Akrobaten werden,
damit wir sie erkennen.

O. W.

»Über Lerm und Geräusch.« So schrieb Schopenhauer: ›Lerm‹ – mit einem E; plattköpfig und stumpf kroch das um ihn herum, was er, außer Hegeln, am meisten haßte. Den Lärmempfindlichen hat er Komplimente gemacht, die wir bescheiden ablehnen …

Da habe ich über die Hunde traktiert, eigentlich mehr über das nervenabtötende Gebell dieser Tiere, und man muß schon das Vaterland, das teure, und was an Generalen, Zeitungen und deutschen Männern drum und dran hängt, beleidigen, um einen solchen Lerm zu erleben. Die Aufregung, die aus Prag herüberkam, kann ich mir nur so erklären, daß Schwejk dort mit herrlich gefälschten Hunden gehandelt hat; was ich daselbst gedruckt zu hören bekommen habe, war allerdings freundlich und ging noch an. Aber die Briefe, die die Hundefreunde geschrieben haben, die kann man nicht erfinden. »Ich bin noch nie von einem Hund verbellt worden – der Hund bellt nur schlechtgekleidete Sujets an« und: »Wollte mal fragen, ob Sie keine Würstchen unter sich lassen – erfinden Sie doch mal einen Nachttopf für Hunde!«, und ein ›Reichsbund zur Wahrung der Hundebelange‹ schloß seinen Brief: »Wir zeichnen, weil es so üblich ist, mit Hochachtung« – da haben wir Glück gehabt, und so in infinitum zur Morgen- und zur Abendsuppe. Wenn ich ein Hund wäre: solche Freunde möchte ich nicht haben.

Abgesehen von der triefäugigen Sentimentalität, die alle Vorwürfe akkordiert, wenn sie gegen menschliche Säuglinge gerichtet sind, die ohne Grund brüllten, sich einmachten und überhaupt, im Gegensatz zu den süßen Hündlein, abscheulich seien – abgesehen von der göttlichen Liebe, die sich da verklemmt hat: ich habe keine leichte Zeit hinter mir. Wilhelm Speyer, der etwas von Tieren versteht, hat mir in mein hochfein möbliertes Haus geschrieben, ich sei wohl vom wilden Strindberg gebissen – ein Mann in meinen Jahren! Kurz: keiner der obbezeichneten Hunde möchte hinfürder noch ein Stück Brot von mir nehmen, wenn er eins bekäme. Lasset uns beten. Und ernsthaft untersuchen, was es denn da gegeben hat.

Durch nichts, aber auch durch nichts kann man Menschen so aus dem Häuschen bringen als dadurch, daß man ihnen verbietet, gewohnten Lärm zu machen. Du kannst eine Monarchie durch eine gleich minderwertige Republik ablösen – darüber läßt sich reden. Aber der Lärm ist geheiligt.

Der Städter ist ein armes Luder.

Zu essen bekommt er, was ihm die Händler geben, es wird nicht sauberer durch die Hände, die es passiert; vom Grund und Boden weiß er nur, daß er den andern, immer den andern gehört, und widerstandslos erduldet er die satanische Komik von Grundstücksspekulanten, die mit der Haut der Erde handeln, unter die man sie – sechs Fuß tief – herunterläßt, wenn alles vorbei ist, und in deren wahre Tiefen niemand dringt; unfrei ist der Städter, gebunden an Händen, Füßen, Valuta, Schullesebuch und Vaterland. Aber eine Freiheit hat er, nimmt er sich, mißbraucht er – einmal besauft sich der Sklave und spielt torkelnd den Herrn. Er macht Radau.

Daß einer eng am andern wohnt, weiß der eine; daß man nicht Feuer im Hof anzünden, nicht nachts in einer Wohnung, dem überzahlten castle, Pferde zureiten darf; daß man nicht aus dem Fenster schießt: das hat sich allmählich herumgesprochen. Belästigungen durch Rauch, durch Geschosse, durch Rohr- und Drahtleitungen, ja, durch Aufstellung von Reklametafeln sind Gegenstand braver bürgerlicher Prozesse.

Lärm aber darf gemacht werden.

Die Hundefreunde, denen man untersagt, ihren Köter zu quälen, ihn einzusperren, ihn stundenlang bellen zu lassen, fühlen sich im Heiligsten getroffen: in ihrer, verzeihen Sie das harte Wort, Freiheit.

Hat der Parzellenmensch eine Prärie um sich? Er ist in Schubladen wohnend untergebracht und richtet sich auch in allem danach – nur das Ohr des Schubladennachbarn ist Freigut; die Gehörsphäre braucht nicht geschont zu werden. Alles, was an Einfluß auf Krieg und Frieden, auf Verwendung der Steuern nicht vorhanden ist, tobt sich im Hause aus. Darin nähern sich besonders Frauen dem Urzustand der Primitiven.

Als ich das letzte Mal in Berlin wohnte, da rollte jeden Morgen eine Stunde lang eine reitende Artillerie-Brigade über die Decke dahin: eine deutsche Hausfrau (e. V.) ackerte dort ihr Schlafzimmer, anders war der Lärm nicht zu erklären.

Nun sind aber die Lebensgewohnheiten im bürgerlichen Haushalt keinem Wechsel der Geschichte unterworfen; »der bürgerliche Haushalt wird nur deshalb betrieben, damit der archäologische Forscher dort noch heute die Arbeitsmethoden der Steinzeit studieren kann« (Sir Galahad). Hier eingreifen stößt auf Mord. Keine Zeitung, die es wagen könnte, in diesen Muff eine wettersichere Grubenlampe hinunterzulassen – das Geschrei von Hausfrauen, klavierübenden und gesangsheulenden Damen beiderlei Geschlechts, von organisierten Tierfreunden und reinmachewahnsinnigen Besessenen dampfte ihr entgegen. In meiner Wohnung kann ich machen, was ich will – das wäre ja gelacht.

Es ist zum Weinen.

Denn da und nur da sind die Wurzeln ihrer Kraft. Das ändere du mal. Da zeig mal, was du kannst. Sie machen sich das Leben schwer, den andern zur Hölle – und sie sind so stolz darauf! Die Reinmachenden machen nicht rein: sie unterliegen gewissen Zwangsvorstellungen einen Hausgott ehrend, der unerhörte Opfer verlangt – mit Sauberkeit hat das wenig zu tun. Es ist Recht, Pflicht und göttliches Gebot, dem Nachbarn den Teppichstaub in den Suppentopf zu schlagen; wie Kanonenschläge hallt das durch die steilen Steinhöfe. Ordnung muß sein. Der schwarze Hals des Lautsprechers gurgelt im schweren Übelsein heraus, was er zuviel an Lärm gefressen hat – dazu öffnet man füglich die Fenster, damit der Nachbar auch etwas davon habe, und wenn Ihnen det nich paßt, denn missen Se ehm inne Wieste ziehn.

Aber das wird nicht gut auslaufen. Denn in der Wüste steht das Zelt des Forschungsreisenden Karbumke, und der hat einen Hund. Und der Hund steht, am Zeltpflock angebunden, und bellt alles an, was sich ringsum bewegt. Es soll sich, außer seinen Flöhen, nichts bewegen.

Bleiben wir im Lande und nähren wir uns redlich, die Ohren mit Wachs verklebt wie die Gefährten des Odysseus, die die Musik-Etüden des Sirenen-Konservatoriums nicht hören sollten. Schrei: »Ruhe!« Eine Flut von Schimpfworten, Geheul, Rufen, eine Wolke von geschwungenen Federbesen, eine Welle von Papierfetzen, alten Pappdeckeln, Holzstücken und Müllwasser rauscht auf. Ich weiß, wo sie verletzlich sind. Es juckt, sie da anzufassen. Da, in der Abwehr, auch da, wo sie recht haben, zum Beispiel in der Beurteilung ihrer Hunde, sind sie ganz sie selbst. Die Haut reißen sie sich herunter, so nackt sind sie da. Und keine Zeitung, keine Broschüre, kein Buch kann sie in diesem Punkt ändern. In der Stickluft dieser ungelüfteten Treibhäuser gedeihen die Mikroben der Religion, des Berufskostüms und des Vaterlandes.

Und zu wissen, daß man dazu gehört und einer von ihnen, und daß da kein Grund ist zu überheblichem Mitleid, daß das Spiel mitzuspielen ist, Gleicher unter Gleichen, und daß man helfen soll und lieben. Denn manchmal weinen sie und paaren sich seufzend und lallen mit ihren Kindern und sind selber welche und machen mancherlei Lerm und Geräusch.

3. IRONIE UND TIEFERE BEDEUTUNG

> Der Schlaf kommt nicht, will nicht kommen.
> Unweit im Hundezwinger fangen die Jüngsten
> von ihnen ihr ohrenbetäubendes Jaulen und
> Winseln an. O Schrecken, das geht die ganze
> Nacht hindurch. Aus den Zellen brüllt es –
> brüllt Ruhe und flucht – und es geschieht
> nichts – es bringt nur wieder die schlaflose
> Nacht, dieses Bewußtsein der Gefangenschaft.
> Schilderung eines Gefangenen

Hätte Goethe die Hunde geliebt, so wäre der Spektakel, den ich da heraufbeschworen habe, noch größer geworden, wenn er hätte größer sein können.

Goethe aber liebte die Hunde nicht. Warten Sie …

Johannes Falk: ›Goethe aus näherem persönlichem Umgange dargestellt‹. Kapitel IV. Goethes wissenschaftliche Ansichten. Gespräch über Monaden.

»An eine Vernichtung ist gar nicht zu denken; aber von irgendeiner mächtigen und dabei gemeinen Monas unterwegs angehalten und ihr untergeordnet zu werden, diese Gefahr hat allerdings etwas Bedenkliches, und die Furcht davor wüßte ich auf dem Wege einer bloßen Naturbetrachtung meinesteils nicht ganz zu beseitigen.«

Indem ließ sich ein Hund auf der Straße mit seinem Gebell zu wiederholten Malen vernehmen. Goethe, der von Natur eine Antipathie wider alle Hunde besitzt, fuhr mit Heftigkeit ans Fenster und rief ihm entgegen:

»Stelle dich wie du willst, Larve, mich sollst du doch nicht unterkriegen!« Höchst befremdend für den, der den Zusammenhang Goethescher Ideen nicht kennt; für den aber, der damit bekannt ist, ein humoristischer Einfall, der eben am rechten Orte war!

»Dies niedrige Weltgesindel«, nahm er nach einer Pause und etwas beruhigter wieder das Wort, »pflegt sich über die Maßen breitzumachen; es ist ein wahres Monadenpack, womit wir in diesem Planetenwinkel zusammengeraten sind, und möchte wenig Ehre von dieser Gesellschaft, wenn sie auf andern Planeten davon hörten, für uns zu erwarten sein.«

Und:

Riemer: ›*Mitteilungen*‹.

»Einem anderen Befremden ist auch noch zu begegnen: wie Goethe die Hunde nicht habe leiden können.

Da der Hund eine solche allgemeine Protektion des Menschen genießt, daß gegen die Verwendung und das Halten desselben von Zeit zu Zeit sogar polizeiliche Verordnungen erlassen werden müssen, so will es vielen nicht eingehen, daß ein Naturforscher wie Goethe, der über komparierte Anatomie gedacht und geschrieben, eine solche Aversion vor den Hunden könne gehabt haben, wie andere kaum vor Spinnen und Kröten, wogegen die Natur selbst dem Menschen einen Abscheu eingeflößt zu haben scheine; daß er also einen gleichsam aristokratischen Haß auf sie, als auf die mit Recht so genannte Kanaille, geworfen, und darüber fast mit einem mächtigeren zerfallen.

Zuvörderst ist der soupçonnierte und zur Tradition, besonders durch Falks fabelhafte Anekdote, gewordene Hundeabscheu nicht von der Ausdehnung, die man annimmt, noch irgendeiner anderen Bedeutung, als daß Goethe eben kein besonderes Vergnügen an dieser Tiergattung finden konnte.

Zwar spricht er seine Abneigung im allgemeinen gegen sie in seinem Gedichte aus; doch ist es besonders nur ihr Gebell, das kläffend sein Ohr zerreißt.«

Und:

»Wundern kann es mich nicht, daß Menschen Hunde so lieben, Denn ein erbärmlicher Schuft ist wie der Mensch so der Hund.«

Soweit Goethe.

Mit dem Lärm und Geräusch aber ist es so:

Geräusch anhören ist: an fremdem Leben teilnehmen. Ein guter Diagnostiker hat ›empfindliche‹ Hände – sie fühlten sonst nämlich nichts. Ein Gehirnmensch hat ein ›empfindliches‹ Gehirn – es könnte sonst nicht denken und nicht produzieren.

Nun stören Kollektivgeräusche kaum; mit Recht gewöhnt man sich daran, daß die Straße wie ein Meer erbraust, daß die Bahnen fahren, daß die Stadt jenes brodelnde Geräusch von sich gibt, das da ihr Leben anzeigt. Aber das freche Einzelgeräusch nadelt das Ohr, weil Teilnahme des fremden Lebensrhythmus erzwungen wird. Ein Übermütiger hupt fünfzehn Minuten vor einem Haus – ich warte mit ihm. Fräulein Lieschen Wendriner ›übt‹ etwas, was sie nie lernen wird: nämlich Klavier spielen – ich übe mit. Ein Hund bellt, er schlägt einmal an – das Ohr hört es nicht. Aber wenn der angebundene, eingesperrte, unzufriedene Hund stunden- und stundenlang bellt …

Der Hund setzt an. Irgend etwas hat seine Aufmerksamkeit erregt. Er teilt das mit. Und schweigt nun nicht mehr; für ihn freilich hat das Gebell einen Sinn, für den zu bewachenden Herrn hat es kaum einen, für uns gar keinen. Er bellt und bellt. Alles, was nun geschieht, spielt sich vor dem Hintergrund dieses unablässig bohrenden Lautes ab, er bellt Primen, das Aas, von dem einmal angeschlagenen Ton geht er nicht mehr herunter; schließlich kann niemand verlangen, daß er wie eine Nachtigall singt. Er bellt und bellt. Nun hört er auf – wie dankbar bist du für diese Stille, sei gesegnet, Stille! Wie nach einem Schiffbruch sinkst du zerschlagen am Strand der Stille nieder, so klein, so glücklich, so unendlich dankbar … Und dann zerreißt er sie wieder und wieder, nun ist es doppelt schmerzlich, gedemütigt ist man durch so viel Krach, ein Spielball dieser albernen Laune, dieser falschen Wachsamkeit, dieser Angst, diesem Anzeiger des übersteigerten Eigentumbegriffes. Gute Nacht, stille Stunde –!

»Ausschlaggebend ist aber das Bellen des Hundes: die absolut verneinende Ausdrucksbewegung. Sie beweist, daß der Hund ein Symbol des Verbrechers ist. Goethe hat dies, wenn es ihm vielleicht auch nicht ganz klar geworden ist, doch sehr deutlich empfunden. Der Teufel wählt bei ihm den Leib eines Hundes. Während Faust im Evangelium laut liest, bellt der Hund immer heftiger: der Haß gegen Christus, gegen das Gute und Wahre.« Und: »Interessant ist es, wen der Hund anbellt: es sind im allgemeinen gute Menschen, die er anbellt, gemeine, hündische Naturen nicht.« Aber das hat einer gesagt, der schon mit zweiundzwanzig Jahren nicht mehr wollte, so nicht mehr wollte: Otto Weininger.

Ein Kettenhund oder ein Hund im Zwinger ist etwas so Naturwidriges wie ein Ziehhund oder eine dressierte Varietékatze. Aber das stundenlange, nicht ablassende, immer auf einen Ton gestellte Gebell – das ist bitter. Es zerhackt die Zeit. Es ist wie eine unablässig schlagende Uhr: wieder ist eine Sekunde herum, du mußt sterben, erhebe dich ja nicht in irgendwelche Höhen, bleibe mit den Sohlen auf der Erde, sterben mußt du, du bist aus demselben Staub wie ich Hund, du gehörst zu uns, zu mir, zur Erde, bau-wau-hau!

Und dann sieh hinaus und betrachte dir den da. Wen er anbellt. Was ihm nicht paßt. Wie ers nicht will. Der Wagen soll nicht fahren. Das Pferd soll nicht laufen. Das Kind soll nicht rufen. Er hat Angst, und darum ist er frech. Er ist auch noch da, will er dir mitteilen. Du willst es gar nicht wissen? Dann teilt er dirs nochmal mit. Er schaltet sich in alle Vorgänge ein; er spektakelt, wenn er allein ist, weil er allein ist, und wenn Leute da sind, weil Leute da sind; er muß sich bellen hören, um an sich zu glauben. Er bewacht, was gestohlen ist, verteidigt den, der gemordet hat, er ist treu um der Treue willen und weil er Futter bekommt. Sie sind so simpel und machen so viel Lärm. Im Grunde um nichts.

Was wächst nicht alles in der Ruhe! Was kommt nicht alles zur Blüte in der Ruhe! Alexander von Villers sagts in den ›Briefen eines Unbekannten‹: »Ich liege im Bett und spüre die zitternde Sukzession der Sekunden ...« Stille. Ich sehne mich nach Stille. Schweigen heißt ja nicht: stumm sein.

Schriebe ich aber dasselbe von einem Motorzweirad, wenn es so pufft und knallt und rattert – da wären sie alle einer Meinung (die keins besitzen). Was dem einen sein Motor, ist dem andern sein Hund – aber mir will es widersinnig erscheinen, in der ohnehin lärmenden Stadt Wagen herumzufahren, von Hunden bewacht, die stunden- und stundenlang die Leute, die andern Wagen und sich selbst ankläffen; es will mir hündisch erscheinen, die Vororte der großen Städte, die Stadtwohnungen selbst und das stille Land durch einen Lärm zu verpesten, der unnötig ist.

Denn in Wahrheit ist es der Hundebesitzer, der allen Tadel verdient, nicht das Tier, das ja nicht zu seinem Vergnügen bellt, sondern das so oft gequält wird. Niemand hat das Recht, aus Gedankenfaulheit Tier und Mensch so zu peinigen, wie der es tut, der nicht mit Hunden umzugehen versteht, also die Mehrzahl derer, die einen Hund besitzen.

Man muß das erstaunte Gesicht eines Hundebesitzers sehen, wenn ihm einer sagt, er könne des Gebells wegen nicht schlafen. Wie? Nicht schlafen? Ja, was geht denn das den Hund an? Meinen Hund? Mein Hund sollte nicht bellen dürfen … na, das wollen wir ja mal … so ein schönes, gutes, ordentliches Gebell, das die Einbrecher abschreckt …! Schlafen will der –! Hö. Und das Erstaunen wird sehr bald zur Feindschaft; sie fassen es einfach nicht, daß ihnen der Luftraum eben nicht gehört, und daß wir zu eng aneinanderwohnen, als daß wir uns durch überflüssige Liebhabereien belästigen dürften. Niemand hat ein solches Recht, und gegen Rücksichtslosigkeit dieser Gattung ist jede Gegenwehr erlaubt. Denn sie sind auch moralisch im Unrecht.

Wer hat das Tier lieber: der es zu stark egoistischen Zwecken hält, nämlich um sich als Herr zu fühlen, ohne der Eigenart des Tieres entgegenzukommen, die darin besteht, daß es laufen, jagen, springen, sich schnell bewegen will; der Schuft, der es anbindet und der die erschütternden Sätze Schopenhauers über diese gemeine Tierquälerei lesen sollte, sie aber nicht begreifen wird; warum soll er auch ein lebendiges Wesen nicht zu lebenslänglicher Hundehütte verdonnern?

Oder hat der das Tier lieber, der ihm die größtmögliche Freiheit wünscht, ohne im übrigen von ihm belästigt werden zu wollen?

Was aber ein regelmäßiges, stumpfes, sinnloses und sich stundenlang wiederholendes Geräusch angeht, so müssen die Gehirne wohl verschieden gebaut sein. Ich denke mir die Hölle so, daß ich unter der Aufsicht eines preußischen Landgerichtsdirektors, der nachts von einem Reichswehrhauptmann abgelöst wird, in einem Kessel koche – vor dem sitzt einer und liest mir alte Leitartikel vor. Neben dieser Vorrichtung aber steht ein Hundezwinger, darin stehen, liegen, jaulen, brüllen, bellen und heulen zweiundvierzig Hunde. Ab und zu kommt Besuch aus dem Himmel und sieht mitleidig nach, ob ich noch da bin – das stärkt des frommen Besuchers Verdauung. Und die Hunde bellen ...!

Lieber Gott, gib mir den Himmel der Geräuschlosigkeit. Unruhe produziere ich allein. Gib mir die Ruhe, die Lautlosigkeit und die Stille. Amen.

Wo kommen die Löcher im Käse her –?

> Das Werk zwingt schon durch die
> Gelehrsamkeit, die in ihm verkocht erscheint,
> Bewunderung ab, besonders einem Leser
> wie mir, dessen Bildung an Emmentaler Käse
> erinnert, indem sie wie dieser größtenteils aus
> Lücken besteht.
>
> Alfred Polgar

Wenn abends wirklich einmal Gesellschaft ist, bekommen die Kinder vorher zu essen. Kinder brauchen nicht alles zu hören, was Erwachsene sprechen,
und es schickt sich auch nicht, und billiger ist es
auch. Es gibt belegte Brote; Mama nascht ein bißchen
mit, Papa ist noch nicht da.

»Mama, Sonja hat gesagt, sie kann schon rauchen –
sie kann doch noch gar nicht rauchen!« – »Du sollst
bei Tisch nicht reden.« – »Mama, guck mal die Löcher in dem Käse!« – Zwei Kinderstimmen, gleichzeitig: »Tobby ist aber dumm! Im Käse sind doch immer
Löcher!« Eine weinerliche Jungenstimme: »Na ja –
aber warum? Mama! *Wo kommen die Löcher im Käse
her?*« – »Du sollst bei Tisch nicht reden!« – »Ich
möcht aber doch wissen, wo die Löcher im Käse herkommen!« – Pause. Mama? »Die Löcher ... also ein

Käse hat immer Löcher, da haben die Mädchen ganz recht! … ein Käse hat eben immer Löcher.« – »Mama! Aber dieser Käse hat doch keine Löcher! Warum hat der keine Löcher? Warum hat der Löcher?« – »Jetzt schweig und iß. Ich hab dir schon hundertmal gesagt, du sollst bei Tisch nicht reden! Iß!« – »Bwww –! Ich möcht aber wissen, wo die Löcher im Käse … aua, schubs doch nicht immer …!« Geschrei. Eintritt Papa.

»Was ist denn hier los? Gun Ahmt!« – »Ach, der Junge ist wieder ungezogen!« – »Ich bin gah nich ungezogen! Ich will nur wissen, wo die Löcher im Käse herkommen. Der Käse da hat Löcher, und der hat keine –!« Papa: »Na, deswegen brauchst du doch nicht so zu brüllen! Mama wird dir das erklären!« – Mama: »Jetzt gib du dem Jungen noch recht! Bei Tisch hat er zu essen und nicht zu reden!« – Papa: »Wenn ein Kind was fragt, kann man ihm das schließlich erklären! Finde ich.« – Mama: »Toujours en présence des enfants! Wenn ich es für richtig finde, ihm das zu erklären, werde ich ihm das schon erklären. Nu iß!« – »Papa, wo doch aber die Löcher im Käse herkommen, möcht ich doch aber wissen!« – Papa: »Also, die Löcher im Käse, das ist bei der Fabrikation; Käse macht man aus Butter und aus Milch, da wird er gegoren, und da wird er feucht; in der Schweiz machen sie das sehr schön – wenn du groß bist, darfst du auch mal mit in die Schweiz, da sind so

hohe Berge, da liegt ewiger Schnee darauf – das ist
schön, was?« – »Ja. Aber Papa, wo kommen denn die
Löcher im Käse her?« – »Ich habs dir doch eben erklärt: die kommen, wenn man ihn herstellt, wenn
man ihn macht.« – »Ja, aber … wie kommen denn
die da rein, die Löcher?« – »Junge, jetzt löcher mich
nicht mit deinen Löchern und geh zu Bett! Marsch!
Es ist spät!« – »Nein! Papa! Noch nicht! Erklär mir
doch erst, wie die Löcher im Käse …« Bumm. Kat-
zenkopf. Ungeheuerliches Gebrüll. Klingel.

Onkel Adolf. »Guten Abend! Guten Abend, Margot – 'n Ahmt – na, wie gehts? Was machen die Kinder? Tobby, was schreist du denn so?« – »Ich will wissen …« – »Sei still …!« – »Er will wissen …« – »Also
jetzt bring den Jungen ins Bett und laß mich mit den
Dummheiten in Ruhe! Komm, Adolf, wir gehen solange ins Herrenzimmer; hier wird gedeckt!« – Onkel
Adolf: »Gute Nacht! Gute Nacht! Alter Schreihals! Nu
hör doch bloß mal …! Was hat er denn?« – »Margot
wird mit ihm nicht fertig – er will wissen, wo die Löcher im Käse herkommen, und sie hats ihm nicht erklärt.« – »Hast dus ihm denn erklärt?« – »Natürlich
hab ichs ihm erklärt.« – »Danke, ich rauch jetzt
nicht – sage mal, weißt *du* denn, wo die Löcher herkommen?« – »Na, das ist aber eine komische Frage!
Natürlich weiß ich, wo die Löcher im Käse herkommen! Die entstehen bei der Fabrikation durch die
Feuchtigkeit … das ist doch ganz einfach!« – »Na,

mein Lieber … da hast du dem Jungen aber ein schönes Zeugs erklärt! Das ist doch überhaupt keine Erklärung!« – »Na, nimm mirs nicht übel – du bist aber komisch! Kannst du mir denn erklären, wo die Löcher im Käse herkommen?« – »Gott sei Dank kann ich das.« – »Also bitte.«

»Also, die Löcher im Käse entstehen durch das sogenannte Kaseïn, was in dem Käse drin ist.« – »Das ist doch Quatsch.« – »Das ist kein Quatsch.« – »Das ist wohl Quatsch; denn mit dem Kaseïn hat das überhaupt nichts zu … gun Ahmt, Martha, gun Ahmt, Oskar … bitte, nehmt Platz. Wie gehts? … überhaupt nichts zu tun!«

»Was streitet ihr euch denn da rum?« – Papa: »Nu bitt ich dich um alles in der Welt; Oskar! du hast doch studiert und bist Rechtsanwalt: haben die Löcher im Käse irgend etwas mit Kaseïn zu tun?« – Oskar: »Nein. Die Käse im Löcher … ich wollte sagen: die Löcher im Käse rühren daher … also die kommen daher, daß sich der Käse durch die Wärme bei der Gärung zu schnell ausdehnt!« Hohngelächter der plötzlich verbündeten reisigen Helden Papa und Onkel Adolf. »Haha! Hahaha! Na, das ist eine ulkige Erklärung! Der Käse dehnt sich aus! Hast du das gehört? Haha …!«

Eintritt Onkel Siegismund, Tante Jenny, Dr. Guggenheimer und Direktor Flackeland. Großes »Guten Abend! Guten Abend! – … gehts? … unterhalten uns gerade ... sogar riesig komisch ... ausgerechnet Löcher im Käse! ... es wird gleich gegessen ... also bitte, dann erkläre du –!«

Onkel Siegismund: »Also – die Löcher im Käse kommen daher, daß sich der Käse bei der Gärung vor Kälte zusammenzieht!« Anschwellendes Rhabarber, Rumor, dann großer Ausbruch mit voll besetztem Orchester: »Haha! Vor Kälte! Hast du schon mal kalten Käse gegessen? Gut, daß Sie keinen Käse machen, Herr Apolant! Vor Kälte! Hähä!« – Onkel Siegismund beleidigt ab in die Ecke.

Dr. Guggenheimer: »Bevor man diese Frage entscheiden kann, müssen Sie mir erst mal sagen, um welchen Käse es sich überhaupt handelt. Das kommt nämlich auf den Käse an!« Mama: »Um Emmentaler! Wir haben ihn gestern gekauft ... Martha, ich kauf jetzt immer bei Danzel, mit Mischewski bin ich nicht mehr so zufrieden, er hat uns neulich Rosinen nach oben geschickt, die waren ganz ...« Dr. Guggenheimer: »Also, wenn es Emmentaler war, dann ist die Sache ganz einfach. Emmentaler hat Löcher, weil er ein Hartkäse ist. Alle Hartkäse haben Löcher.«

Direktor Flackeland: »Meine Herren, da muß wohl wieder mal ein Mann des praktischen Lebens kommen ... die Herren sind ja größtenteils Akademiker ...« (Niemand widerspricht.) »Also, die Löcher im Käse sind Zerfallsprodukte beim Gärungsprozeß. Ja. Der ... der Käse zerfällt, eben ... weil der Käse ...«

Alle Daumen sind nach unten gerichtet, das Volk steht auf, der Sturm bricht los. »Pö! Das weiß ich auch! Mit chemischen Formeln ist die Sache nicht gemacht!« Eine hohe Stimme: »Habt ihr denn kein Lexikon –?«

Sturm auf die Bibliothek. Heyse, Schiller, Goethe, Bölsche, Thomas Mann, ein altes Poesiealbum – wo ist denn … richtig!

GROBKALK BIS KERBTIERE

Kanzel, Kapital, Kapitalertragssteuer, Karbatsche, Kartätsche, Karwoche, *Käse* –! »Laß mich mal! Geh mal weg! Pardon! Also:

›Die blasige Beschaffenheit mancher Käsesorten rührt her von einer Kohlensäureentwicklung aus dem Zucker der eingeschlossenen Molke.‹« Alle, unisono: »Hast es. Was hab ich gesagt?« … »›eingeschlossenen Molke und ist …‹ wo geht denn das weiter? Margot, hast du hier eine Seite aus dem Lexikon rausgeschnitten? Na, das ist doch unerhört – wer war hier am Bücherschrank? Sind die Kinder …? Warum schließt du denn den Bücherschrank nicht ab?« – »Warum schließt du den Bücherschrank nicht ab ist gut – hundertmal hab ich dir gesagt, schließ du ihn ab –« – »Nu laßt doch mal: also wie war das? Ihre Erklärung war falsch. Meine Erklärung war richtig.« – »Sie haben gesagt, der Käse kühlt sich ab!« – »*Sie* haben gesagt, der Käse kühlt sich ab – ich hab gesagt, daß sich der Käse erhitzt!« – »Na also, dann haben Sie

212

doch nichts von der kohlensauren Zuckermolke gesagt, wie da drinsteht!« – »Was du gesagt hast, war überhaupt Blödsinn!« – »Was verstehst du von Käse? Du kannst ja nicht mal Bolles Ziegenkäse von einem alten Holländer unterscheiden!« – »Ich hab vielleicht mehr alten Holländer in meinem Leben gegessen wie du!« – »Spuck nicht, wenn du mit mir sprichst!« Nun reden alle mit einemmal.

Man hört:

– »Betrag dich gefälligst anständig, wenn du bei mir zu Gast bist …!« – »saurige Beschaffenheit der Muckerzolke …« – »mir überhaupt keine Vorschriften zu machen!« … »Bei Schweizer Käse – ja! Bei Emmentaler Käse – nein! …« – »Du bist hier nicht bei dir zu Hause! hier sind anständige Leute …« – »Wo denn –?« – »Das nimmst du zurück! Das nimmst du sofort zurück! Ich lasse nicht in meinem Hause meine Gäste beleidigen – ich lasse in meinem Hause meine Gäste nicht beleidigen! Du gehst mir sofort aus dem Haus!« – »Ich bin froh, wenn ich raus bin – deinen Fraß brauche ich nicht!« – »Du betrittst mir nicht mehr meine Schwelle!« – »Meine Herren, aber das ist doch …!« – »Sie halten überhaupt den Mund – Sie gehören nicht zur Familie! …« – »Na, das *hab* ich noch nicht gefrühstückt!« – »Ich als Kaufmann …!« – »Nu hören Sie doch mal zu: Wir hatten im Kriege einen Käse –« – »Das war keine Versöhnung! Es ist mir ganz egal, und wenn du platzt; Ihr habt uns betrogen, und wenn ich mal sterbe, betrittst du nicht mein Haus!« – »Erbschleicher!« – »Hast du das –!« – »Und ich sag es ganz laut, damit es alle hören: Erbschleicher! So! Und nu geh hin und verklag mich!« – »Lümmel! Ein ganz fauler Lümmel, kein Wunder bei dem Vater!« – »Und deine? Wer ist denn deine? Wo hast du denn deine Frau her?« – »Raus! Lümmel!« – »Wo ist mein Hut? In so einem Hause muß man ja auf seine Sachen aufpassen!« – »Das wird noch ein juristisches Nachspiel haben! Lümmel! …« – »Sie mir auch –!«

In der Türöffnung erscheint Emma, aus Gumbinnen, und spricht: »Jnädje Frau, es is anjerichtet –!«

4 Privatbeleidigungsklagen. 2 umgestoßene Testamente. 1 aufgelöster Soziusvertrag. 3 gekündigte Hypotheken. 3 Klagen um bewegliche Vermögensobjekte: ein gemeinsames Theaterabonnement, einen Schaukelstuhl, ein elektrisch heizbares Bidet. 1 Räumungsklage des Wirts.

Auf dem Schauplatz bleiben zurück ein trauriger Emmentaler und ein kleiner Junge, der die dicken Arme zum Himmel hebt und, den Kosmos anklagend, weithinhallend ruft:

»Mama! Wo kommen die Löcher im Käse her –?«

Frauen sind eitel. Männer? Nie –!

Das war in Hamburg, wo jede vernünftige Reiseroute aufzuhören hat, weil es die schönste Stadt Deutschlands ist – und es war vor dem dreiteiligen Spiegel. Der Spiegel stand in einem Hotel, das Hotel stand vor der Alster, der Mann stand vor dem Spiegel. Die Morgen-Uhr zeigte genau fünf Minuten vor einhalb zehn.

Der Mann war nur mit seinem Selbstbewußtsein bekleidet, und es war jenes Stadium eines Ferientages, wo man sich mit geradezu wollüstiger Langsamkeit anzieht, trödelt, Sachen im Zimmer umherschleppt, tausend überflüssige Dinge aus dem Koffer holt, sie wieder hineinpackt, Taschentücher zählt und sich überhaupt benimmt wie ein mittlerer Irrer: es ist ein geschäftiges Nichtstun, und dazu sind ja die Ferien auch da. Der Mann stand vor dem Spiegel.

Männer sind nicht eitel. Frauen sind es. Alle Frauen sind eitel. Dieser Mann stand vor dem Spiegel, weil der dreiteilig war und weil der Mann zu Hause keinen solchen besaß. Nun sah er sich, Antinous mit dem Hängebauch, im dreiteiligen Spiegel und bemühte sich, sein Profil so kritisch anzusehen, wie seine egoistische Verliebtheit das zuließ … eigentlich … und nun richtete er sich ein wenig auf –

eigentlich sah er doch sehr gut im Spiegel aus, wie –?
Er strich sich mit gekreuzten Armen über die Haut,
wie es die tun, die in ein Bad steigen wollen … und
bei dieser Betätigung sah sein linkes Auge ganz zufäl-
lig durch die dünne Gardine zum Fenster hinaus. Da
stand etwas.

Es war eine enge Seitenstraße, und gegenüber,
in gleicher Etagenhöhe, stand an einem Fenster eine
Frau, eine ältere Frau, schiens, die hatte die drübige
Gardine leicht zur Seite gerafft, den Arm hatte sie
auf ein kleines Podest gelehnt, und sie stierte, starrte,
glotzte, äugte gerade auf des Mannes gespiegelten
Bauch. Allmächtiger.

Der erste Impuls hieß den Mann vom Spiegel zu-
rücktreten, in die schützende Weite des Zimmers, gegen Sicht gedeckt. So ein Frauenzimmer. Aber es war
doch eine Art Kompliment, das war unleugbar; denn
wenn jene auch dergleichen vielleicht immer zu tun
pflegte – es war eine Schmeichelei. »An die Schönheit.« Unleugbar war das so. Der Mann wagte sich
drei Schritt vor.

Wahrhaftig: da stand sie noch immer und äugte
und starrte. Nun – man ist auf der Welt, um Gutes zu
tun … und wir können uns doch noch alle Tage sehen lassen – ein erneuter Blick in den Spiegel bestä-
tigte das – heran an den Spiegel, heran ans Fenster!

Nein. Es war *zu* schéhnierlich, … der Mann hüpfte
davon, wie ein junges Mädchen, eilte ins Badezim-

216

mer und rasierte sich mit dem neuen Messer, das glitt sanft über die Haut wie ein nasses Handtuch, es war eine Freude. Abspülen (»Scharf nachwaschen?« fragte er sich selbst und bejahte es), scharf nachwaschen, pudern … das dauerte gut und gern seine zehn Minuten. Zurück. Wollen doch spaßeshalber einmal sehen –.

Sie stand wahr und wahrhaftig noch immer da; in genau derselben Stellung wie vorhin stand sie da, die Gardine leicht zur Seite gerafft, den Arm aufgestützt, und sah regungslos herüber. Das war denn doch – also, das wollen wir doch mal sehen.

Der Mann ging nun überhaupt nicht mehr vom Spiegel fort. Er machte sich dort zu schaffen, wie eine Bühnenzofe auf dem Theater: er bürstete sich und legte einen Kamm von der rechten auf die linke Seite des Tischchens; er schnitt sich die Nägel und trocknete sich ausführlich hinter den Ohren, er sah sich prüfend von der Seite an, von vorn und auch sonst … ein schiefer Blick über die Straße: die Frau, die Dame, das Mädchen – sie stand noch immer da.

Der Mann, im Vollgefühl seiner maskulinen Siegerkraft, bewegte sich wie ein Gladiator im Zimmer, er tat so, als sei das Fenster nicht vorhanden, er ignorierte scheinbar ein Publikum, für das er alles tat, was er tat: er schlug ein Rad, und sein ganzer Körper machte fast hörbar: Kikeriki! dann zog er sich, mit leisem Bedauern, an.

Nun war da ein manierlich bekleideter Herr, – die Person stand doch immer noch da! –, er zog die Gardine zurück und öffnete mit leicht vertraulichem Lächeln das Fenster. Und sah hinüber.

Die Frau war gar keine Frau.

Die Frau, vor der er eine halbe Stunde lang seine männliche Nacktheit produziert hatte, war – ein Holzgestell mit einem Mantel darüber, eine Zimmerpalme und ein dunkler Stuhl. So wie man im nächtlichen Wald aus Laubwerk und Ästen Gesichter komponiert, so hatte er eine Zuschauerin gesehen, wo nichts gewesen war als Holz, Stoff und eine Zimmerpalme.

Leicht begossen schloß der Herr Mann das Fenster. Frauen sind eitel. Männer –? Männer sind es nie.

»Ich rufe vor eins noch mal an –!«

In Wilhelm Speyers ›*Charlott etwas verrückt*‹ findet sich ein Satz, der mir immer tiefen Eindruck gemacht hat. Die Stelle im Dialog heißt etwa so: »Hallo! Also treffen wir uns heute um eins?« – Der andre: »Ja. Das heißt ... ich rufe vor eins noch mal an –!« Alle Berliner rufen vor eins noch mal an.

Es gibt nämlich eine Geschäftigkeit, die aus der Reizbarkeit kommt, aus dem Unvermögen der unausgeruhten Nerven, nicht zu reagieren; sie müssen reagieren, darin besteht eben ihre Müdigkeit, nicht ruhen zu können. Es muß etwas geschehn. Und da greift dann die Hand zum Telefon.

Kleinen Kindern bringt man bei, vor einem Besuch bei der fremden Tante alles »vorher zu erledigen«. Erwachsene betreten die Wohnung des Bekannten mit dem Feldgeschrei: »Darf ich bei Ihnen mal telefonieren?« – »Bitte sehr«, sagt der freundliche Gastgeber. Und hört dann dies:

»Lützow zweiundziebzig null fünnef ... Ich muß nämlich mal rasch dem Oskar Bescheid sagen, daß er ... Hallo? Nein! Null fünnef! ... Vielleicht ist er gar nicht zu Hause, da will ich mal ... Ja? Oskar? Bist du das? Rufen Sie mal bitte Herrn Pischanowski ans

Telefon! Oskar! Hier ist Grete. Also paß mal auf! Ich rufe hier von Wandervogels an, also … du kommst doch heute abend ins Theater? Wir treffen uns doch vor dem Eingang? Fünf Minuten vor acht – das heißt, es fängt, glaub ich, um halb acht an – sieh doch mal nachher in der Zeitung nach! (Haben Sie ne Zeitung? Na, danke …) Ja, wie wir verabredet haben. Aber komm pünktlich! Wie gehts Mama? Gut? Danke, ja. Ich geh nachher noch in die Stadt! Na gut – Na, also denn … Na, schön. Na, gut. Na, schön. Hatchö, Oskar! Komm pünktlich! Na, gut. Hatschö, Oskar! Oskar! …! Weg. Wir gehn nämlich heute abends ins Theater. Zu Wegener. Ja. Na, und wie gehts Ihnen …?«

Dieses Telefongespräch war gar kein Telefongespräch. Es war eine Reflexbewegung.

Wäre es nicht geführt worden, so wäre Oskar wie statuiert auch ins Theater gekommen. (»Na, ich muß ihn doch noch mal erinnern! Vielleicht hätte ers sonst vergessen! Sie kennen Oskar nicht!«) Doch, ich kenne Oskar. Aber ich kenne auch Greten – und da meine ich:

Von dem, was in einer großen Stadt zusammentelefoniert wird, ist gut und gern die Hälfte überflüssig. Und die Herren Geschäftsleute sollen sich ja nicht vor ihren Frauen dicketun und lächelnd anmerken: »Kind, was du heute wieder alles telefonierst …!« Sie machen es genauso.

In den Büros ist der Anlaß des Telefongespräches fast immer vernünftig, seine Länge unentschuldbar. Anfrage; Auskunft; Rückfrage; Rückauskunft ... Und dann gehts erst los. Dann kakeln sie hin und her, sie drehen das schon einmal Gesagte nochmals in der Telefonmuschel herum, daß es einem graust, halten die Nummern, die andre Leute verlangen, besetzt ... Es ist wunderschön. Alles, weil sie die Sprache nicht halten können, sie entzünden sich am Vorhandensein des andern, es muß was geschehn, es muß was geschehn. Schade, daß niemand aufschreibt, was zum Beispiel die ernsten Generaldirektoren und ihre Unteroberdirektoren so ins Telefon sagen – man bekäme einen heiteren Begriff von ihrer würdigen Tätigkeit.

Es scheint mir gradezu eine Krankheit zu sein, daß sich die Telefonanten zum Beispiel nie in einem einzigen Telefongespräch endgültig einigen können. Sie haben eine fast pathologische Scheu vor Entschlüssen, die sie daher niemals gleich fassen. Und das nicht etwa bei ernsthaften Anlässen, wie bei dem Abschluß einer Lebensversicherung, bei einer Verlobung ... Sie überlegen. Sie überlegen nämlich, wann sie noch mal anrufen können, immer in der Angst, es könnte sich zwischen zehn und ein Uhr noch ein Erdbeben ereignen. »Das ... das kann ich Ihnen jetzt noch nicht sagen. Warten Sie mal ... Also ... Passen Sie mal auf, wir wollen so verbleiben: Wenn ich bis morgen um halb elf nicht mehr anrufe, dann kommen Sie mit Ihrer Frau nach Hoppegarten. Nein, lieber so: Wenn wir nicht anrufen, kommen Sie nicht. Nein, doch so ... Also ich rufe morgen noch mal an.« Und morgen geht das ganze Theater wieder von vorn los.

Lasset uns gerecht sein. Was die Schweden sind, so kommen die gleich mit einem Telefon zur Welt, und das erste »Bää!« des kleinen Gunnar klingt in ein schwedisches Telefon. Und wenn die Schweden erst einmal angefangen haben zu telefonieren, dann hören sie nie wieder auf. Dafür funktioniert ihr Telefon aber herrlich, und man findet es bei ihnen überall. Die Franzosen haben es wieder besser; wenn man da von der Rue Lafontaine nach der Place Denfert-Rochereau telefonieren will, dann gibt es zwei Mittel: Man kann sich ein Taxi nehmen und zu dem andern hinfahren. Das geht am schnellsten. Man kann aber auch von Paris nach Berlin reisen und von dort nach Paris telefonieren: dann ist wieder die Verständigung besser als in Paris, wo durch das Telefon kleine Bäche gluckern, halblaute Gespenster wispern und überhaupt ein Höllentanz am Werk ist, die Franzosen vor dem Mißbrauch ihres Telefons zu bewahren. Dies alles nur, soweit es sich nicht um automatische Verbindungen handelt – da gehts besser. So hat jedes Volk seines.

Wir hingegen haben zu tun, wenn es aber hochkommt, dann sind es Telefongespräche gewesen

(»Wissen Sie, ehe ich einen kurzen Brief schreibe, führe ich lieber vier lange Telefongespräche!«), und was wäre der Mensch ohne Telefon! Ein armes Luder. Was aber ist er mit dem Telefon? Ein armes Luder.

Denn es gibt ja vielleicht Leute, die ihre Geliebte, die auf den Knien vor ihnen winselt – bitte, das habe ich selbst im Kino gesehn! – kalt liegenlassen, und wenn sie aufschreit: »Ich schieße mich tot!« begütigend sprechen: »Mein Revolver liegt hinten in der Nachttischschublade!« – so kalte und herzlose Menschen gibt es. Aber einen Menschen, der ein Telefon klingeln läßt und nicht an den Apparat geht –: den gibt es nicht.

Magisch zieht es sie an das schwarze Ding, wenn die Glocke schreit; sie müssen, es ist stärker als sie. Die Pflicht ruft, und sie laufen, laufen durch die ganze Wohnung, durch die Korridore, durch die Zimmer, das Telefon! das Telefon! »Was war?« – »Ach nichts. Pimpernoll hat angefragt, wann er die Decken schicken soll. Er ruft nachher noch mal an.« Immer erwarten sie die Sensation, und immer ist es Pimpernoll.

Nur eine Sorte Telefongespräche gibt es, die habe ich querverbunden stets mit innigstem Behagen geschlürft, es sind akustische Austern. Das sind die Gespräche, die Liebespaare führen, und zwar Leute, die aus irgendeinem Grunde »am Telefon nicht so sprechen können« – weil sie vom Geschäft aus sprechen,

oder von zu Hause, wo Mama jeden Augenblick her-
einkommen kann. Das ist ganz herrlich.

Man riecht es am Ton, was da los ist. Der Ton ist
butterweich, hellgelb, milde wie Mathilde und leicht
verklemmt.

»Guten Tag! (Ohne Anrede.) – Guten Tag, wie
gehts denn? (Ohne Sie und ohne Du.) Na, gut nach
Hause gekommen …? Ja …? Gut geschlafen? Ja,
danke ich auch. (Große lyrische Pause.) Müde? So?
Wieso denn? Versteh ich gar nicht … Man ist ja
manchmal müde – So? Ja. Ja, heute ist schönes Wetter. Heute abend bleib ich zu Hause – ich hab noch
was zu schreiben. Wiedersehn? Ist Wiedersehen denn
so schön? Ja, immer? Ich glaube, ich muß aufhören,
hier wird der Apparat gebraucht. Ja, also dann wie
sonst – auf Wiedersehen! Ich rufe morgen noch mal
an …« Solche Gespräche sollten mit behördlicher
Harfenbegleitung geführt werden. Wenn du Glück
hast, kannst du sie hören, und es schmilzt dein Herz.

Dann aber braust wieder die Arbeit der Großstadt
durch die Drähte: die Glocken schrillen, die Hörer wackeln in der Luft, der schwarze Gummi wird
weich, Lippen bewegen sich, mit der freibleibenden
Hand werden Papiere durcheinandergeworfen, einer
stampft mit dem Fuß auf, obgleich das gar nicht mit-
telefoniert wird … Und vor eins rufen sie alle, alle
noch einmal an.

Die Karte für den Pfirsich-Melba

Wir haben es mit den Schildern. Jakopp hat es außerdem noch mit dem Wasserwerk in Hamburg, Karlchen hat es mit den Mädchen, und ich sehe zu. Aber sonst haben wir es mit den Schildern. Am liebsten hätten wir den Kosmos so, daß an jedem Ding dransteht, was es ist, damit man es weiß. Wir freuen uns immer furchtbar, wenn wir sehn, wie an einem Spucknapf ein Schild hängt: SPUCKNAPF, damit niemand glaube, es sei ein Alligator. Hans Reimann, ein geübter Hausdieb, pflegt solche Schilder zu klauen, seine Wohnung ist voll davon, und er hat sehr schöne. Und es ist auch praktisch und gibt ein beruhigendes Gefühl, gleich überall gedruckt vor sich zu haben, worum es sich handelt.

Wenn also Karlchen zu mir zu Besuch kommt, dann hänge ich ihm eine Zimmer-Ordnung ins Zimmer – immer hübsch ordentlich. Etwa so:

ZIMMER-ORDNUNG
1. Dieses ist ein Zimmer.
2. Das Benutzen dieses Zimmers ist nur zu Wohnbeziehungsweise Schlafzwecken gestattet.
3. Das Mitbringen von fremden Weibspersonen ist fast gar nicht gestattet. Dieselben sind vorher

dem Ortskommandanten vorzulegen, der sie
überprüft.
4. Das Lärmen, Musizieren, das Handeln mit Ap-
felsinenkernen sowie das Abbrennen von Feuer-
werks- und andern Körpern ist auf dieser Wiese
strengstens verboten –

und so fort. Den Vogel aber hat Jakopp abgeschossen.

Jakopp hat einen entfernten Bekannten, der sich als
seinen Freund ausgibt, der heißt Arthur. Ein lieber,
netter Junge; er baut seit etwa anderthalb Jahren seinen juristischen Doktor, aber wir sagen schon immer
»Herr Doktor« zu ihm – weil es ihn freut. Und dieser
Arthur nun ißt für sein Leben gern Pfirsich-Melba.
Gut.

Du weißt doch, wie Pfirsich-Melba serviert wird?
In einer hohen Metallschale ..., ganz richtig, sie steht
auf einem schlanken Fuß, und wenn man nicht
furchtbar geschickt damit balanciert, dann glitscht
einem immer der Pfirsich aus der gelben Sauce heraus, oder die ganze Geschichte läuft fettiglangsam
den schlanken Metallfuß hinunter – ich möchte das
nicht bei hohem Seegang essen müssen.

Arthur muß sich sehr darüber ärgern. Und weil er
die Welt nicht so zu verlassen wünscht, wie er sie angetroffen hat, so hat er sich zur Aufgabe gemacht, die
Lokale, in denen er etwas zu essen bekommt, dazu
zu erziehen, ihm den Pfirsich-Melba in einer flachen

Glasschale aufzutragen. Das mögen die Leute aber nicht. Ihr wißt ja, wie ein Fachmann ist –: hat er eine Sache zwanzig Jahre falsch gemacht, dann wird sie ein heiliges Ritual, und wir andern haben da nichts dreinzureden. Pfirsich-Melba wird in hohen Schalen serviert, basta. Wems nicht paßt, der bestelle sich Harzer Käse. Den ißt man parterre. Pfirsich-Melba aber erste Etage.

Reden half nicht; bitten half nicht; Trinkgeldversprechungen manchmal. Aber es war wirklich nicht mehr auszuhalten: wo immer man hinkam, da sagte Arthurchen seinen Spruch auf, bevor er sich den Pfirsich-Melba bestellte, und wir konnten es schon alle gar nicht mehr ertragen. Wir lachten – er blieb unerschütterlich. Und er sagte noch dazu immer das gleiche auf, wenn er diese Geschichte anrührte …

Und da hatte er Geburtstag.

Auf seinem Geburtstagstisch lag ein kleiner Karton. Er öffnete ihn, neugierig – der Karton kam von Jakopp.

Darinnen lagen, fein säuberlich zusammengebunden, 50 (fünfzig) weiße Kärtchen, und auf jeder stand, hübsch gedruckt, folgendes zu lesen:

Herr Ober! Haben Sie noch einen Pfirsich-Melba?
  Schön,
dann bringen Sie mir den – aber nicht in hohem
  Kelch,

weils da immer so runterkleckert. Ich will das
   lieber in
   einer flachen Schale haben, wo es nicht
      überläuft!

... Daß ich die reine Wahrheit sagen, nichts ver-
schweigen und nichts hinzusetzen werde: Ich habe
bei Ehmke in Hamburg gesehen, wie der Doktor Arthur diesen Zettel beim Kellner abgegeben hat. Das
Gesicht des Kellners werde ich vor mir sehn, solange
ich lebe. Er sah erst den Doktor an, dann den Zettel,
dann nochmal diesen Gast ... Dann las er. Dann sah
er auf – mit einem in die Weite traumverlorenen
Blick – gleich, dachte ich, wird er die Arme in die
Höhe werfen und den großen Liebesschrei der Eski-
mos ausstoßen. Nein. Er grinste. Er faltete den Mund
auseinander und grinste. Der Doktor bekam seine
flache Schale. Der Kellner hat sich die Karte hoffent-
lich einrahmen lassen.
   Jetzt erhebt sich die Frage:
   Wie wäre es, und wir ließen dem Arthur für sein
Doktorexamen kleine Antwortzettel drucken –?

»Das kann man noch gebrauchen –!«

Es sind ja wohl die herztausigen Amerikaner, die die verschiedenen ›Wochen‹ erfunden haben: die Bade-Woche, die Unfallverhütungs-Woche und die Mutter-Woche und die Zähnefletsch-Woche … und was man so hat. Und einmal war auch die ›Bodenaufräumungs-Woche‹ dabei. Gar kein schlechter Gedanke …

Denn nur bei einem Umzug oder, was dem nahe kommt, bei einem Brandunglück entdeckt die Familie, was sie alles besitzt, was sich da alles angesammelt hat, wieviel man ›aussortieren‹ muß, müsse, müßte …

Auf dem Boden, im Keller und in heimtückisch verklemmten Schubladen ruht der irdische Tand. Als da ist:

Fünf Handschuhe (Stück, nicht Paar, und immer eine ungerade Zahl); acht Bleistiftstummel; ein Tintenwischer, unbenutzt (Geschenk von Fritzchen – »Wirf das nicht weg, man kann das noch gebrauchen!«); ein Porzellanschäfer ohne Kopf; ein Kopf ohne Porzellanschäfer; ein Bohrer; ein Haufen Flikken; 40 Prozent alte Kaffeemaschine; eine durchlöcherte Blechbadewanne; siebzehn Holzknebel, für zum Paketetragen; Emailletöpfe mit ohne Emaille; ein Füllfederhalter; noch ein Füllfederhalter; eine wacklige Petroleumlampe; Flicken.

Manchmal sucht die Hausfrau etwas – dann stößt sie auf einen Haufen Unglück. Sie verliert sich darin, taucht unter, kommt erst spät zu Mittag wieder hervorgekrochen, staubbedeckt, mit rotem Kopf und abwesenden Augen, wie von einer Reise in fremde Länder ... »Denk mal, was ich da gefunden habe! Paulchens ersten Schuh!«

Wie kommt das –? Warum ist das so –? Warum heben die Leute das alles auf –?

Sie heben es gar nicht auf. Sie können nur nicht übers Herz bringen, es wegzuwerfen.

Wenn es so weit ist: wenn der Füllfederhalter zerbricht, wenn der Porzellanschäfer den Kopf verliert, wenn die Handschuhe nicht mehr schön sind –: dann wiegen die Menschen einen Augenblick den Kopf nachdenklich hin und her. Da steht der Papierkorb und sperrt höhnisch das Maul auf, hier sieht ihn der oft gebrauchte Gegenstand traurig an, der Invalide – was nun? Da kann er sich nicht entschließen – vor allem: da kann sie sich nicht entschließen. Männer sind rohe Geschöpfe (wenn sie nicht gerade den Schnupfen haben – da benehmen sie sich wehleidiger als eine Frau, die ein Kind kriegt), Männer sind roh und werfen wohl manches fort. Aber Frauen ...

Der Amerikaner wirft alles fort: Tradition, alte Autos, sein Geburtshaus, Staubsauger und alte Stiefel. Warum? – Weil das neue nicht gar so viel kostet; weil dort kein Mensch und kein Unternehmen auf langwierige Reparaturen eingerichtet ist – weil das niemand verstände, daß man einen Gegenstand um seiner selbst willen konserviert, wenn an der nächsten Ecke schon ein anderer steht. Fort mit Schaden. Der Europäer aber ist anhänglichen Gemütes und bewahrt sich alles auf. Zum Beispiel in der Politik … hoppla – det jeht mir jar nischt an. Aber in der Wirtschaft hebt er und hebt sie alles auf.

»Gib das mal her! Schmeiß das nicht weg! Immer schmeißt du alles weg! Was ich damit noch will? Das ist gar keine alte faule Kiste! Was die soll? Da kann man alte Handschuhe drin aufbewahren! Natürlich habe ich alte Handschuhe! Na, im Moment nicht – aber man hat doch alte Handschuhe! Wozu ich alte Handschuhe aufbewahre? Na, du bist aber komisch! Wenn man mal … also für aufgesprungene Hände … eben … überhaupt braucht man in der Wirtschaft immer alte Handschuhe …!« Und wenn nachher umgezogen wird, dann steigt dieses Reich des Moders ans Licht, und Gott der Herr verhüllt sein Antlitz, wenn er das mitansehen muß …

Viele unter uns sind noch gar sehr sentimental; wenn sie mit einem Gegenstand eine Zeitlang gelebt haben, dann haben sie mit ihm kein Verhältnis ge-

habt, sondern sie sind mit ihm verheiratet gewesen –
und da trennt man sich doch nicht so eins, zwei,
drei … Jedenfalls schwerer als in einer wirklichen
Ehe. Das schöne Tintenfaß … Na, ja, es hat einen
kleinen Knacks … aber vielleicht … als zweite Garni-
tur … Und dann bewahren sie es auf. Und da liegt es
und frißt Staub.

Merk:

Was nicht griffbereit ist, was man nicht nachts um
zwei Uhr finden kann –: das besitzt man nicht. Das
liegt bloß da. Es ist so, wie wenn man es weggeworfen
hätte.

Merk:

In neunundneunzig Fällen von hundert lohnt es
sich nicht, ein Ding aufzubewahren. Es nimmt nur
Raum fort, belastet dich; hast du schon gemerkt, daß
du nicht die Sachen besitzt, sondern daß sie dich besitzen? Ja, so ist das.

Merk:

Ein einziges billiges und brauchbares Rasiernäpf-
chen ist mehr wert als drei teure, die verstaubt auf
dem Boden liegen, weil man sie doch noch mal gebrauchen kann. Wozu? Der Aufbewahrende konstruiert sich dann gern Situationen, die niemals ein-
treten. »Man könnte doch mal … also wenn wir
zum Beispiel mit Flatows einen Ausflug nach dem
Stölpchensee machen, und die Kinder wollen sich
mal im See Frösche fangen und die Frösche mit nach

Hause nehmen – dann ist der Rasiernapf noch sehr schön!«

Aber die Kinder von Flatows fangen keine Frösche, denn sie haben selber einen zu Hause, und noch dazu einen, der bei schlechtem Wetter singt … und dann hat diese Familie auch ihrerseits genügend Gefäße, und überhaupt, was geht dich das an? Du meinst das auch gar nicht. Es ist eine atavistische Hochachtung vor dem Ding, stammend aus der Zeit, wo ein Gegenstand noch mit der Hand hergestellt wurde … Heute speien ihn die Maschinen aus – wirf ihn weg! wirf ihn weg!

Glatt soll es um dich aussehen, griffnah und ordentlich. Hinter den Kulissen deines Daseins soll kein *Moderkram* von *Ding-Leichen* liegen: psychoanalysiere dein Besitztum und laß nicht in verstaubten Ecken dein altes Leben gären. Es lohnt nicht; es lastet nur. Wie weit du damit gehen willst, ist Geschmackssache und Alterssache. Gewiß, es gibt moderne Möbel, von denen ein witziger Frankfurtammainer gesagt hat, sie seien für die Wohnung nur konstruiert, damit man sich beim Zahnarzt wie zu Hause fühle … aber laß Licht in alle deine Ecken. Und höre nicht auf die Stimme deiner Frau, die dir sonst so gut rät; wenn sie aber sagt: »Man kann das noch gebrauchen!« – dann denk an den großen Kasten mit alten Schlüsseln, die du immer, immer noch aufbewahrst, Schlüssel, zu denen die Schlösser verloren gegangen sind … Kann man das noch gebrauchen? Das kann man nicht mehr gebrauchen.

Die Basis jeder gesunden Ordnung ist ein großer Papierkorb.

Die Apotheke

Manche Leute gehen in den fremden Orten immer erst in den Ratskeller, manche zur Sehenswürdigkeit – ich gehe in die Apotheke. Da weiß man doch.

Es beruhigt ungemein, zu sehen, daß auch in Dalarne, in Faido oder in Turn-Severin die Töpfchen der Reihe nach ausgerichtet stehn, jedes mit einem Namen auf dem Bauch, und fast von keinem wissen wir, was es ist. Manche heißen furchtbar unanständig, aber die Apotheker meinen das nicht so. Und immer riecht es nach strengen und herben Sachen, es sind jene Düfte, die dem guten, alten Apotheker langsam zu Kopf steigen, woher er denn den altbewährten Apotheker-Sparren hat. (Protest des Reichsverbandes Deutscher Apotheken-Besitzer. Reue des Autors. Denn ihr habt keine Spezial-Sparren mehr, sogar die Geometer sind vernünftig geworden ... ihr habt alle zusammen nur noch eine Verrücktheit: die Berufseitelkeit.) Ja, also die Apotheken.

Mir fehlt eigentlich nie etwas Rechtes, aber es gibt so nette kleine Mittel, die sich hübsch einkaufen: Baldrian oder doppelkohlensaures Natron oder Jodtinktur ... irgend etwas wird man schon damit anfangen können. »Bitte geben Sie mir ...«

Da kommt dann ein weißer Provisor-Engel ange-
schwebt, die jüngern Herren haben, wenn es in deutschen Apotheken ist, Schmisse und sehen grimmig-
gefurcht drein, so: »Du! Wir sind hier akademisch
gebildet, und daß wir dir etwas verkaufen, ist eine
große Gnade!« Da wird vor Angst sogar die Tonerde
doppelt sauer. Oder es ist da ein Apothekermädchen,
blond und drall, und man kann gar nicht verstehen,
wie so ein freundliches Wesen alle die vielen lateinischen Namen auswendig weiß. Und immer mixt ein
älterer, schweigsamer Mann hinter einem hohen Pult
eines der zahllosen Medikamente …

Es gibt übrigens nur fünfzehn, hochgegriffen.

Es gibt nur fünfzehn Medikamente, seit Hippokrates selig, und doch ist es einer weitentwickelten
Industrie von Chemieunternehmen und den Fabri-
ken zur serienweisen Herstellung von Ärzten gelungen, aus diesen zehn Medikamenten vierundvierzig-
tausendvierhundertundvierundvierzig gemacht zu
haben; manche werden unmodern, die werfen wir
dann fort. Ja, verdient wird auch daran. Aber das ist
es nicht allein: die Leidenden wollen das so. Sie glauben nicht nur an den Wundermann – Professor oder
Laien –, sie glauben auch an diese buntetikettierten
und sauber verpackten Dinge, die mit … ›in‹ oder
mit … ›an‹ aufhören und eben einige jener zehn Medikamente in neuer Zusammensetzung enthalten.

Hübsch, so eine Apotheke. Man fühlt sich so geborgen; es kann einem nichts geschehen, weil sie ja hier gegen alle Krankheiten und für alle Menschen ihre Mittel haben. Es ist alles so ordentlich, so schön viereckig, so abgewogen rund – so unwild. Hat der Apotheker einen Vogel? eine treulose Frau? Kummer mit seiner Weltanschauung? Das soll er nicht – wir wollen es jedenfalls nicht wissen. Wir stehen vor ihm, dem Dorfkaplan der IG-Farben und dem Landprediger der ärztlichen Wissenschaft. Die Apotheke macht besinnlich, wir fordern, nehmen, zahlen und sind schon halb geheilt. Bis zur Tür.

Draußen ist es wesentlich ungemütlicher, und von der sanft duftenden Medizin-Insel steuern wir wieder auf das hohe Meer. Die Apotheke ist das Heiligenbild des ungläubigen kleinen Mannes.

Rezepte gegen Grippe

Beim ersten Herannahen der Grippe, erkennbar an leichtem Kribbeln in der Nase, Ziehen in den Füßen, Hüsteln, Geldmangel und der Abneigung, morgens ins Geschäft zu gehen, gurgele man mit etwas gestoßenem Koks sowie einem halben Tropfen Jod. Darauf pflegt dann die Grippe einzusetzen.

Die Grippe – auch ›spanische Grippe‹, Influenza, Erkältung (lateinisch: Schnuppen) genannt – wird durch nervöse Bakterien verbreitet, die ihrerseits erkältet sind: die sogenannten Infusionstierchen. Die Grippe ist manchmal von Fieber begleitet, das mit 128° Fahrenheit einsetzt; an festen Börsentagen ist es etwas schwächer, an schwachen fester – also meist fester. Man steckt sich am vorteilhaftesten an, indem man als männlicher Grippekranker eine Frau, als weibliche Grippekranke einen Mann küßt – über das Geschlecht befrage man seinen Hausarzt. Die Ansteckung kann auch erfolgen, indem man sich in ein Hustenhaus (sog. ›Theater‹) begibt; man vermeide es aber, sich beim Husten die Hand vor den Mund zu halten, weil dies nicht gesund für die Bazillen ist. Die Grippe steckt nicht an, sondern ist eine Infektionskrankheit.

Sehr gut haben meinem Mann ja immer die kalten Packungen getan; wir machen das so, daß wir einen heißen Grießbrei kochen, diesen in ein Leinentuch packen, ihn aufessen und dem Kranken dann etwas Kognak geben – innerhalb zwei Stunden ist der Kranke hellblau, nach einer weiteren Stunde dunkelblau. Statt Kognak kann auch Möbelspiritus verabreicht werden.

Fleisch, Gemüse, Suppe, Butter, Brot, Obst, Kompott und Nachspeise sind während der Grippe tunlichst zu vermeiden – Homöopathen lecken am besten täglich je dreimal eine Fünf-Pfennig-Marke, bei hohem Fieber eine Zehn-Pfennig-Marke.

Bei Grippe muß unter allen Umständen das Bett gehütet werden – es braucht nicht das eigene zu sein. Während der Schüttelfröste trage man wollene Strümpfe, diese am besten um den Hals; damit die Beine unterdessen nicht unbedeckt bleiben, bekleide man sie mit je einem Stehumlegekragen. Die Hauptsache bei der Behandlung ist Wärme: also ein römisches Konkordats-Bad. Bei der Rückfahrt stelle man sich auf eine Omnibus-Plattform, schließe aber allen Mitfahrenden den Mund, damit es nicht zieht.

Die Schulmedizin versagt vor der Grippe gänzlich. Es ist also sehr gut, sich ein siderisches Pendel über den Bauch zu hängen: schwingt es von rechts nach links, handelt es sich um Influenza; schwingt es aber von links nach rechts, so ist eine Erkältung im

Anzuge. Darauf ziehe man den Anzug aus und begebe sich in die Behandlung Weißenbergs. Der von ihm verordnete weiße Käse muß unmittelbar auf die Grippe geschmiert werden; ihn unter das Bett zu kleben, zeugt von medizinischer Unkenntnis sowie von Herzensroheit.

Keinesfalls vertraue man dieses geheimnisvolle Leiden einem sogenannten ›Arzt‹ an; man frage vielmehr im Grippefall Frau Meyer. Frau Meyer weiß immer etwas gegen diese Krankheit. Bricht in einem Bekanntenkreis die Grippe aus, so genügt es, wenn sich *ein* Mitglied des Kreises in Behandlung begibt – die andern machen dann alles mit, was der Arzt verordnet. An hauptsächlichen Mitteln kommen in Betracht:

Kamillentee. Fliedertee. Magnolientee. Gummibaumtee. Kakteentee.

Diese Mittel stammen noch aus Großmutters Tagen und helfen in keiner Weise glänzend. Unsere moderne Zeit hat andere Mittel, der chemischen Industrie aufzuhelfen. An Grippemitteln seien genannt:

Aspirol. Pyramidin. Bysopeptan. Ohrolax. Primadonna. Bellapholisiin. Aethyl-Phenil-Lekaryl-Parapherinan-Dynamit-Acethylen-Koollomban-Piporol. Bei letzterem Mittel genügt es schon, den Namen mehrere Male schnell hintereinander auszusprechen. Man nehme alle diese Mittel sofort, wenn sie aufkommen – solange sie noch helfen, und zwar in alphabetischer Reihenfolge, ch ist ein Buchstabe. Doppelkohlensaures Natron ist auch gesund.

Besonders bewährt haben sich nach der Behandlung die sogenannten prophylaktischen Spritzen (lac, griechisch; so viel wie ›Milch‹ oder ›See‹). Diese Spritzen heilen am besten Grippen, die bereits vorbei sind – diese aber immer.

Amerikaner pflegen sich bei Grippe Umschläge mit heißem Schwedenpunsch zu machen; Italiener halten den rechten Arm längere Zeit in gestreckter Richtung in die Höhe; Franzosen ignorieren die Grippe so, wie sie den Winter ignorieren, und die Wiener machen ein Feuilleton aus dem jeweiligen Krankheitsfall. Wir Deutsche aber behandeln die Sache methodisch:

Wir legen uns erst ins Bett, bekommen dann die Grippe und stehen nur auf, wenn wir wirklich hohes Fieber haben: dann müssen wir dringend in die Stadt, um etwas zu erledigen. Ein Telefon am Bett von weiblichen Patienten zieht den Krankheitsverlauf in die Länge.

Die Grippe wurde im Jahre 1725 von dem englischen Pfarrer Jonathan Grips erfunden; wissenschaftlich heilbar ist sie seit dem Jahre 1724.

Die glücklich erfolgte Heilung erkennt man an Kreuzschmerzen, Husten, Ziehen in den Füßen und einem leichten Kribbeln in der Nase. Diese Anzeichen gehören aber nicht, wie der Laie meint, der alten Grippe an – sondern einer neuen. Die Dauer einer gewöhnlichen Hausgrippe ist bei ärztlicher Behandlung drei Wochen, ohne ärztliche Behandlung 21 Tage. Bei Männern tritt noch die sog. ›Wehleidigkeit‹ hinzu; mit diesem Aufwand an Getue kriegen Frauen Kinder.

Das Hausmittel Cäsars gegen die Grippe war Lorbeerkranz-Suppe; das Palastmittel Vanderbilts ist Platinbouillon mit weichgekochten Perlen.

Und so fasse ich denn meine Ausführungen in die Worte des bekannten Grippologen Professor Dr. Dr. Dr. Ovaritius zusammen:

Die Grippe ist keine Krankheit – sie ist ein Zustand –!

Media in vita

Die läuft rum, die mir die Augen zudrückt:
    eine Krankenpflegerin.
Ordnet noch die Fläschchen auf dem Nachttisch,
wenn ich schon hinüber bin.
    Leise kreuzt sie meine Hände übern Bauch.
    Das ist ein Beruf wie andre auch.

Jeden Morgen, wenn ich mich rasiere,
denk ich in dem Glanz des Lampenscheins,
während ich mich voller Seife schmiere:
jetzt sinds nur noch x-mal minus eins.
    Und da steh ich voller Schaum und Frömmigkeit,
    und ich tu mir außerordentlich leid.

Da, wo sich die Parallelen
schneiden, fliege ich dann hin.
Ach, ich werde mir doch mächtig fehlen,
wenn ich einst gestorben bin.
    Andern auch –? Wer seine Augen aufmacht, sieht:
    Sterben ist, wie wenn man einen Löffel aus dem
        Kleister zieht.

»DIE SEHNSUCHT NACH DEM GRUNDAKKORD«

Gefühle

Kennen Sie das Gefühl: ›déjà vu‹ –?
Sie gehen zum Beispiel morgens früh,
auf der Reise, in einem fremden Ort
von der kleinen Hotelterrasse fort,
wo die andern alle noch Zeitungen lesen.
Sie sind niemals in dem Dorf gewesen.
Da gackert ein Huhn, da steht eine Leiter,
und Sie fragen – denn Sie wissen nicht weiter –
eine Bauersfrau mit riesiger Schute ...
Und plötzlich ist Ihnen so zumute
– wie Erinnerung, die leise entschwebt –:

Das habe ich alles schon mal erlebt.

Kennen Sie das Hotelgefühl –?
Sie sitzen zu Hause. Das Zimmer ist kühl.
Der Tee ist warm. Die Reihen der Bücher
schimmern matt. Das sind Ihre Leinentücher,
Ihre Tassen, Ihre Kronen –
Sie wissen genau, daß Sie hier wohnen.
Da sind Ihre Kinder, Ihre Alte, die gute –
Und plötzlich ist Ihnen so fremd zumute:

Das gehört ja alles gar nicht mir …
Ich bin nur vorübergehend hier.

Kennen Sie … das ist schwer zu sagen.
Nicht das Hungergefühl. Nicht den leeren Magen.
Sie haben ja eben erst Frühstück gegessen.
Sie dürfen arbeiten, für die Interessen
des andern, um sich Brot zu kaufen
und wieder ins Büro zu laufen.
Hunger nicht.
        Aber ein tiefes Hungern
nach allem, was schön ist: nicht immer so lungern –
auch einmal ausschlafen – reisen können –
sich auch einmal Überflüssiges gönnen.
Nicht immer nur Tag-für-Tag-Arbeiter,
ein bißchen mehr, ein bißchen weiter …
Sein Auskommen haben, jahraus, jahrein …?
Es ist alles eine Nummer zu klein.
Hunger nach Farben, nach der Welt, die so weit –
Kurz: das Gefühl der Popligkeit.

Eine alte, ewig böse Geschichte.
Aber darüber macht man keine Gedichte.

Interview mit sich selbst

»Herr Panter lassen bitten!« sagte der Diener.

Ich trat näher.

Die hohe Tür zum Arbeitszimmer des Meisters öffnete sich, der Diener schlug die Portiere zurück – ich ging hinein, die Tür schloß sich hinter mir.

Da saß der Meister massig am Schreibtisch: ein fast dick zu nennender Mann, er trug ein gepflegtes Cäsarenprofil zur Schau, an dem nur die Doppelkinne etwas störten. Borstig stachen die Haare in die Luft, in den blanken Knopfaugen lag wohlig-zufriedenes Behagen. Er erhob sich. »Ich begrüße Sie, junger Mann«, sagte er zu mir. »Nehmen Sie Platz und erörtern Sie mir Ihren merkwürdigen Brief!«

Befangen setzte ich mich.

»Sie fragen mich da«, sagte der Meister und legte seine dicke Hand mit den blankpolierten Nagelschildchen so, daß ich sie sehen mußte, »ob ich Ihnen einen Rat für Ihre Zukunft zu geben vermag. Sie fügen hinzu, Sie seien von dem hohen Streben nach einem Ideal durchdrungen. Sie stießen sich am Leben, das Ihnen kantig erscheine – das war Ihr Wort –, und Sie wollten sich bei mir Rats holen. Nun, junger Mann, der kann Ihnen werden!«

Ich verbeugte mich dankend.

»Zunächst«, sprach der Meister, »was sind Sie von Beruf?«

»Ich bin gar nichts«, sagte ich und schämte mich.

»Hm –« machte der Meister und wiegte bedenklich das Haupt. »Wozu brauchen Sie da noch Rat? Nun, immerhin ... ich bin zu Ihrer Verfügung.«

»Meister«, sagte ich und faßte mir ein Herz, »lehren Sie mich, wie man zu Erfolg kommt. Wie haben Sie Erfolg gehabt? Diesen Erfolg?« Und ich wies auf das komfortabel hergerichtete Gemach: Bücher mit goldverzierten Pergamentrücken standen in wuchtigen Regalen, eine bronzene Stehlampe strahlte behaglich gedämpftes Licht aus, und der breit ausladende Aschbecher, der vor mir stand, war aus schwarzgeädertem Marmor. »Woher das alles?« sagte ich fragend.

Der Meister lächelte seltsam.

»Erfolg? Sie wollen wissen, wie ich Erfolg gehabt habe, junger Mann? Junger, junger Brausekopf! Nun: ich habe mich gebeugt.«

»Nie täte ich das. Nie!« sagte ich emphatisch.

»Sie müssen es tun«, sagte er. »Sie werden es tun. Was taten Sie im Krieg?«

»Ich war«, sagte ich und sah auf meine Stiefelspitzen, »Schipper.«

»Falsch!« sagte er. »Wären Sie ein tüchtiger Kerl und lebensklug, so hätten Sie anderswo sitzen müssen: in einer Presseabteilung, bei der politischen Polizei, was weiß ich. Wissen Sie, was ein Kompromiß ist? Können Sie Konzessionen machen?«

»Niemals!« rief ich.

»Sie müssen sie machen. Sie werden sie machen. Sehen Sie mich an: ich bin die nahrhafte Frucht der Kompromisse. Man muß im Leben vorwärtskommen, junger Freund!«

»Aber die Wahrheit? Aber die Ideale?« rief ich lauter, als schicklich war. »Aber das, wofür zu leben sich verlohnt? Noch bin ich ein Stürmer und Dränger, und das will ich bleiben! Mord Mord heißen, auch wenn eine Fahne darüber weht, einen Streber einen Streber, auch wenn er Geheimer Regierungsrat ist, eine Clique eine Clique, und stände eine ganze Stadt dahinter! Das ist es, was ich will! Helfen Sie mir! Weisen Sie mir den Weg, wie ich meine Pläne verwirklichen kann, zu meinem Heile, und, wie ich glaube, zum Heile der Menschen!«

Ich hatte mich in Begeisterung gesprochen; meine Wangen glühten, meine Lippen waren geöffnet und zitterten leise.

Der Meister lächelte. Der große Meister Peter Panter lächelte.

»Mein lieber junger Freund«, hob er an, »hören Sie mir genau zu. Auch ich begreife Ihre edle Gesinnung, die Ihnen alle Ehre macht. Auch ich wünsche, daß die Menschheit so edel wäre, wie Sie sie machen möchten. Auch ich bin, ich kann es wohl sagen, ein Vertreter des Guten, Wahren und Schönen. Ich liebe das Gute, Wahre und Schöne, ja, ich verehre es. Aber, mein lieber junger Freund, hart im Raume stoßen sich die Sachen! Man muß mit der Realität rechnen, sich klug beugen, wenns not tut ...«

»Ich mag mich nicht beugen«, unterbrach ich ihn trotzig.

»Sie werden sich beugen. Sie müssen sich beugen. Eines Tages werden Sie auch Ihrerseits Geld verdienen wollen, und Sie beugen sich. Es ist so leicht. Es ist so süß; ein kleines Nachgeben, ein leichtes Wiegen des Kopfes, ein winziges Verleugnen der Grundsätzchen, und Sie sind ein beliebter, angesehener, überall freundlich aufgenommener junger Mann! Wollen Sie das?«

Ich schüttelte verächtlich den Kopf.

»Aber, aber!« begütigte der Meister. »Bedenken Sie, was Sie machen! Sie werden heiraten wollen, eine Familie gründen, einen Hausstand – und Sie werden sich beugen. Was haben Sie und alle andern von diesen Prinzipien, von diesem starren Festhalten an der Wahrheit oder was Sie so nennen! Da sehen Sie hingegen: was kostet es mich denn? Ich bin freundlich zu allen Leuten, ich sage zu allem Ja, wo Sie vielleicht entrüstet Nein sagen würden, und ich kann schweigen. Schweigen kostet gar nichts. Schweigen ist die Perle in der Krone der menschlichen Künste. Schweigen Sie!«

»Ich muß sprechen!« sagte ich laut.

»Sie müssen nicht. I, wer wird denn müssen! Schweigen Sie, beugen Sie sich! Beugen Sie sich vor dem Geld und beugen Sie sich vor dem Ruhm, beugen Sie sich vor der Macht – vor der zu allererst – und beugen Sie sich vor den Frauen – und was wird Ihr Lohn sein?«

Er lehnte sich zurück und lächelte satt.

»Ich lebe«, fuhr er fort, »wie Sie sehen, auf gutem Fuß, und ich bin recht zufrieden. In meinem Haus verkehren Priester und Ärzte, Offiziere und Künstler – und keinem tue ich je etwas in meinen Schriften zuleide, und jeder bekommt eine gute Flasche Rotwein. Glauben Sie, ich sehe nicht, was dahintersteckt? Aber es kümmert mich nicht. Sie lesen meine Werke, sie kaufen meine Bücher – was will ich mehr? Bin ich angestellt, ihnen die Wahrheit zu sagen, die unbequeme, harte Wahrheit?«

»Wir alle sind angestellt, den Menschen die Wahrheit zu sagen!« sagte ich.

»Ich nicht«, sagte der Meister, »ich nicht. Ich habe diese Anstellung gekündigt, und seitdem geht es mir sehr gut. Und seitdem habe ich was ich brauche, mehr als ich brauche; meine Tochter heiratet demnächst einen Fabrikbesitzer. Ja.«

»Soll ich heiraten?« fragte ich.

»Die, die Sie lieben, nicht – denn ich ahne: sie hat kein Geld. Heiraten Sie die Tochter eines reichen

Mannes; Raum ist in der kleinsten Villa – aber eine Villa muß es sein. Rauchen Sie?«

»Nein«, sagte ich, »ich rauche nicht. Ich …«

»Rauchen Sie!« sagte er freundlich. »Es dämpft ab. Und hören Sie auf mich, der ich oben auf der Leiter stehe, die Sie zu besteigen im Begriff sind. Der Erfolg ist alles. Sie erwerben ihn durch viererlei: durch den Kompromiß, durch Schweigen; durch Zuhören und durch Schmeichelei bei den alten Leuten. Verstehn Sie das, dann sind Sie ein gemachter Mann! Und es ist so angenehm, ein gemachter Mann zu sein!«

Er strahlte fett und sah aus wie ein Mime nach dem Applaus.

Ich erhob mich und blickte ihn fragend und erhitzt an.

»Sie werden mir heute noch widersprechen«, sagte Peter Panter. »In dreißig Jahren tun Sie es nicht mehr. Sorgen Sie, daß es dann nicht zu spät ist! Gehaben Sie sich wohl, und lassen Sie es sich gut gehn!«

Ich nahm die dargebotene Hand und stürzte hinaus.

Drinnen saß der Meister an seinem prunkvollen Diplomatenschreibtisch und schüttelte lächelnd den Kopf. »Diese jungen Leute«, sagte er. »Das will mit dem Kopf durch die Wand und schlauer sein als unsereiner. Nun, jede Erfahrung muß jeder an sich selbst machen! Aber nun will ich ein wenig Tee trinken! Franz!«

Und er schellte.

Draußen aber am Gitter stand ich, die gußeiserne Türklinke des Parktors in der Hand, von Haß geschüttelt, von Wut verzerrt, ohnmächtig, giftig-böse und im Innern fühlend, daß der andre zum mindesten für sich recht hatte.

Und ich sagte: »Ein ekelhafter Kerl.«

Banger Moment bei reichen Leuten

Wenn ich bei den reichen Leuten eingeladen bin, also bei so reichen, daß es einen vor lauter Reichtum schon graust, dann ist da immer ein Augenblick, wo mir heiß wird, und wo ich denke, daß mir nun gleich der Kragen platzt. Es ist alles so fein und so wunderbar herrlich: die Katzen sind noch hochmütiger als anderswo, die Hunde sind gut gezogen wie artig gebadete Kinder, das Stubenmädchen funktioniert lautlos wie der Teetisch auf Rollen, den sie wie auf der Bühne vor sich herschiebt, die gnädige Frau spricht leise und fast halblaut, diskret, fein – alles ist selbstverständlich und gewiß nicht snobistisch, es klappt wie geölt: und ich habe das lebhafteste Bedürfnis, einmal in die Vorhalle zu gehen, mich in eine Ecke zu stellen und ganz laut: »Scheibenkleister!« zu rufen, nur, damit das innere Gleichgewicht wieder hergestellt ist. So fein geht es da manchmal zu. Was ist es –?

Also es ist zunächst und zu allerunterst: der Neid. Daran darf man nicht zweifeln. Nicht Mißgunst. Es ist die stille Wut, es nicht so weit im Leben gebracht zu haben wie jene – der tiefe Glaube, ohne den man sich ja selbstmorden müßte: genau so viel wert zu sein wie jene; die Ablehnung der Rangordnung, nach der diese den höheren Platz einnehmen, und ihre tiefste Anerkennung. Aber es ist doch noch etwas anderes.

Wenn es bei den reichen Leuten so fein zugeht, dann habe ich immer den Herzenswunsch, mir den Rock auszuziehen und zu der feinen gnädigen Frau und zu dem gnädigen Herrn zu sagen: »Kinder, nun laßt das mal alles beiseite – nun wollen wir uns einmal erzählen, wie es im menschlichen Leben wirklich zugeht –!« Aber das darf man doch nicht. (»Man sieht, Herr Hauser, daß Sie noch nicht –« Komm raus in die Vorhalle.)

Sie leben wattiert. Es ist da etwas Anämisches, etwas von einem luftleeren Raum. Sie sind von der Erdkruste durch eine Schicht Geld getrennt – sie sind, media in vita, lebensfremd, unserm Leben fremd. Es gibt doch gewiß alte, reiche Familien, die es schon gewohnt sind, viel Geld zu haben, es zu verwalten, es verdienen zu lassen, solche, die sich höchlich wunderten, als selbstverständliche Geste etwa nicht zur Bank zu schicken: aber auch bei denen, gerade bei denen fühle ich schärfstens, daß ihre Natürlichkeit so oft nicht natürlich ist, daß sie einen zu engen weiten Anzug tragen, der ihnen übrigens ausgezeichnet sitzt, daß ihre Gelockertheit anerzogen ist, daß sich unter dem ganzen Gehabe von Selbstverständlichkeit etwas regt, das gar nicht reich ist. Ein Dickdarm ist nicht reich. Ein Herzmuskel ist nicht reich. Ein Oberschenkel ist nicht reich. Die Natur fühlt sich wohl im Reichtum – aber sie spielt das Spiel nicht mit; sie ist. Reich ist sie nicht.

Und darum dehne und strecke ich mich auf der kühlen Straße, wenn ich von den ganz reichen Leuten komme, und sage zu Paul: »Paule, wo jehn wir denn jetzt hin –?« Und dann gehn wir noch wohin und trinken einen Topf irgendeiner nassen Sache und bereden es alles miteinander und sind heilfroh, dem Backofen des Reichtums entronnen zu sein. Und für wen bin nun ich: ein Reicher? Wer beneidet mich?

Und dennoch hab ich harter Mann es immerdar gefühlt: mir ist ganz kannibalisch wohl, wenn ich wieder draußen bin.

Ich möchte Student sein

(– »Ich war damals ein blutjunger Referendar –«
sagen manche Leute; das haben sie so in den Büchern
gelesen …)

Ich war damals gar kein blutjunger Referendar,
doch besinne ich mich noch sehr genau, einmal, als
das Studium schon vorbei war und die Examensbüf-
felei und alles, in der Universität gesessen zu haben,
zu Füßen eines großen Lehrers, und ich schand sein
Kolleg – – schund? schund sein Kolleg. Da ging mir
manches auf.

Da verstand ich auf einmal alles, was vorher, noch
vor drei Jahren, dunkel gewesen war; *da* sah ich
Zusammenhänge und hörte mit Nutzen und schlief
keinen Augenblick; *da* war ich ein aufmerksamer
und brauchbarer Student. Da – als es zu spät war.
Und darum möchte ich noch einmal Student sein.

Das Unheil ist, daß wir zwischen dreißig und vierzig keinen Augenblick Atem schöpfen. Das Unheil
ist, daß es hopp-hopp geht, bergauf und bergab –
und daß doch gerade diese Etappe so ziemlich die
letzte ist, in der man noch aufnehmen kann; nachher
gibt man nur noch und lebt vom Kapital, denn fünf-
zigjährige Studenten sind Ausnahmen. Schade ist es.

Halt machen können; einmal aussetzen; resümieren; nachlernen; neu lernen – es sind ja nicht nur die Schulweisheiten, die wir vergessen haben, was nicht bedauerlich ist, wenn wir nur die Denkmethoden behalten haben – wir laufen Gefahr, langsam zurückzubleiben … aber es ist nicht nur des Radios und des Autos wegen, daß ich Student sein möchte.

Ich möchte Student sein, um mir einmal an Hand einer Wissenschaft langsam klarzumachen, wie das so ist im menschlichen Leben. Denn was das geschlossene Weltbild anlangt, das uns in der Jugend versagt geblieben ist – »dazu komme ich nicht« sagen die Leute in den großen Städten gern, und da haben sie sehr recht. Und bleiben ewig draußen, die Zaungäste.

Wie schön aber müßte es sein, mit gesammelter Kraft und mit der ganzen Macht der Erfahrung zu studieren! Sich auf *eine* Denkaufgabe zu konzentrieren! Nicht von vorn anzufangen, sondern wirklich fortzufahren; *eine* Bahn zu befahren und nicht zwanzig; *ein* Ding zu tun und nicht dreiunddreißig. Niemand von uns scheint Zeit zu haben, und doch sollte man sie sich nehmen. Wenige haben dazu das Geld. Und wir laufen nur so schnell, weil sie uns stoßen, und manche auch, weil sie Angst haben, still zu stehen, aus Furcht, sie könnten in der Rast zusammenklappen – –

Student mit dreißig Jahren … auch dies wäre Tun

und Arbeit und Kraft und Erfolg – nur nicht so schnell greifbar, nicht auf dem Teller, gleich, sofort, geschwind … Mit welchem Resultat könnte man studieren, wenn man nicht es mehr müßte! Wenn man es will! Wenn die Lehre durch weitgeöffnete Flügeltüren einzieht, anstatt durch widerwillig eingeklemmte Türchen, wie so oft in der Jugend!

Man muß nicht alles wissen … »Bemiß deine Lebenszeit«, sagt Seneca, »für so vieles reicht sie nicht.« Und er spricht von Dingen, die man vergessen sollte, wenn man sie je gewußt hat. Aber von denen rede ich nicht. Sondern von der Lust des Lernens, das uns versagt ist, weil wir lehren sollen, ewig lehren; geben, wo wir noch nehmen möchten; am Ladentisch drängen sich die Leute, und ängstlich sieht die gute Kaufmannsfrau auf die Hintertür, wo denn der Lieferant bleibt …! Ja, wo bleibt er –?

Ich möchte Student sein. Aber wenn ich freilich daran denke, unter wie vielen ›Ringen‹ und Original-Deutschen Studentenschaften ich dann zu wählen hätte, dann möchte ich es lieber nicht sein. Ad exercitium vitae parati estisne –?

Sumus.

Leere

Manchmal, wenn das Telefon nicht ruft, wenn keiner etwas von dir will, nicht einmal du selber, wenn die Trompeter des Lebens pausieren und ihre Instrumente umkehren, damit die Spucke herausrinnt ... dann horchst du in dich. Und was ... dann ist da eine Leere –

Dann ist da gar nichts. Die Geräusche schweigen; nun müßte doch das Eigentliche in dir tönen ... es tönt nicht. Horche, daß sich dir die Stirn zusammenzieht – vielleicht ist es gar nicht da, das Eigentliche? Vielleicht ist es gar nicht da. Überfüttert mit Geschäften, Besorgungen, mit dem Leben, wie? Und das Fazit? Leere – Der Herr sollten sich wieder mal verlieben! Der Herr sollten nicht so viel rauchen! Schlecht geschlafen, was? ... Die Witze rinnen an dir ab; das ist es alles gar nicht. Leer, leer wie ein alter Kessel – es schallt, wenn man dran bumbert ...

Das wäre ja wohl der Moment, in den Schoß von Mütterchen Kirche zu krabbeln. Nein, diesem Seelenarzt trauen wir nicht mehr recht – wir wissen zu viel von ihm: wie er das macht, wie das funktioniert ... ein Arzt muß ein Geheimnis haben. Das da ist wohl nichts für uns.

Aber die Indikation Gebet ist zutreffend. Was hast du? Lebensangst? Todesangst hast du. Auf einmal ist es aus, auf einmal wird es aus sein. »Ich werde mir doch sehr fehlen«, hat mal einer gesagt. Ja, Todesangst und dann das Gefühl: Wozu? Warum das alles? Für wen? Gewiß, im Augenblick, wenn du nichts zu fressen hast, dann wirst du schon herumlaufen und dir was zusammenklauben, aber so ein echter, rechter Lebensinhalt dürfte das wohl nicht sein. Du hast dir zu viel kaputt gedacht, mein Lieber. Du probierst den Altarwein, du berechnest die Ellen Tuch, die an der Fahnenstange flattern, du liest die Bücher von hinten und von vorn ... Gott segne deinen Verstand.

Dann wirst du langsam älter; wenn das Gehirn nicht mehr so will, setzt eine laue Stimmung ein, die sich als Gefühl gibt. Du siehst den kleinen Tierchen nach, wie sie im Sande krauchen, Gottes Wunder! du blickst auf deine eignen Finger, jeder eine kleine Welt, ein Wunder an Gestaltung auch sie, es lebt – und du weißt gar nicht, was das ist ... Und dann noch einmal: Aufstand, große Aufrappelung, heraus da, vergessen!

Vergessen und zu Ingeborg kriechen wie ein Söhnlein zurück in der Mutter Leib; noch einmal: »Hallo, alter Junge! Na, auch da? – Heute abend? aber gewiß! Wohin? Zu den Mädchen – hurra!« Noch einmal: so ein dickes Buch und die halbe Bibliothek verschlungen, versaufen in Büchern ... noch einmal die ganze

Litanei von vorn. Nur mit diesem unterkietigen Gefühl als Grundbaß: Vergebens, vergebens, vergebens.

»Jede Zeit«, lautet der flachste aller Gemeinplätze, »ist eine Übergangszeit.« Ja. Daß doch einer aufstände und an die Laterne brüllte: daß er nicht mehr mitmachen will – und daß es ein Plunder ist, ein herrlicher, und daß es anders werden soll – und daß nicht die Dinge regieren sollen, sondern der Mensch ... ach, du grundgütiger Himmel. Da – hier haben Sie einen philosophischen Sechser: Jedes Leben ist ein Übergang – von der Geburt an bis zum Tode. Machen Sie sich dann einen vergnügten Lebensabend ...

Wieviel tun wir, um diese Leere auszufüllen! Wer sie ausfüllt und noch ein Meterchen drüber hinausragt, der ist ein großer Mann. Wo einer seinen Kopf hat, hoch oben in den Wolken –: das besagt nicht viel. Aber wo er mit den Füßen steht, ob auf der flachen Erde oder tief unten ... das zeigt ihn ganz. Und wer dann noch lachen kann, der kann lachen. »Sie werden doch nicht leugnen, daß die Entwicklung der modernen Industrien ...« Die Trompeter blasen. Ja doch, ich komme schon.

Die Großen

Kein Kind versteht die Erwachsenen – so, wie ja auch die Erwachsenen gewöhnlich ihre Kinder nicht verstehn. Die Kinder sehen auf die Großen herab ... Was die alles machen! was die so für Sorgen haben! weshalb sie sich laut gebärden und was sie nicht sehen und mit welchen geheimnisvollen Arbeiten sie sich befassen und wichtig tun! Kein Kind versteht die Erwachsenen; es fühlt sie nur manchmal.

Nun bin ich auch erwachsen und verstehe meine Miterwachsenen doch nicht sehr schön. Es ist wohl vor allem der tierische Ernst, von dem der Weise als von dem Kennzeichen niedriger Naturen spricht, der mich fernhält. Wie nehmen sie es alles ernst! Sich und ihren Beruf und ihr Haus und ihre Familie und ihr Vaterland und ihre Partei und ihr Geld, na, das vor allem – und da ist kaum ein Augenblick, in dem sie sich einmal selber auf den Kopf spucken können, über sich selber lachen, einmal aus sich herausgehen ... nicht doch. Ich stehe daneben wie Chaplin: ich muß immerzu den Kopf schütteln. Und sehe an mir herunter: Ja, trage ich denn noch kurze Hosen? Nein, im allgemeinen nicht. Ich sollte doch nun auch als Original-Erwachsener mit den Großen groß tun … ich kann nicht. Das ist sehr gefährlich – man darf es gar nicht laut sagen; dann nehmen sie einen nicht mehr für voll. »Der Mann is nich zerjeehs«, sagen sie dann. Ich kenne Kaufleute, die sind jünger als ich; wenn die vom Geschäft sprechen, bin ich wieder sieben Jahre, klettere meinem Papa auf dem Schoß herum, und der sagt: »Jetzt störe mal nicht! Also, Herr Fahrenholz – wir haben bei der Kontrolle festgestellt …« Dabei war Vater nicht ernster, als er unbedingt mußte, er hatte Humor – aber wenn er über seine Geschäfte sprach, dann machte er das ganz ernst und vernünftig, und ich verstand kein Wort. Ich sah an ihm hoch …

Ich sehe heute an den Erwachsenen hoch. Das kommt vielleicht auch daher, daß sie alle einen richtigen Beruf haben, der sie ergriffen hat (sie bilden sich ein: den sie ergriffen haben). Wenns windig ist, halten sie sich an dem fest. Ja, ich kann das auch – aber dann muß ich mich verstellen. Im Laufe der Jahre lernt man so allmählich, was man in den verschiedenen Lagen tun muß: hier lügen und da mit Aplomb die Wahrheit sagen und auf alle Fälle furchtbar ernst sein. Manchmal juckt es mich gradezu, während solch eines Gesprächs, Verzeihung: Verhandlung, pardon: Konferenz, den Partner ein bißchen in die Seite zu schubsen und zu sagen: »Max. Das ist doch alles Zimt. Hör mal zu, wir wollen das so machen …« Aber das darf man nicht. Man muß sein

Gesicht glatt halten, wie wenn ein unsichtbares Monokel drin säße, kalt und hart, römisch-japanisch, und dann muß man sagen: »Ich habe da noch einige Bedenken. Die Ziffer IV des Vertrages ...« So muß man. Aber man möchte das nicht.

Und daher bringts denn auch unsereiner zu nichts. Geld will ernst genommen werden; sonst kommt es nicht zu dir. Und ich werde immer jünger und werde wohl mit siebzig reifenspielend im Tiergarten angetroffen werden und selig die Kinderbücher meiner Jugend lesend. Und wenn mir heute auf dem Lande Kinder begegnen, die scheu den fremden, dicken Mann grüßen, dann möchte ich immer hingehn und sagen: Kinder, ich gehöre ja eigentlich zu euch – nicht zu euerm Lehrer! Aber das glauben sie mir nicht, für sie bin ich ein Erwachsener. Und für die Erwachsenen ein halbes Kind. Man hats gar nicht leicht im menschlichen Leben.

Der Grundakkord

Da ist diese Geschichte von den beiden Musikern, die wohnten in einer gemeinsamen Wohnung. Und der eine spielte noch spät abends vor dem Schlafengehen Klavier, und er spielte eine ganze große Melodie, mit allen Variationen, und zum Schluß noch einmal das Grundthema, aber das spielte er nur knapp bis zum Schluß, da hörte er auf, und den Schlußakkord, den spielte er nicht mehr. Sondern ging zu Bett.

Nachts um vier aber erhob sich der andere Musiker, schlich leise zum Klavier und schlug den fehlenden Grundakkord an. Und dann ging er beruhigt und erlöst schlafen.

Der Mensch will alles zu Ende machen. Wird er von einer kleinen Arbeit abgerufen, die grade vor ihrem Ende steht, so kann man hundert gegen eins wetten, daß jeder von uns sagt: »Einen Augenblick mal – ich will das bloß noch …«, die Arbeit ist vielleicht gar nicht wichtig, aber man kann sie doch so nicht liegenlassen, denn dann schreit sie. Und immer ist diese kleine Zwangsvorstellung stärker als alle Vernunft.

Der Mensch will auch alles zu Ende lesen – wenn der Schriftsteller etwas taugt. Was ein richtiges Buch

ist, das muß einen ganzen Haushalt durcheinander-
bringen: die Familie prügelt sich, wer es weiterlesen
darf, die Temperatur ist beängstigend, und Mittag
wird überhaupt nicht mehr gekocht. Und nichts ist
schlimmer, als ein Buch anzufangen und es dann
nicht mehr zu Ende lesen zu können. Das ist ganz
schrecklich. Haben wir nicht schon alle einmal einen
Roman auf der Reise verloren, liegengelassen, ›ver-
borgt‹ (lebe wohl! lebe wohl!) und uns dann krumm
geärgert, daß wir nicht wissen, wie es weitergeht? Da
gibt es ja dann das probate Mittel, sich das Buch allein zu Ende zu dichten, aber das wahre Glück ist das
auch nicht, denn dabei muß man sich anstrengen,
während man bei der Lektüre die ganze Geschichte
ohne eigene Mühe vor sich ausgebreitet sieht – und
dann weiß man doch auch nie, ob man richtig ge-
dichtet hat, nein, das führt zu nichts. Der Dichter
muß dichten, und der Leser will lesen. Umgekehrt ist
es naturwidrig. Im Theater ist es schon anders. Wie
dritte Akte aussehen, weiß ich nicht so ganz genau –
ich gehe meist schon nach dem zweiten fort. Da reden sie so lange und dann hören sie gar nicht auf,
und was wird denn schon dabei herauskommen!
Wenn es eine Operette ist, dann wird zum Schluß die
Musik noch lauter werden, und alle kommen an die
Rampe getobt und winken ins Publikum, und ich be-
komme meinen Mantel viel zu spät, weil vor mir der
große, dicke Herr steht, der immer sagt: »Ich warte

aber schon so lange …!« Und wenn es ein ernstes Stück ist, dann sehn sie sich zum Schluß in die Augen, zart verdämmert die Abendröte im Stübchen, und Olga sagt zu Friedrich: »Auf immer.« Und wieder kriege ich meinen Mantel zu spät. Nein, dritte Akte sind nicht schön. Es gibt ja Leute, die bekommen niemals den Anfang der Stücke zu sehn, weil sie mit ihren Frauen ins Theater gehen müssen, und für solche Paare sind dann die dritten Akte da. Es gibt übrigens eine Sorte Menschen, die schmerzt es, wenn man das Theater vorzeitig verläßt – das sind die Logenschließer. Vor dem Krieg in Berlin, bei ›*Puppchen, du bist mein Augenstern*‹, und nach dem Krieg in London, bei Wallace, dem bekannten Anhänger der Prügelstrafe, fielen mir beidemal bejahrte Logenschließer in den Paletot: »Sie wollen schon gehen? Aber das schönste kommt ja erst …!« Aber roh und herzlos stieß ich die bekümmerten Greise beiseite und entfloh, ins Freie, wo die fröhlichen Omnibusse rollten und wo ich ein viel schöneres Stück kostenlos zu sehen bekam: ›Abend in der Stadt‹, in vielen Akten.

Soll man vor dem Ende aufhören? »Wenn es am schönsten schmeckt …«, ja, das kennen wir. Vielleicht ist es hübsch, vor dem Ende aufzuhören – unten liegt immer so viel Satz. »Es war ja alles sehr schön, was ich in meinem Leben gehabt habe«, hat einmal eine reiche Dame gesagt, die wirklich so ziemlich alles durchgekostet hatte, »aber es müßte um elf Uhr aus sein.«

Es ist aber nicht alles um elf Uhr aus. Die Stücke fangen meistens nett an, der zweite Akt bietet mancherlei Spannungen, aber dann zieht sichs, dann zieht sichs, und zum Schluß … nein, man sollte doch schon immer in Pasewalk aussteigen.

Man hat dann wenigstens diese leise, kleine Sehnsucht in sich. Die Sehnsucht nach dem Grundakkord.

Der Mensch

Der Mensch hat zwei Beine und zwei Überzeugungen: eine, wenns ihm gut geht, und eine, wenns ihm schlecht geht. Die letztere heißt Religion.

Der Mensch ist ein Wirbeltier und hat eine unsterbliche Seele, sowie auch ein Vaterland, damit er nicht zu übermütig wird.

Der Mensch wird auf natürlichem Wege hergestellt, doch empfindet er dies als unnatürlich und spricht nicht gern davon. Er wird gemacht, hingegen nicht gefragt, ob er auch gemacht werden wolle.

Der Mensch ist ein nützliches Lebewesen, weil er dazu dient, durch den Soldatentod Petroleumaktien in die Höhe zu treiben, durch den Bergmannstod den Profit der Grubenherren zu erhöhen, sowie auch Kultur, Kunst und Wissenschaft.

Der Mensch hat neben dem Trieb der Fortpflanzung und dem, zu essen und zu trinken, zwei Leidenschaften: Krach zu machen und nicht zuzuhören. Man könnte den Menschen gradezu als ein Wesen definieren, das nie zuhört. Wenn er weise ist, tut er damit recht: denn Gescheites bekommt er nur selten zu hören. Sehr gern hören Menschen: Versprechungen, Schmeicheleien, Anerkennungen und Komplimente. Bei Schmeicheleien empfiehlt es sich, immer drei Nummern gröber zu verfahren als man es grade noch für möglich hält.

Der Mensch gönnt seiner Gattung nichts, daher hat er die Gesetze erfunden. Er darf nicht, also sollen die andern auch nicht.

Um sich auf einen Menschen zu verlassen, tut man gut, sich auf ihn zu setzen; man ist dann wenigstens für diese Zeit sicher, daß er nicht davonläuft. Manche verlassen sich auch auf den Charakter.

Der Mensch zerfällt in zwei Teile:

In einen männlichen, der nicht denken will, und in einen weiblichen, der nicht denken kann. Beide haben sogenannte Gefühle: man ruft diese am sichersten dadurch hervor, daß man gewisse Nervenpunkte des Organismus in Funktion setzt. In diesen Fällen sondern manche Menschen Lyrik ab.

Der Mensch ist ein pflanzen- und fleischfressendes Wesen; auf Nordpolfahrten frißt er hier und da auch Exemplare seiner eigenen Gattung; doch wird das durch den Faschismus wieder ausgeglichen.

Der Mensch ist ein politisches Geschöpf, das am liebsten zu Klumpen geballt sein Leben verbringt. Jeder Klumpen haßt die andern Klumpen, weil sie die andern sind, und haßt die eignen, weil sie die eignen sind. Den letzteren Haß nennt man Patriotismus.

Jeder Mensch hat eine Leber, eine Milz, eine Lunge und eine Fahne; sämtliche vier Organe sind lebenswichtig. Es soll Menschen ohne Leber, ohne Milz und mit halber Lunge geben; Menschen ohne Fahne gibt es nicht.

Schwache Fortpflanzungstätigkeit facht der Mensch gern an, und dazu hat er mancherlei Mittel: den Stierkampf, das Verbrechen, den Sport und die Gerichtspflege.

Menschen miteinander gibt es nicht. Es gibt nur Menschen, die herrschen, und solche, die beherrscht werden. Doch hat noch niemand sich selber beherrscht; weil der opponierende Sklave immer mächtiger ist als der regierungssüchtige Herr. Jeder Mensch ist sich selber unterlegen.

Wenn der Mensch fühlt, daß er nicht mehr hinten hoch kann, wird er fromm und weise; er verzichtet dann auf die sauern Trauben der Welt. Dieses nennt man innere Einkehr. Die verschiedenen Altersstufen des Menschen halten einander für verschiedne Rassen: Alte haben gewöhnlich vergessen, daß sie jung gewesen sind, oder sie vergessen, daß sie alt sind, und Junge begreifen nie, daß sie alt werden können.

Der Mensch möchte nicht gern sterben, weil er nicht weiß, was dann kommt. Bildet er sich ein, es zu wissen, dann möchte er es auch nicht gern; weil er das Alte noch ein wenig mitmachen will. Ein wenig heißt hier: ewig.

Im übrigen ist der Mensch ein Lebewesen, das klopft, schlechte Musik macht und seinen Hund bellen läßt. Manchmal gibt er auch Ruhe, aber dann ist er tot.

Neben den Menschen gibt es noch Sachsen und Amerikaner, aber die haben wir noch nicht gehabt und bekommen Zoologie erst in der nächsten Klasse.

Befürchtung

Werde ich sterben können –? Manchmal fürchte ich, ich werde es nicht können.

Da denke ich so: wie wirst du dich dabei aufführen? Ah, nicht die Haltung – nicht das an der Mauer, der Ruf »Es lebe ...« nun irgend etwas, während man selber stirbt; nicht die Minute vor dem Gasangriff, die Hosen voller Mut und das heldenhaft verzerrte Angesicht dem Feinde zugewandt ... nicht so. Nein, einfach der sinnlose Vorgang im Bett. Müdigkeit, Schmerzen und nun eben das. Wirst du es können?

Zum Beispiel, ich habe jahrelang nicht richtig niesen können. Ich habe geniest wie ein kleiner Hund, der den Schluckauf hat. Und, verzeihen Sie, bis zu meinem achtundzwanzigsten Jahre konnte ich nicht aufstoßen – da lernte ich Karlchen kennen, einen alten Korpsstudenten, und der hat es mir beigebracht. Wer aber wird mir das mit dem Sterben beibringen?

Ja, ich habe es gesehn. Ich habe eine Hinrichtung gesehn, und ich habe Kranke sterben sehn – es schien, daß sie sich sehr damit plagten, es zu tun. Wie aber, wenn ich mich nun dabei so dumm anstelle, daß es nichts wird? Es wäre doch immerhin denkbar.

»Keine Sorge, guter Mann. Es wird sich auf Sie her-

absenken, das Schwere – Sie haben eine falsche Vorstellung vom Tode. Es wird ...« Spricht da jemand
aus Erfahrung? Dies ist die wahrste aller Demokra-
tien, die Demokratie des Todes. Daher die ungeheure
Überlegenheit der Priester, die so tun, als seien sie
alle schon hundertmal gestorben, als hätten sie ihre
Nachrichten von drüben – und nun spielen sie unter
den Lebenden Botschafter des Todes.

Vielleicht wird es nicht so schwer sein. Ein Arzt
wird mir helfen, zu sterben. Und wenn ich nicht gar
zu große Schmerzen habe, werde ich verlegen und
bescheiden lächeln: »Bitte, entschuldigen Sie ... es ist
das erste Mal ...«

Sehnsucht nach der Sehnsucht

Erst wollte ich mich dir in Keuschheit nahn.
Die Kette schmolz.
Ich bin doch schließlich, schließlich auch ein Mann,
und nicht von Holz.

Der Mai ist da. Der Vogel Pirol pfeift.
Es geht was um.
Und wer sich dies und wer sich das verkneift,
der ist schön dumm.

Denn mit der Seelenfreundschaft – liebste Frau,
hier dies Gedicht
zeigt mir und Ihnen treffend und genau:
es geht ja nicht.

Es geht nicht, wenn die linde Luft weht und
die Amsel singt –
wir brauchen alle einen roten Mund,
der uns beschwingt.

Wir brauchen alle etwas, das das Blut
rasch vorwärtstreibt –
es dichtet sich doch noch einmal so gut,
wenn man beweibt.

Doch heller noch tönt meiner Leier Klang,
wenn du versagst,
was ich entbehrte öde Jahre lang –
wenn du nicht magst.

So süß ist keine Liebesmelodie,
so frisch kein Bad,
so freundlich keine kleine Brust wie die,
die man nicht hat.

Die Wirklichkeit hat es noch nie gekonnt,
weil sie nichts hält.
Und strahlend überschleiert mir dein Blond
die ganze Welt.

»DAS IST EINE MISERE DES DEUTSCHEN LEBENS«

An das Publikum

O hochverehrtes Publikum,
sag mal: bist du wirklich so dumm,
wie uns das an allen Tagen
alle Unternehmer sagen?
Jeder Direktor mit dickem Popo
spricht: »Das Publikum will es so!«
Jeder Filmfritze sagt: »Was soll ich machen?
Das Publikum wünscht diese zuckrigen Sachen!«
Jeder Verleger zuckt die Achseln und spricht:
»Gute Bücher gehn eben nicht.«
    Sag mal, verehrtes Publikum:
    bist du wirklich so dumm?

So dumm, daß in Zeitungen, früh und spät,
immer weniger zu lesen steht?
Aus lauter Furcht, du könntest verletzt sein;
aus lauter Angst, es soll niemand verhetzt sein;
aus lauter Besorgnis, Müller und Cohn
könnten mit Abbestellung drohn?
Aus Bangigkeit, es käme am Ende
einer der zahllosen Reichsverbände
und protestierte und denunzierte
und demonstrierte und prozessierte ...

Sag mal, verehrtes Publikum:
bist du wirklich so dumm?

Ja, dann ...
        Es lastet auf dieser Zeit
der Fluch der Mittelmäßigkeit.
Hast du so einen schwachen Magen?
Kannst du keine Wahrheit vertragen?
Bist also nur ein Grießbrei-Fresser –?
Ja, dann ...
   Ja, dann verdienst dus nicht besser.

Der Kontrollierte

Da ist die berliner Straßenbahn ... Aber es wird ja auf den anderen Bahnen nicht viel anders sein ... Also da sitzen nun die Leute da und träumen und glotzen und unterhalten sich und manche lesen – –. Auf einmal betritt ein uniformierter Mann den Wagen und sagt: »Die Fahrscheine bitte!« – Das ist ein Beamter, der hauptsächlich zur Kontrolle der Schaffner angestellt ist.

Pflichtschuldig wühlt alles in den Taschen. Alle reichen das Stückchen Papier dem Beamten hin. Nur einer hat seinen Fahrschein verloren.

Es ist doch ein Bedientenvolk, das deutsche. Denn nun sehen alle den Mann an, als ob er ein Verbrechen begangen habe. Denn sie bilden sich ein, der Beamte kontrolliere sie. Dabei ist der Beamte höflich und tut eigentlich nichts, was diesen Aberglauben bestärken könnte. Aber sie denken sich das so und sind voller Ehrfurcht und verabscheuen alle den Mann, der seinen Fahrschein verloren hat. Einen Augenblick hat er den ganzen Wagen gegen sich. Manche mögen ja ein bißchen teilnahmsvoll zusehen, wie er sich abmüht, und sie denken sich schaudernd in seine entsetzliche Lage ...

Sie ducken sich. Sie bekommen einen roten Kopf. Der Verlierer einen dunkelroten. Er entschuldigt sich. Er sagt nicht: »Ich hab ihn verlegt, ich werde meinethalben nachbezahlen ...« Er fühlt sich ertappt. Man sollte nicht denken, einen Erwachsenen vor sich zu haben, der vielleicht eine Frau hat, Kinder, die er erziehen soll, Angestellte, die er anschnauzt ... Hier ist er ganz klein. Denn hier ist das Heiligste an einen Deutschen herangetreten: die Uniform. Und da hört der Spaß auf.

Eine Kleinigkeit, eine Belanglosigkeit, gewiß. Aber doch wieder eine einfache Beobachtung des täglichen Lebens, die zeigt, wie hier der einzelne gar nicht erst wagt, zu sagen: »Hallo! Hier bin ich!« – Sondern er bekommt einen roten Kopf, duckt sich und sucht den Fahrschein.

Und das ist eine Misere des deutschen Lebens.

Ordnung muß sein!

Es ist so warm, daß ich nicht schlafen kann, und ich habe schon Bromuraltabletten genommen, aber sie helfen auch nicht. Ohne poetische Veranlassung wälze ich mich schlaflos auf meinem kärglichen Lager …

Horch, ein Stimmchen! Und was für eins! Es ist so die Stimme, die ein ausgewachsener Mann nachts um halb zwei Uhr zu haben pflegt, wenn er – aber woher mag der Kerl all die Spirituosen haben, die nötig gewesen sind, um ihn in diesen Zustand zu versetzen? Denn er hat gehörig einen weg. Hört doch nur, wie er rummelt –!

»Alle schlag ich sie zusammen – ich! – ein Revolver – Sie werden den Zaun nicht pinseln, mein Herr, Sie nicht – –« Offenbar sind andre gewichtige Baßstimmen am Werk, den Wütenden zu bändigen, aber es scheint nicht viel zu helfen. »Was – was wollen Sie von mir?« brüllt er.

Wenn er nun haut? Ich bin zu faul aufzustehen. Und jetzt bringen sie ihn überhaupt zu Bett – – das Getöse verzieht sich …

Klirr! macht es. Und noch einmal: Klirr – bautsch! Der Herr mit den Spirituosen hat offenbar

die Fensterscheiben einer Wohnung zerhauen. Großes Palaver. »Der Mann muß weg – der haut ja alles kurz und klein!« (Als ob das in Deutschland ein
Grund wäre, weg zu müssen – so ein politisches
Kind!) – »Einfach in 'ne Droschke – und der Fall ist
erledigt!«

Offenbar ist der Fall wirklich erledigt, denn nun ist
alles still.

Und da stehen doch nun wahrhaftig die vier bie-
dern Baßstimmen von vorhin unten auf der Straße
und tun was –? Sie erörtern die Rechtslage. Sie stellen
sorgfältig und genau fest, weswegen dieser Mann
verurteilt, belangt und eingespunnt werden könne.
Sie sind selbst nicht mehr so ganz fest auf den Beinen – aber juristisch geklärt werden muß der Fall
doch noch, bevor sie ins Bett gehen. Einer plädiert
für Ruhestörung und öffentlichen Lärm – offenbar
ein delictum sui generis – einer ist für Sachbeschä-
digung, und einer leitet aus dem betrübenden Vor-
kommnis ein Kündigungsrecht des Hauswirts her.
Und da stehen sie nun – aber nun muß ich doch aufstehen – da stehen sie nun im Mondeslicht, schwan-
kend, vier Mann hoch mitten auf dem leeren Damm,
durchaus von Spitzweg, und erörtern die Rechtslage.
Die Blätter rauschen sanft, und die vier deutschen
Männer sind fünferlei Meinung. Gott segne dieses
Land –!

Es gibt ein altes Wort: »Wenn der Deutsche hinfällt, steht er nicht auf, sondern sieht sich um, wer ihm schadenersatzpflichtig ist.«

O stünde er doch bald auf! –

Der Ausweis

»Die Losung, Bursche!«
»Hie gut Brandenburg allewege!«
»Passiert!«

Wenn der Deutsche mal irgendwo hingehen muß, braucht er einen Ausweis. Es gibt in diesem Lande wahrscheinlich überhaupt kein Haus und keinen Raum, für die man nicht einen Ausweis brauchte. Der Vorgang ist immer derselbe: den ahnungslosen Wanderer überfällt ein barscher Mann, knurrt ärgerlich: »Ausweis?«, wirft die Leute ohne den Fetzen Papier wieder zurück und läßt die Leute mit dem Fetzen Papier ins gelobte Land. Wo bekommst du einen Ausweis her?

Um einen Ausweis zu bekommen – manchmal heißt der Ausweis Paß oder Anmeldeschein oder Passierkarte oder Personalpapier – um einen Ausweis zu bekommen, mußt du in Deutschland in ein Büro gehen. In dem Büro sitzt ein Mann, der frühstückt. Du klopfst vorsichtig an, gehst leise herein (daß du dir nicht die Stiefel vor der Tür ausziehst, liegt nur daran, daß du noch nicht genügend Chinese bist), siehst dich unendlich ehrfurchtsvoll im Heiligtum um und wagst endlich, den Mund aufzumachen:

»Guten Tag!« Nichts. Der Beamte klappt seine Stulle auf. Käse. Mutter hätte auch … Der Beamte ist ärgerlich. Du sagst nichts. Eine dicke Fliege stößt sich den Kopf an der Fensterscheibe. Nach einer langen Weile bekommst du eine revolutionäre Wallung und machst: »Rhm!« – Gar nichts. Nach einer längeren Weile wendet der Käsemann den Kopf, sieht dich, der du ärgerlich hinter der Schranke aufgebaut stehst, vorwurfsvoll an und hebt den Kopf mit einem Geräusch, das ungefähr ›He‹ heißen kann. Du sagst deinen Vers auf. Du wolltest, sagen wir, nach Schlesien fahren und einen ausgestopften Bernhardiner mitnehmen und deine alte Tante, und du brauchst dazu eine Ausfuhrbewilligung und eine Einreiseerlaubnis und einen, Herrgottnichtnochmal, einen Ausweis.

Die Tragödie beginnt. Der Käsemann macht dir soviel Schwierigkeiten, bis dir die Lust vergeht, in deinem ganzen Leben je noch einmal nach Oberschlesien zu fahren, und bis deine alte Tante und der ausgestopfte Bernhardiner gänzlich von den Motten zerfressen sind. Du hattest dir das so einfach gedacht – aber der Mann belehrt dich eines bessern. Ungeheuerer Kummer türmt sich vor dir auf: denn welchen Zweck hätte sonst das Dasein des Mannes hinter der Schranke, wenn er dir keinen Kummer machen könnte? Nach unendlichem Gewürge bekommst du einen Ausweis.

Spaß beiseite. Besonders seit dem Kriege ist über

Deutschland eine Ausweisseuche hereingebrochen. Im Felde war es eine der leichteren Leutnantskrankheiten (die schwereren wurden mit Salvarsan behandelt), für all und jede Tätigkeit des Muschkoten die Notwendigkeit eines Ausweises vorzuschreiben. Der Mann wollte aus der Kammer ein paar Hosen empfangen? – Ausweis. Ein Unteroffizier wollte Krähen schießen? – Ausweis. Ob man ohne Ausweis sterben durfte, stand dahin, aber sicherlich hat eine Tafel gefehlt: ›Das Betreten des Kriegsschauplatzes ohne Ausweis ist verboten.‹ In den meisten Fällen wickelte sich im Felde die Sache so ab, daß man den verlangten Ausweis auf den Büros nach langem Hin und Her ziemlich anstandslos bekam, so daß es also eigentlich auf dasselbe herauskam, ob jeder Mann einen gewissen Waldsaum passierte oder ob alle Leute erst dem Schreiber das Leben sauer machten. Auf diese Weise wurde unendlich viel Papier verschmiert und Zeit vertan.

Denn abgesehen von der Wichtigkeit, die jede deutsche Dienststelle aus sich zu machen gewohnt ist, abgesehen davon, daß ein großer Teil dieser Brillennation seinen Dienst nur im Zimmer zu leisten imstande ist – und wenn kein Dienst da ist, dann macht sie einen –: abgesehen davon sind die preußischen Gehirne in der Tat so konstruiert, daß sie ohne umständliche Listen, Registraturapparate und den – Ausweis nicht auskommen können. Wie bekannt, sehen englische Hauptbücher viel einfacher aus als deutsche, und das Geschäft geht drüben auch. Was den Leuten hier fehlt, ist der gesunde Menschenverstand. Dafür haben sie den Ausweis.

Ein Teil des kriegs- und zwangswirtschaftlichen Systems ist so eine Ausweisangelegenheit, und das Lustigste und Traurigste daran ist, daß die ›Behörden‹ genau wissen, daß sie den Tintenkampf mit dem Leben immer verlieren, den praktischen Anforderungen des Tages doch nicht gerecht werden, und daß ihnen letzten Endes alle Schieber durch die Lappen gehen. Wen trifft's denn? Den Dummen. Die Geschickten haben immer einen Ausweis. Woher? Sie haben ihn.

Die Ausweiskrankheit sitzt diesem Volk tief in den Knochen. Hervorgerufen ist sie durch den unseligen Drang der Bürger, immer und überall Behörde zu spielen. Wenn sich sechs sonst gescheite und vernünftige Leute in Deutschland zusammentun und ein Amt aufmachen, dann Gnade Gott! Hermann Wagner hat das einmal schlagend dahin formuliert: »Der Zweck unserer Innung war, mit gleichgestellten Behörden Kompetenzstreitigkeiten auszufechten, uns mit übergeordneten Behörden gut zu stellen und untergeordneten Behörden klar zu machen, daß sie untergeordnete Behörden waren.« Viel mehr tut die Gesellschaft auch wirklich nicht, es sei denn, daß sie sich maßlos wichtig macht.

Ein Mittel dazu ist der Ausweis. Die vielzitierte preußische Disziplin versagt nämlich immer dann, wenn kein Schutzmann da ist, der das Leben reglementiert. In meinem Leben habe ich nicht so zuchtlose Gesellen gesehen, als die alten Zwölfender des Militärs, jene Unteroffiziere, die acht, zehn, zwölf Jahre lang die Segnungen der preußischen Geistigkeit am eigenen Leibe erfahren hatten. Die hätten doch nun innerlich diszipliniert sein sollen! Mahlzeit. Sie waren täppisch wie die jungen Hunde, wenn sie ohne Verbotstafeln und ohne den Ausweis einherstolperten. Ohne Ausweis machte ihnen der ganze Weltkrieg keinen Spaß.

Wir finden den Ausweis in tausenderlei Gestalt wieder. In hundert überflüssigen Ab- und Anmeldescheinen, in einem restlos albernen polizeilichen Meldesystem, das nur in diesem gottsegneten Lande blüht (und das noch keinem Verbrecher geschadet, aber tausend anständigen Menschen eine Last gewesen ist) – wir finden ihn in sinnlosen Meldungen und Rapporten, die niemand liest, und die nur dann wichtig werden, wenn sie nicht gemacht worden sind – wir finden ihn in Listen und Protokollen, die jeder zu führen glaubt – wir finden ihn in den läppischsten Formularen und Erlaubnisscheinen, die ausgestellt, ausgefüllt, unterschrieben, gestempelt und abgegeben werden müssen. Und dabei ersäuft das Land in Unordnung.

Das ist keine parteipolitische Frage, die mit dem Ausweis. Wenn das einmal aus den deutschen Köpfen herausginge: daß jedes kleine Murxamt sich einbildet, der Mittelpunkt der Welt zu sein und sich des weitern einbildet, die Leute hätten alle nichts zu tun, als diese albernen Formalitäten zu erfüllen – wenn das einmal aus den Köpfen herausginge!

Jeder, der dies hier liest, nickt vielleicht mit dem Kopf und lächelt und sagt: Ja. Recht hat er. Aber obs deshalb einen Ausweis weniger geben wird? Jeder hält alle Ausweise für überflüssig – nur den seinen nicht. Und munter schmiert ein ganzes Volk, statt zu arbeiten, weiter Formulare.

Und es soll mich gar nicht wundern, daß eines Tages, wenn Erich Ludendorff in den Himmel kommt (und wo käme er bei der anerkannt guten himmlischen Justiz wohl sonst hin?) – daß dem verdienten General ein dicker Wachtmeister mit ein paar kleinen Flügelchen auf dem Rücken entgegenschaukelt, sich gerade aufrichtet, die Knochen zusammenreißt und alleruntertänigst und gehorsamst meldet: »Ich bitte um einen Ausweis!«

Die Ämter

Die zuständige Ration Verstand des Deutschen teilt das Land horizontal in zwei Lager ein: oben die Ämter, unten der Untertan. Und glaubt dabei, die Ämter seien vom Mond heruntergefallen und die Beamten dazu, und all das bedrücke mit seinen Stempeln, seinem Schnauzton und seiner langweiligen Unfähigkeit die arme unschuldige Bürgerschaft.

Daß der Beamte aber auch ein Teil der Nation ist, daß er nur Symptom und kein Urphänomen ist, und daß jeder Beamte den andern Beamten gegenüber wiederum Bürger ist: das hat sich noch nicht herumgesprochen.

Der deutsche Beamte stellt nur die Beschaffenheit des Deutschen dar, die eintritt, wenn dieser Deutsche für sein Leben durch eine feste Anstellung versorgt ist und durch den geheimnisvollen Prozeß der Souveränitätsübertragung gleichzeitig in die Lage gebracht wird, Willensäußerungen seiner Person als allgemein gültig mit Gewalt durchsetzen zu können. Er ist also nichts als jeder andre Deutsche auch, nur eben spezifisch bedingt. Die Wollust, regieren zu dürfen und als Äquivalent für die gebotene Nachgiebigkeit dem ›Vorgesetzten‹ gegenüber hundert Petenten in den

Rücken treten zu dürfen, bringt einen eignen Geisteszustand hervor, der jene seltsame Mischung von Nero und einem Zigarrenhändler in die Welt gesetzt hat.

Niemand von den hunderttausend nörgelnden Abonnenten der großen Presse, die sich über ›Mißstände auf den Ämtern‹ beschwert, hat herausbekommen, daß es ihresgleichen ist, der da oben das Zepter schwingt. Und jeder Beamte eines Wohnungsamtes vollführte einen entsetzlichen Spektakel, wenn er von einer Paßstelle schlecht behandelt würde. Über seinen engen Kram sieht da keiner hinaus.

Nun ist es ja im allgemeinen lustig zu beobachten, wie die Herren vom Bau zusammenhalten, und wie kein Polizeiwachtmeister einem Regierungsrat ein Auge aushackt. Daß er vor einem Reichswehroffizier in Uniform in Ehrfurcht erstirbt und den so behandelt, wie er jeden Menschen behandeln müßte, ist bei diesem Unteroffiziersvolk selbstverständlich. Es herrscht große Solidarität unter den Pensionsbrüdern, und wenn es sich nicht um benachbarte Ressorts handelt, die sich zur Ausfüllung der Amtsstunden anstänkern, dann sind sie gar lieblich miteinander und helfen einander sogar, soweit es keine Arbeit macht. Ihr Augurenblick sagt: »Du willst regieren, ich will regieren, wir wollen alle beide regieren. Bruder –!« Und diese Liebe bezahlt der gute Untertan.

Die krankhafte Sucht, von der das Land besessen ist, diese Gier, Ämter zu gründen, auszubauen, aufzublasen und wieder neue zu gründen, hat ihre tiefe Ursache in der Lebensschwäche der Funktionäre. Man sieht diesen matten und unausgearbeiteten Gesichtern auf hundert Schritt an, daß sie nicht nötig haben, sich im harten Kampfe mit Konkurrenten ihr Brot zu verdienen. Sie verzehren die Zinsen eines fiktiven Kapitals und sitzen im Trockenen. (Daß das Dach in dieser Zeit etwas schadhaft ist, macht nichts – es ist doch ein Dach.)

Draußen wogt die Menge der andern. Sie schimpfen schrecklich auf die, die unter dem Dach sitzen, weil sie sehen, daß man sie schlecht behandelt, miserabel abfertigt, prügelt und schröpft. Aber ruf einen hinein in das schützende Gemäuer: so wird er fröhlich seinen Regenschirm zusammenklappen, freundlich lächeln, sich mit einem artigen Gruß auf den Amtsstuhl niederlassen … Und er wird regieren, daß die Haare in der Nachbarschaft herumfliegen.

Der Fremde

Wenn Frau Kulicke auf der Treppe einem Chine-
sen begegnet, dann kommt sie ganz aufgeregt nach
Hause und erzählt: »Wohnt eigentlich ein Chinese im
Haus? Eben bin ich auf der Treppe ...« Da klingelt es.
Sie öffnet: der Chinese. Um Gottes willen! Was –?
Der Chinese möchte ein Zimmer mieten. Etwas mißtrauisch läßt sie ihn herein, der Chinese sieht das
Zimmer an, es gefällt ihm (er hat noch nicht das berliner Guckauge für solche Dinge; wäre ich dabei
gewesen, hätte ich ihm einiges zeigen können) –
er mietet, er zieht ein. Der Chinese wird ein un-
erschöpfliches Gesprächsthema.

Der Chinese vertritt für Frau Kulicke China. Un-
geahnte Möglichkeiten erwägt sie in ihrem Hirn,
Opiumhöllen, ausgerissene Seeräuberzöpfe, kleine
Geishas (die liegen bei Frau Kulicke in der chinesischen Schublade); aber inmitten dieses asiatischen
Brodelns ist eines sicher: China und dieser Chinese –
das ist ein und dasselbe.

Und Frau Kulicke ist nur eines von hunderttausend Exemplaren: jeder Fremde vertritt für die meisten Menschen sein ganzes Land, seine Regierung
und seinen Fürsten. Die Franzosen in Deutschland

haben bekanntlich alle noch vor kurzer Zeit Privat- und Spezialaufträge von Herrn Poincaré gehabt; die Deutschen vor dem Kriege waren Abgesandte des Kaisers; auf jedem Russen lag früher der Abglanz des Zaren (den er vielleicht nie gesehen hatte) – der Fremde vertritt für die meisten Leute immer noch seinen Staat.

Und keiner kommt auf den naheliegenden Gedanken, daß der Fremde zu Hause genau so ein unnützes, beiseite geschobenes Ding sein könnte wie der Betrachter; daß sich sein Staat so wenig aus ihm macht wie der unsre aus uns (neulich war in einem Erlaß über die Befeierung dieser Verfassung zu lesen: »Es sind auch Kreise der Bevölkerung hinzuzuziehen …«); jeder tut immer noch so, als käme der mächtige Volksgenosse eines völlig geschlossenen fremden Stammes zu uns – und nicht der kümmerliche Bestandteil einer anachronistischen Gesellschaftsform. Und je ohnmächtiger die Einheimischen sind, desto größere Fähigkeiten trauen sie dem fremden Mann zu.

Europa hat noch nie so viel Nationen und Staaten gesehen wie heute. Innerhalb der Staaten geht das Spiel weiter – oder wollen etwa die Franken dulden, daß die Stammeseigenart der Mittelfranken bei ihnen unterdrückt werde? ›Die thüringischen Belange‹ (was man am besten wie ›Melange‹ ausspricht); die Pfälzer verlangen; die Hannoveraner drohen – je eine halbe Million, wenns viel ist. Europa spielt. Es scheint die Idee kurz vor dem Höhepunkt ihres Umkippens in das Gegenteil zu sein, wie zu hoffen steht. Statt wirklich zu sehen, wie die Schichtgrenzen laufen, amüsieren sie sich mit Fahnen, Grenzpfählen, Ministerpräsidenten – und spielen ›fremd‹.

Gott segne diesen Erdteil! Er hat es nicht anders verdient.

Der Bahnhofsvorsteher

Die Maschine zischt, der Dampf pustet die Wagen entlang, die Reisenden steigen ein. Noch hält der Zug. Es entsteht jene peinliche Pause, während der kein Mensch mehr weiß, was er nun noch sagen soll: der, der den Kopf zum Fenster heraussteckt nicht, und die, die den Freund zum Bahnhof gebracht haben auch nicht. Endlich! Leise ruckt der Zug an – einige mäßig weiße Taschentücher schwenken durch die Luft, Köpfe nicken, Hände winken – Adieu! Adieu! – Auf Wiedersehn! und ein letztes Scherzwort, das einem gerade noch eingefallen ist. Und ein paar stille Tränen. Aus.

Übrigens geht da der Bahnhofsvorsteher, mit einem dicken Buch vorn in der Brusttasche, einer roten Mütze und einem kleinen Signalstock. Er sieht und hört nichts von den Taschentuchleuten und nichts von den Weinenden. Er geht eilig in sein Büro, wo es vertrauensvoll und dienstlich klingelt. Ist das ein abgehärteter Mann! Hat er gar keine Augen?

Er sieht das täglich zwanzigmal. Er sieht es nicht mehr.

Denn was man täglich sieht, das bekommt eine andere Färbung – wird zur Maschine – ist schließlich nachher als Erlebnis gar nicht mehr da. Kaum anzunehmen, daß der Bahnhofsvorsteher, auf einem fremden Bahnhof als Fahrgast weilend, den Abschiednehmenden gar so große Aufmerksamkeit schenken wird. Er kennt das alles.

Und sieht also alles viel besser? Ich glaube nicht. Zum Schluß sieht er gar nichts mehr. Und wer einmal, ein einziges Mal, so einen Bahnhofsabschied blitzartig erlebt hat, der trägt wohl mehr Farbe, Duft, Ton davon nach Hause als der Bahnhofsvorsteher, für den es zum täglichen Klipp-Klapp eines Automaten geworden ist. Und das ist überall so.

Der Arzt weiß so viel vom Patienten – und weniger als ein Beobachter, der einmal das Wartezimmer bevölkert hat. Der Fremdenführer hat kein Auge mehr für sein Schloß, das er jeden Tag durchpilgert, und dessen Sehenswürdigkeiten er jeden Tag ableiern muß – der Besucher hat viel mehr davon. Der Wirt sieht sein Lokal anders als der Gast; der Schauspieler das Theater anders als das Publikum. Nämlich von innen her. Und das ist mitunter nicht so ergötzlich.

Als einer der deutschen Kaiser, derentwegen ich im Abiturientenexamen durchgefallen bin, einmal ein Kloster besuchte, sagte er zu dem Prior: »Ihr habts hier aber schön! Welch herrlicher Garten! Welch herrliches Refektorium!« Und einer der Mönche erwiderte: »Ja – herrlich – – transeuntibus!« – Was etwa heißt: für die, die nur vorübergehen! – Das ist ein wahres Wort.

Und wir haben bei uns so viele Bahnhofsvorsteher. Jeder ist auf irgendeinem Gebiet ›Fachmann‹. Und jeder glaubt, daß nun nie wieder irgendein Mensch über dieses Gebiet sprechen dürfte, weil er selbst doch Fachmann ist. »Mir werden Sie da doch nichts erzählen!« – Aber hundert mitgemachte Fußballspiele, hundert Operationen, hundert Reisen sind – was die Eindrücke angeht – mitunter weniger als eine einzige. Daher ja auch die leise Enttäuschung, die uns immer befällt, wenn wir – was man nie tun soll – einmal zurückkehren, »weil es da doch so schön gewesen ist«. Das zweitemal – das drittemal: da sehen die Augen alles viel zu scharf, viel zu exakt, viel zu sachlich: die Flecke auf dem Tischtuch, das blinde Glas, den abgebröckelten Mauerverputz … War das früher alles auch so?

Man muß sich wohl, um ein starkes Erlebnis zu haben, in dem schönen Glauben wiegen, der Einzige, der Erstmalige, der Einmalige zu sein. Dabei ist immer ein Bahnhofsvorsteher da, der heimlich in seinen Schnurrbart lächelt und denkt: »Mensch! das haben wir hier alle Tage! Immer heulen die Frauen an dieser Stelle, zu dieser Stunde, an diesem Ort – immer machen die Männer hier so ein ernstes Gesicht; immer gibt es hier die Schwierigkeiten mit den Autos; immer wackelt hier das schwere Gepäck auf den kleinen Wagen …«< Immer? Für uns jedenfalls nur dieses eine Mal.

Und die Komik des Menschen enthüllt sich wohl nirgends so stark, als in dieser Egalisierung in feierlichen Lagen. (Weshalb ja auch Totengräber, Anatomiediener, Offiziersordonnanzen, kurz Menschen, die den Betrieb von hinten sehen, meist so große Philosophen sind. So sagte einmal ein Anatomiediener an der Berliner Charité: »Jeder von uns stirbt an seinem Blinddarm! Er muß es nur erleben.«< – Und ich kannte einen Musikmeister im Felde, der sah die Menschheit überhaupt nur in besoffenem Zustand …)

Ich glaube, daß man sich mit der Automatisierung des Betriebes die besten Eindrücke verdirbt. Sicherlich ist das Bild richtig, soweit etwas richtig sein kann – sicherlich macht sich der Einmalige seine Illusionen. Aber sie gehen vielleicht doch tiefer als die kalte Erfahrung des Routiniers.

Wobei es sehr heiter zu beobachten ist, daß natürlich jeder Bahnhofsvorsteher, will sagen: jeder Fachmann durchaus nicht gelten läßt, daß er seinerseits genau den lächerlichen Aspekt eines vorgeblich Einmaligen bietet, wenn er seinen Laden verlassen hat und sich in einen anderen begibt. Der ausgekochteste Bankier liebt, als sei noch nie geliebt worden; der Postbeamte, der alle Emotionen des Schalterpublikums kennt, fährt auf der Zahnradbahn, als sei die

Zahnradbahn gerade erfunden worden – und über allen zusammen lacht der liebe Gott weise und leise, weil er es alles kennt, weil alles schon einmal dagewesen ist, und weil sich die Leute auf den Bahnhöfen nun einmal so närrisch benehmen.

Ein Kind aus meiner Klasse

Für Hans M.

Neulich habe ich ein Kind aus meiner Klasse wiedergetroffen, nach so langen Jahren. Es war annähernd wie im Bilderbuch: Der arme Mann stand draußen am Zaun und bettelte, und der wohlhabende Mann stand drinnen und klopfte sich die Kuchenkrümel von der Weste. »Kennst du mich nicht mehr?« sagte der arme Mann leise. Da erkannte der Reiche den ehemaligen Mitschüler und … ich weiß nicht mehr, wie die Geschichte weitergeht. Jedenfalls ist das Kind aus meiner Klasse, mit dem ich damals auf dem alten Schulhof umherspazierte und die bessern Sachen absprach, inzwischen Regierungsrat geworden, und aus mir wird zu meinen Lebzeiten nun wohl nichts Rechtes mehr werden. Auch für nachher habe ich leichte Bedenken.

Mit diesem also habe ich mich über früher unterhalten. Das ist eine wunderschöne Unterhaltung, und es gibt nur ein Buch, worin sie richtig aufgezeichnet steht: das ist mein Lieblingsbuch ›Blaise, der Gymnasiast‹ von Philippe Monnier, das bei Albert Langen erschienen ist. Darin steht, was geschieht, wenn man sich später einmal wiedersieht: wie man niemals den Mann, sondern immer nur den Jungen erkennt, wie der kleine Schulkram fürs Leben haftet, wie man im Grunde ja doch immer derselbe geblieben, und wie alles vorgezeichnet ist. Was bleibt dann haften? Monnier: »Lévêque ist katholisch.« Aus – das ist alles, was er über den da weiß. Und er wird nie mehr über ihn wissen.

Ich habe ihn gleich wiedererkannt: er war noch derselbe feine, leise, sehr überlegene und sehr angenehme Mensch, Wir saßen nebeneinander bei Tisch, es waren schrecklich berühmte Leute um uns herum, aber ich sah und hörte nichts. Ich ließ sogar das Eis zweimal vorübergehn. Ich war wieder klein und ging auf dem Schulhof spazieren, ganz wie damals.

»Erinnern Sie sich noch …?« – »Können Sie sich noch auf den … besinnen? Der Kerl hatte immer so schmutzige Hände und sagte wunderschön vor.« Alle Mitschüler kamen wieder, alle Lehrer, natürlich, und beinahe hätte ich gefragt, mitten unter den feinen Leuten: »Haben Sie Geographie gearbeitet? Ich habe keine Ahnung!«

Und als wir alle durchgehechelt hatten: die Professoren, den Direktor, den Kastellan und die ganzen Klassen über und unter uns – da hatte ich einen bittern Geschmack im Munde. Denn das Kind hatte mit seiner leisen Stimme gesagt: »Denken Sie doch nur … schade um all die verlorenen Jahre!« Es war das Todesurteil über die deutsche Schule, viel, viel härter und radikaler, als es die lauteste politische Versammlung aussprechen kann.

Die verlorenen Jahre ... Ich erinnerte mich an Dinge, an die ich jahrzehntelang nicht mehr gedacht hatte – und jetzt waren sie auf einmal wieder da. Nein, gehauen hat man uns nicht. Es war auch nicht romantisch gewesen, niemand schoß sich tot, wenn er sitzen blieb, und von Frühlings Erwachen war gar keine Rede. Das erwachte eben bei jedem sachte vor sich hin und wurde so oder so wieder zur Ruhe gebettet. Einen Zögling Törleß hatten wir auch nicht unter uns. Aber um unsre Zeit haben sie uns bestohlen, das Schulgeld war verloren, die Jahre auch.

Langweilige Pedanten gab es überall. Unzulänglichkeiten der Lehrer, viele Fehler, wir waren auch nicht die Besten. Aber was hat man uns denn gelehrt –? Was hat man uns beigebracht –?

Nichts. Nicht einmal richtig denken, nicht einmal richtig sehen, richtig gehen, richtig arbeiten – nichts, nichts, nichts. Wir sind keine guten Humanisten geworden und keine guten Praktiker – nichts.

Er sagte: »Wenn man nicht zu Hause für sich gearbeitet hätte! Wenn man nicht eine anständige Erziehung gehabt hätte ...!« Nun, ich, zum Beispiel, habe keine gehabt, und ich beneidete ihn sehr. Er sagte: »Was ich in der Kunstgeschichte, in der Völkergeschichte, in der Geographie Europas gelernt habe, das habe ich mir alles selbst beigebracht.« Wer hätte es ihm auch sonst beibringen sollen. Unsre Schule vielleicht?

Unsre Schule war noch nicht so nationalistisch verhetzt wie die heutige. Unsre Lehrer waren nicht unintelligenter, fauler, fleißiger, klüger als andre Lehrer auch. Es war eine Schule, die etwas unter dem Durchschnitt lag, aber doch nahe am Durchschnitt. Und was lernten wir?

Deutsch: Lächerliches Zerpflücken der Klassiker; törichte Aufsätze, schludrig und unverständig korrigiert; mittelhochdeutsche Gedichte wurden auswendig gelernt, niemand hatte einen Schimmer von ihrer Schönheit.

Geschichte: Eine sinn- und zusammenhanglose Zusammenstellung von dynastischen Zahlen. Wir haben niemals Geschichtsunterricht gehabt.

Geographie: Die Nebenflüsse. Die Regierungsbezirke. Die Städtenamen.

Latein: Es wurde gepaukt. Ich habe nie einen lateinischen Schriftsteller lesen können.

Griechisch: siehe Latein.

Französisch: Undiskutierbar.

Naturwissenschaften: Gott weiß, welcher Unfug da getrieben wurde, hier und in der Physik-Stunde! Kein Experiment klappte – es sei denn jenes, wie man mit völlig unzulänglichen Mitteln einen noch schlechtern Physik-Unterricht erteilen kann.

Mathematik: Mäßig.

Und so fort. Und so fort.

Ich denke nicht mit Haß an meine Schulzeit zurück – sie ist mir völlig gleichgültig geworden. Schultragödien haben wir nie gehabt, furchtbare Mißstände auch nicht. Aber schlechten Unterricht.

Es war ja nachher auf der Universität ähnlich – nur stand da der Unfähigkeit der Professoren, zu lehren, wenigstens oft ihr wissenschaftlicher Wert gegenüber. Aber ich denke ein bißchen traurig an die Schule zurück, heute, da ich den Wert der Zeit schätzen gelernt habe. Sie haben uns um die Zeit betrogen, um unsre Zeit und um unsre Jugend. Wir hatten keine Lehrer, wir hatten keine Führer, wir hatten Lehrbeamte, und nicht einmal gute. Ich besinne mich, nach dem Abiturium eines Freundes gefragt zu haben: »Na, und die Pauker?« – »Dumm, wie immer!« sagte er – es war so viel selbstverständliche Verachtung in seiner Stimme. Nicht einmal Haß.

Ich weiß lange nicht so viel, wie ich wissen müßte – vieles fehlt mir; für kaum ein Gebiet, das ein bißchen abseits liegt, bringe ich auch nur das scholastisch geschulte Denken mit, und das wäre ja eine Menge. Nichts habe ich mitgebracht. Was wir wissen und können, das haben wir uns mit unsäglicher Mühe nachher allein beibringen müssen, nachher, als es zu spät war, wo das Gehirn nicht mehr so aufnahmefähig war wie damals. Vielleicht wäre doch manches besser gegangen mit einem guten Unterricht!

Und sie sind so stolz auf ihre Schule! Wie sie blöken, wenn sie ihre Philologenkongresse abhalten, welche großen Worte, welche Töne! Hat sich etwas geändert? Ich weiß nicht, was Entschiedene Schulreform ist – aber ich weiß, daß es entschieden keine Schulreform ist, was man heute treibt. Vielleicht werden es ganz gute Unteroffiziere werden oder Verzweifelte, die da herauskommen – gebildete Menschen, belehrte Menschen, instruierte Menschen sind es sicherlich nicht.

Vor dem Kriege ist einmal ein Erinnerungsbuch über die Schule erschienen – von Graf –, darin haben viele bekannte Männer der damaligen Zeit ihre Schulerinnerungen erzählt. Es war erschreckend, zu sehen, welcher Haß, welche Abneigung, welche Verachtung aus den Zeilen heraussprangen!

Wir zucken nur die Achseln. Aber wenn das Kind aus meiner Klasse nun wieder ein Kind hat – was dann? Es wird in dieselben Schulen gesteckt werden müssen, in dieselben Schulen, für die kein Geld da ist – weil wir ja fünfhundert Millionen für unsern Reichswehretat brauchen –, in dieselben Schulen, in denen der Arme an seiner Zeit bestohlen wird, und über die der Reiche lacht. Nicht wahr, wir haben auch die alten Lehrer-Anekdoten aufgefrischt: von dem Mann, der keine Fremdwörter gebrauchte und also keinen Zylinderhut, sondern eine ›Walze‹ hatte; von dem ›Süßen‹; und von dem ›Jewaltijen Leuhrer‹ und von allen den armen Narren. Das ist nun vorbei. Geblieben sind wir und mit uns die übeln Wirkungen dieser lächerlichen Schulbildung, die keine war. Wenn das Kind aus meiner Klasse etwas geworden ist, so ist es das trotz der Schule, nicht wegen der Schule geworden.

Denn die deutsche Schule hat heute ein Ideal, das wohl das niedrigste von allen genannt werden muß; ihre Leitgedanken, ihre Idee, ihre Lehrgänge liegen zuunterst auf aller menschlichen Entwicklungsstufe: sie ist militarisiert.

Altbewährte Esel

Es gibt überhaupt nur noch ›altbewährte Fachleute‹. Wir haben alte bewährte Segelflieger (3 Jahre Praxis), bewährte alte Radiofachleute (2 Jahre) – wenn sie alle zusammen über Berufliches reden, so quatscht das, daß ihnen die Schnauze schäumt, und wenn sie gar noch so sprechen können, wie es im amtlichen Bericht steht: so unpersönlich, so darüber stehend, so vornehm abgeklärt, dann strahlen sie über das ganze Antlitz. Etwa so:

»Gestern abend wurde in der Wohnung des Berufszwerges Jakob Nietzke von dem diensthabenden Sohn Nietzkes, dem acht Jahre alten Fridolin, das dortige Wasserleitungsrohr als verstopft gemeldet. Die Meldung lief bei Frau Nietzke abends 9.10 Uhr ein.

Frau Nietzke gab die Meldung sofort ihrer Hausangestellten, Fräulein Anna Koschmann, weiter, die allerdings, da sie keinen Dienst mehr hatte, Weiteres zunächst nicht veranlassen konnte. Der gegen halb zwölf Uhr von ernster Berufspflicht aus der Scala heimgekehrte Ehemann Nietzke wurde gleich nach seiner Rückkehr verständigt. Die Operationen wurden auf seine Anordnung hin bis zum nächsten Tag verschoben.

Am nächsten Tage – also heute morgen – begab sich zunächst eine Kommission, bestehend aus dem Berufszwerg Nietzke, dessen Ehefrau als Beraterin sowie dem elfjährigen Sohn Hadubrand, zu dem fraglichen Rohr; geleitet wurde die Kommission von Herrn Zwerg Nietzke. Zwerg Nietzke erkannte sofort, daß das Wasserleitungsrohr nicht funktionierte, weil es verstopft sei, und begab sich daraufhin persönlich zu dem Hauswart Schippanofsky, obgleich derselbe seinen Dienst noch nicht angetreten hatte. Schippanofsky forderte dementsprechend Nietzke auf, welcher Aufforderung dieser aber nicht nachkam. Die Privatbeleidigungsklage ist eingereicht.

Am Nachmittag erschien dann, auf erneute Vorstellung, Frau Schippanofsky; die – Wasserrohrbereinigungskolonne war folgendermaßen zusammengesetzt:

Technische Leitung: Frau Hauswart Schippanofsky; Personalaufsicht: Frau Zwerg Nietzke; Leitung der Hilfsmannschaft, bestehend aus dem Sohn Hadubrand Nietzke: Hadubrand Nietzke. Oberleitung: Herr Nietzke.

Umgeben von seinem Stabe, machte sich Direktor Nietzke persönlich an die fachtechnische Arbeit.

Die Beratung ergab folgendes: Vom volkswirtschaftlichen Standpunkt aus wäre die Anlegung eines neuen Wasserrohrs anstelle des alten allerdings empfehlenswert, doch bestanden aus allgemeinen wirtschaftlichen Erwägungen sowie auch wasserbautechnisch einige Bedenken. Während ästhetisch gegen die Einführung eines sogenannten Schrubbers in das Wasserrohr Einwendungen nicht bestanden, konnte doch dieselbe zunächst nicht vorgenommen werden, da von Seiten der Personalaufsicht hauswirtschaftlich eingewendet wurde, daß ein solcher Schrubber nicht vorhanden sei. Die Technische Leitung erklärte, daß sie ihrerseits zur Materialbeschaffung nicht beitragen könne, was die Personalaufsicht sowie die Leitung der Hilfsmannschaft heftig bestritten. Die Oberleitung entschied schließlich, daß aus hygienischen sowie aus ernährungswissenschaftlichen Gründen die sofortige Beschaffung des Wasserrohrreinigungsbehelfsmittels in augenblickliche Erwägung zu ziehen sei, da die Leitung der Oberleitung als langbewährter Fachmann darüber fachmännischen Rat zu erteilen sehr wohl in der Lage sei. Die Benennung ›Alter Kuhkopp!‹ vonseiten der Technischen Leitung lehnte der Leiter der Oberleitung, als lange im Berufsleben stehend, ab.«

Ja, da lachste!

Wenn aber drei Beamte einen Nagel einschlagen sollen und deshalb einen solchen Betrieb veranstalten, der weiter keinen Sinn hat, als Bedeutung, Notwendigkeit und Wichtigkeit der beamtlichen Existenz möglichst aufzublasen – da lacht keiner. Denn Deutschland ist ein gründliches Land: kein Kind ohne Nachttopf, kein Erwachsener ohne fachliche Hochschulbildung, ohne Titel und einen ganzen Kopf voller Einbildung.

Die Überlegenen

Deutsches Publikum, das auf Stühlen sitzt, fühlt sich Leuten, die vorbeigehen, überlegen. Die Stellung des falschen literarischen Kritikers entspricht dieser scheinbaren Überlegenheit des Sitzenden über den Laufenden – der Kritiker und der Sitzende glauben, daß der Künstler und der Laufende ihretwegen da seien. Außerdem riskieren beide nichts. »Das Publikum«, hat ein französischer Literat einmal gesagt, »hält sich dem Künstler deshalb für überlegen, weil es ein Urteil über ihn abgibt.« Dieses ›weil‹ ist eine ganze Abhandlung der menschlichen Seelenkunde.

»Der gute alte Tolstoi«, schrieb neulich so ein Fortschrittgewächs, das offenbar gar nicht fühlt, daß man keinem Größern auf die Schulter klopfen kann. Aber da werden Giganten von kleinen Verwachsenen wohlwollend belobt oder mit jener Miene in die ›verstaube Ecke‹ getan, da werden Eintagsfliegen mit Löwen zusammen genannt, damit man glaubt, die Insekten könnten brüllen, und es gibt eine ganze Literaturgattung, deren Autoren nur ein, ein einziges Bestreben haben: überlegen zu scheinen. Denn wären sie es, sie hätten nicht nötig, krampfhaft so zu tun, als seien sie es.

Das beste und beliebteste Mittel, Überlegenheit zu markieren, ist die Andeutung. Wilde, erotische Abenteuer werden lässig so angedeutet. Daß die meisten der Überlegenen mit Briand auf Sie und Sie und mit Stresemann auf Du und Du sind, versteht sich von selbst, und was das Leben im allgemeinen anbetrifft, so ist gar nicht zu sagen, wie sie es meistern. Die kleinen Mädchen und die großen Männer; die Gefühle und die Geschäfte; der Sport und die Künste – das haben wir alles im kleinen Finger, dessen sorgfältig polierte Nagelfläche wir dem Betrachter geziert entgegenhalten.

Daß junge Leute so tun, ist normal – das muß so sein und ist immer so gewesen. Aber daß ältere Knaben eine Haltung annehmen, die sie knapp bei andern richtig beobachtet haben, ohne sie je zu besitzen, daß sie in grenzenloser Eitelkeit ununterbrochen ihre Person vor das Stereoskop schieben, durch das sie den Leser gucken lassen sollen, der ja gekommen ist, ganz etwas andres zu sehen –: das ist bitter. Geltungsdrang und Minderwertigkeitskomplexe sind noch keine Literatur.

Wenn einer so überlegen tut, wäre zu überlegen, ob man ihn nicht überlegen soll.

Der Verkehr

Der Verkehr ist in Deutschland zu einer nationalen Zwangsvorstellung geworden.

Zunächst sind die deutschen Städter auf ihren Verkehr *stolz*. Ich habe nie ergründen können, aus welchem Grunde. Krach auf den Straßen, Staub und viele Autos sind die Begleiterscheinung eines Städtebaues, der mit den neuen Formen nicht fertig wird – wie kann man darauf stolz sein?

Es ist wohl so, daß sich der einzelne als irgend etwas fühlen muß – der soziale Geltungsdrang, an so vielen Stellen abgestoppt, gebremst, zunichte gemacht, findet hier sein Ventil und dringt zischend ins Freie. »Was sagen Sie zu dem Verkehr bei uns –?« Da sagen wir denn also, daß er überall in Deutschland, ohne jede Ausnahme, viel kleiner ist als etwa der in Paris – die Pariser aber sind über ihre verunstalteten Boulevards todunglücklich und trauern der alten, schönen Zeit nach, da man dort noch spazieren gehen konnte … heute bläst es aus tausend Hupen.

Es wäre viel schöner, wenn jede große deutsche Stadt ein Innenviertel hätte, in dem gearbeitet wird, und grüne Außenviertel, wo die Leute gesund wohnen. Aber da haben wir vorläufig noch alles durcheinander; in den engen Darmstraßen Kölns wohnen Leute, und die Berliner verderben sich jedes gute Wohnviertel durch ihre Faulheit, nicht ›in die Stadt‹ gehen zu wollen – so gibt es überall eine trübe Mischung von Geschäfts- und Wohnvierteln, die weder das eine noch das andere sind. Viel grauslicher aber ist die Regelung dieses nicht vorhandenen Verkehrs.

Nachdem die allgemeine Wehrpflicht weggefallen war, sah sich der Deutsche nach einem Ersatz um. Die Wohnungsämter … das war schon ganz schön, aber noch nicht das richtige. Die Sportverbände – hm. Die Reichswehr: zu klein. Da fuhren ein paar tüchtige Beamte nach Amerika und London, kamen, sahen, machten Notizen … und der Ersatz war gefunden. Der Ersatz der allgemeinen Wehrpflicht ist die deutsche Verkehrsregelung.

Was da zusammengeregelt wird, geht auf keine Kuhhaut.

Die organisationswütigen Verwaltungsbeamten haben jeden gesunden Sinn für Maß und Ziel verloren; sieht man sich dieses Gefuchtel, Geblink, Geklingel und Gewink an, so wird einem angst und bange – vor lauter Leitern, Regelern, Organisatoren ist nur eines nicht zu sehen: der Verkehr.

Es wird zunächst viel zuviel geregelt. Wo im Ausland ein einziger Polizist still an der Ecke steht und ab und zu einen helfenden Wink gibt, steht hier der Büttel. Dem kommt es oft gar nicht darauf an, den Fahrenden oder den Gehenden wirklich zu helfen. Wie immer in Deutschland, ist hier kodifiziertes Recht; diese Regelung hat weiter keinen Wunsch und Willen, als den von ihr aufgestellten Regeln um ihrer selbst willen Geltung zu verschaffen. Es ist die Staatsautorität, die hier herumwirtschaftet.

Das zeigt sich in erster Linie an der sinnlosen Mechanisierung der Regelung. Gehst du zum Beispiel durch Berlin, so siehst du an Hunderten von Stellen Wagen halten, ohne daß ein anderer Grund dafür vorläge, als daß vor ihnen eine rote Lampe brennt, die übrigens so aufgehängt ist, daß sie der vorderste Fahrer im geschlossenen Wagen kaum sehen kann. Ganz mechanisch wird das gemacht; auf einer ›Zentrale‹, diesem Ideal aller Organisatoren, läuft ein Apparat, und vierzehn Straßenzüge sind gesperrt, große, kleine, belebte, leere – darauf kommt es gar nicht an. Es kommt auf die rote Lampe an. Da stehen nun die Wagen. Und warten. Und verlieren Zeit.

Es ist eine Qual, durch Berlin zu fahren.

Die Folgen dieser Reglerei sind denn auch katastrophal. Kommt ein Wagen an eine Straßenecke, so ist das ein ›Problem‹; die Radfahrer sitzen ab, alle Leute haben eine überspitzte Aufmerksamkeit, in ihre Augen tritt ein seltsamer Ausdruck –: sie machen Fahrdienst. Nichts ist locker, alles ist gespannt, viel zu sehr gespannt, um nicht bei jeder kleinen Schwierigkeit zu reißen – alle machen Dienst.

Es ist so viel Freude am Befehlen in diesem Kram; die Mienen, das Betragen der meisten Polizisten, besonders in den größeren Städten, haben durchaus etwas Vorgesetztenhaftes an sich; sie kämen gar nicht auf den Gedanken, daß sie dazu da sind, den Verkehr zu glätten – sie achten auf die Durchführung von Vorschriften, die keinen andern Sinn haben, als durchgeführt zu werden. Das kommt den Leuten kaum zum Bewußtsein – so eingedrillt ist ihnen das alles. Man spürt in jeder Fiber, wie im regelnden Polizeimann eine Stimme singt: »Vor allem halte hier mal an. Und dann werden wir weiter sehen. Und so einfach weitergefahren wird auch nicht – das ist hier eine ernste Sache, und die hast du zu respektieren.« Und ob sie sie respektieren! Sie sind wirklich stolz darauf, gewissermaßen kantig zu gehorchen, es ist der alte Kommiß, der unausrottbar in ihrem Blut sitzt – ruck, zuck – und so fahren sie. Und so fahren sie, und niemand fährt so unkameradschaftlich wie sie. Von dem Martyrium alleinfahrender Damen, die nicht hübsch sind, will ich gar nicht einmal reden; das Auto ist ja in Deutschland durch die irrsinnige Steuerpolitik, durch die systematische Vernichtung der Konsumskraft noch lange nicht Sache des kleinen Mannes, wieviel Neid schwirrt um die Wagen! Wenn sie auch nicht überall, wie manchmal in Bayern, den Autofahrern Messer in die Wagen werfen: sehr freundlich werden die nicht angesehen.

Aber noch unfreundlicher behandeln sie sich untereinander.

Der Deutsche fährt nicht wie andere Menschen. Er fährt, um recht zu haben. Dem Polizisten gegenüber; dem Fußgänger gegenüber, der es übrigens ebenso treibt – und vor allem dem fahrenden Nachbarn gegenüber. Rücksicht nehmen? um die entscheidende Spur nachgeben? auflockern? nett sein, weil das praktischer ist? Na, das wäre ja … Es gibt bereits Frageecken in den großen Zeitungen, wo im vollen Ernst Situationen aus dem Straßenleben beschrieben werden, damit nun nachher wenigstens theoretisch die einzig ›richtige Lösung gestellt‹ werden kann – man kann das in keine andere Sprache übersetzen. Als ob es eine solche Lösung gäbe! Als ob es nicht immer, von den paar groben Fällen abgesehen, auf die weiche Nachgiebigkeit, auf die Geschicklichkeit, auf die Geistesgegenwart ankäme, eben auf das Runde, und nicht auf das Viereckige! Aber nichts davon. Mit einer Sturheit, die geradezu von einem Kasernenhof importiert erscheint, fährt Wagen gegen Wagen, weil er das ›Vorfahrtsrecht‹ hat; brüllen sich die Leute an, statt sich entgegenzukommen – sie haben ja alle so recht! Als Oberster kommt dann der Polizeimann dazu, und vor dem haben sie alle unrecht.

Die feinen Leute in Berlin sind sehr stolz darauf, daß die ›beliebtesten‹ Polizisten zu Weihnachten von den Autofahrern so viel Geschenke bekommen, wie die für arme Kinder niemals übrig hätten – wieviel Anmeierei ist darin, Untertanenhaftigkeit, Feigheit, Angst und Anerkennung der Obrigkeit; denn Ordnung muß sein, und anders können sie sich Ordnung nicht vorstellen.

Es ist keine Ordnung. Es ist organisierte Rüpelei.

Daher ihre völlige Ohnmacht, wenn sie in Paris fahren sollen, wo die Fahrer einen einzigen Strom bilden, in dem jeder falsche Individualismus völlig verschwindet, in dem es wenig Regeln, aber sehr viel Entgegenkommen gibt, sehr viel Rücksicht auf den Fußgänger, sehr viel Fluidum zwischen den Fahrenden – kurz, trotz aller Polizeivorschriften des eifrigen Herrn Chiappe, lauter Dinge, die nicht in den Lehrbüchern stehen. Wie kommt das –?

Das kommt daher, daß die Deutschen sich einbilden, man könne eine Sache zu Ende organisieren. Das kann man eben nicht. Man kann eben nicht alles kodifizieren, vorherbestimmen, ein für allemal voraussehen, alle jemals vorkommenden Lagen bedenken, sie ›regeln‹ und dann keinen Einspruch mehr gelten lassen … so sieht die Justiz dieses Landes aus, und sie ist auch danach. Auf den Straßen aber ergibt sich das groteske Zerrbild, daß der Fußgänger der Feind des Autos ist, das er neidisch und verächtlich ignoriert – er wird es den Brüdern schon zeigen –; der Fahrer Feind des Fußgängers – wo ick fahre, da fahre ick – ums Verrecken bremst er nicht vorsichtig ab, fährt nicht um den Fußgänger herum, weil ›der ja ausweichen kann‹ ... und aller Feind ist der regelnde Mann: der Polizist.

Das Ideal dieses Verkehrs sieht so aus, daß vom Brandenburger Tor herunter alle Städte des Reichs durch einen Reichsverkehrswart geregelt werden, überall hat zu gleicher Zeit ein grünes Licht aufzuleuchten, und gehorsam und scharf anfahrend, setzen sich 63657 Wagen in Fahrt. Das wäre ein Fest ...

Schade, daß es nicht geht. Aber er ist auch so schon ganz hübsch, der deutsche Verkehr. Man fährt am besten um ihn herum.

Merkt ihr nischt –?

Eine ganze Industrie
schluckt die dicken Gelder,
treibt die Preise hoch – denn sie
hat die Kohlenfelder.
   Sie kann schröpfen und sie schröpft
   euch, die Konsumenten;
   von dem Geld, euch abgeknöpft,
   zahlt sie die Agenten …
      Presse, Kinos, süß gemischt –
      Merkt ihr nischt?

Käseblätter schelten brav
auf die Republike.
Und es tapst das deutsche Schaf
nach der Preßmusike.
   Weil der Bauer profitiert
   von den Feldgewächsen:
   loben Filme – wie geschmiert! –
   Fridericus Rexn.
      Warum wird das aufgetischt?
      Merkt ihr nischt –?

Was mit offnen Mäulern prahlt:
»Wir – wir sind die Stärkern!«
Das ist alles bar bezahlt –
und von euern Märkern!
    Vorn der Militärsoldat
    und die Ideale –
    hinten steht ein Syndikat:
    Zahle, Dummkopf, zahle!
        Von der Welt könnt ihr nichts wissen.
        Ach, wie seid ihr angelogen!
        Und sie zahlen blutige Zinsen.
        Und die Bauernfänger grinsen,
        weil ihr alldeutsch aufgefrischt …
            Merkt ihr nischt –?

»WAS BIST DU, DEUTSCHLAND?«

An die Republikaner

Hast du noch einen deutschen Paß,
    Republikaner –?
Schadet er dir oder nützt er dir was,
    Republikaner –?
  Kannst du mit ihm unter Fremde gehn?
  Wie wirst du von ihnen angesehn?
  Bleibst du damit an der Ecke stehn?
    Was bist du, Deutschland –?

Hast du die wahre Macht im Staat,
    Republikaner –?
Du oder jeder Reichswehrsoldat,
    Republikaner –?
  Du oder jeder, der Blut verspritzt?
  Du oder der Richter, der über dir sitzt
  und dich widerwillig und gar nicht schützt …
    Was bist du, Deutschland –?

Bist du Demokratie? Ist das dein Land,
    Republikaner –?
Hast du nichts als dein Fahnenband,
    Republikaner –?
  Sie schlagen dir den Schädel ein.

Du vertraust auf London und brüllst übern Rhein
die alten Phrasen und Kinderein ...
Wie – wie wird deine Zukunft sein?
    Armes Deutschland.

Märchen

Es war einmal ein Kaiser, der über ein unermeßlich großes, reiches und schönes Land herrschte. Und er besaß wie jeder andere Kaiser auch eine Schatzkammer, in der inmitten all der glänzenden und glitzernden Juwelen auch eine Flöte lag. Das war aber ein merkwürdiges Instrument. Wenn man nämlich durch eins der vier Löcher in die Flöte hineinsah – oh! was gab es da alles zu sehen! Da war eine Landschaft darin, klein, aber voll Leben: Eine Thomasche Landschaft mit Böcklinschen Wolken und Leistikowschen Seen. Rezniceksche Dämchen rümpften die Nasen über Zillesche Gestalten, und eine Bauerndirne Meuniers trug einen Arm voll Blumen Orliks – kurz, die ganze moderne Richtung war in der Flöte.

Und was machte der Kaiser damit? Er pfiff drauf.

Die Grenze

Weit liegt die Landschaft. Berge, Täler und Seen. Die Bäume rauschen, die Quellen springen, die Gräser neigen sich im Wind.

Quer durch eine Waldlichtung, durch den Wald, über die Chaussee hinüber läuft ein Stacheldraht: die Grenze. Hüben und drüben stehen Männer, aber die drüben haben blaue Uniformen mit gelben Knöpfen und die hüben rote Uniformen mit schwarzen Knöpfen. Sie stehen mit ihren Gewehren da, manche rauchen, alle machen ein ernstes Gesicht.

Ja, das ist also nun die Grenze. Hier stoßen die Reiche zusammen – und jedes Reich paßt sehr auf, daß die Bewohner des andern nicht die Grenze überschreiten. Hier diesen Halm darfst du noch knicken, diesen Bach noch überspringen, diesen Weg noch überqueren. Aber dann – halt! Nicht weiter! Da ist die Grenze. Einen Schritt weiter – und du bist in einer anderen Welt. Einen Schritt weiter – und du wirst vielleicht für etwas bestraft, was du hier noch ungestraft tun könntest. Einen Schritt weiter – und du darfst den Papst lästern. Einen Schritt weiter – und aus dir ist ein ziemlich vogelfreies Individuum, ein ›Fremder‹ geworden.

Pfui, Fremder –! Du bist das elendeste Wesen unter der Sonne Europas. Fremder –! Die alten Griechen nannten die Fremden Barbaren – aber sie übten Gastfreundschaft an ihnen. Du aber wirst von Ort zu Ort gejagt, du Fremder unserer Zeit, du bekommst hier keine Einreiseerlaubnis und dort keine Wohnungsgenehmigung, und dort darfst du keinen Speck essen, und da von da keinen mitnehmen – Fremder!

Und das Ding, das sie Europa nennen, ist ein Lappen von bunten Flicken geworden, und jeder ist fremd, wenn er nur die Nase aus seinem Dorf heraussteckt. Es gibt mehr Fremde als Einwohner in diesem gottgesegneten Erdteil ...

Nach diesem Krieg, nach solchen Verschiebungen, gegen die die kleinen Tagereisen der Völkerwanderung ein Kinderspiel waren, nach blutigen Märschen der Völker durch halb Europa, sind die Kirchturmangelegenheiten jedes Sprengels zu höllischen Wichtigkeiten geworden. Greiz-Schleiz-Reuß ältere Linie und der Volksstaat Bayern und das autonome Oberschlesien und Frankreich und Kongreßpolen – es ist immer dasselbe. Jeder hält seinen Laden für den allerwichtigsten und ist nicht gesonnen, auch nur den kleinsten Deut nachzugeben. Zunächst einmal und zum Anfang ziehen wir eine Demarkationslinie. Wir trennen uns ab. Wir brauchen eine Grenze. Denn wir sind eine Sache für sich.

Eine Erde aber wölbt sich unter den törichten Menschen, *ein* Boden unter ihnen und *ein* Himmel über ihnen. Die Grenzen laufen kreuz und quer wirr durch Europa. Niemand aber vermag die Menschen auf die Dauer zu scheiden – Grenzen nicht und nicht Soldaten –, wenn die nur nicht wollen.

Wie lachten wir heute über einen, der mit schwärmerischem Pathos anfeuerte, die Grenzen zwischen Berlin und Magdeburg einzureißen! So, genau so wird man einmal über einen internationalen Pazifisten des Jahres 1920 lachen, wenn die Zeit gekommen ist. Sie rascher heraufzuführen, sei unser aller Aufgabe.

Der Löw ist los –!

Am sechsten Juli dieses Jahres beschloß der Löwe Franz Wüstenkönig aus dem großen Raubtierhaus des berliner Zoologischen Gartens, fürder nicht mehr mitzumachen. Er brach aus.

Das machte er so, daß er, gelegentlich der Reinigung seines Käfigs durch den Oberwärter Pfleiderer in den Nebenkäfig gescheucht, das Schließen der Verbindungstür durch Dazwischenklemmen seines Schweifendes geschickt verhinderte, die Reinigung abwartete, sich dann mit Gebrüll Nr. 3 auf den ahnungslosen Pfleiderer stürzte, diesen über den Haufen rannte und durch die offenstehende Käfigtür das Weite suchte und fand.

Der Löw' ist los –!

Dieser Schreckensruf verbreitete sich, einem Lauffeuer gleich, in den Wandelgängen unseres geliebten Zoologischen Gartens. Die Aufregung der Besucher war unbeschreiblich. Viele ließen in der Eile ihr Bier stehen, ohne zu zahlen – und noch lange nach diesen Ereignissen sah man an den Restaurants des Zoo die Kette der ehrlichen Berliner anstehen, die ihre schuldige Zeche begleichen wollten. Kinderwagen fielen um und ergossen ihren schreienden Inhalt auf die

Wege, ältere Damen, die sonst nur mühsam einher-
schlurchten, liefen plötzlich, daß es eine Freude war –
die Lästerallee war wie leergefegt, und nur ängstliche
Kellner saßen hoch oben in den Zweigen der Bäume,
und ihre schwarzen Fräcke hingen hernieder wie die
Schwänze fremdartiger Zaubervögel. Der Löw' ist
los –!

Hastig stürzten die aufgeschreckten Menschen auf
die Straßen und ohrenbetäubend verkündete auch
dort ihr Geschrei: »Der Löw' ist los! Und seinen Apo-
stroph hat er auch mitgenommen –!«

Die Wirkung war furchtbar.

Wüstenkönig war noch damit beschäftigt, gedankenvoll und langsam in der leeren Waldschänke die
dort aufgehängten kleinen Würstchen zu verzehren –
da standen draußen schon ganze Straßenzüge auf
dem Kopf. Die gewöhnlichen Leute stürzten, haste
was kannste, über Rinnsteine, Hunde, Babys, Akten-
taschen, und dicke Damen, die nicht weiter konnten.
Die minder gut gestellten Schichten der Bevölkerung
machten sich die Situation rasch zunutze – sie kauf-
ten die an die Bordschwellen gespülten Strandgüter
der Fliehenden à la baisse und eröffneten damit an
den Ecken einen schwunghaften Handel. Die oberen
Schichten hingegen bewahrten auch hier ihre überlegene Ruhe, sobald sie erst einmal im Auto saßen –
umsichtig und ernst sorgten sie dafür, daß sich keiner
an die Wagen hängte. Die Droschkenkutscher schlu-

gen augenblicks um das Achtzehnfache auf – zum ersten Mal in Berlin, ohne den Polizeipräsidenten um Erlaubnis zu fragen. Es war ein Höllenlärm. In der Mitte stand, starr und stolz, ein Polizeiwachtmeister, turnte ägyptisch und regelte den Verkehr, und der Verkehr blieb stehen und sah zu, wie er geregelt wurde, und war sehr stolz. Es ging zu wie in einer getauften Judenschule.

Der Löwe Wüstenkönig war inzwischen mit den Würstchen fertig geworden. Er brüllte nach dem Kellner – keiner kam. Unwillig mit dem Schweif den kleinen Alltagsreif schlagend, begab sich Wüstenkönig ins Freie. Das majestätische Tier schritt würdevoll dem Ausgang nach dem Kurfürstendamm zu.

Berlin war aufgestört wie ein Ameisenhaufen. Alle Telefone klingelten mit einem Male schrill auf – aber es meldeten sich nur die falschen Verbindungen. Die einzigen, die den Kopf nicht verloren, waren die Damen vom Amt, sie verrichteten kaltblütig ihren Dienst in gewohnter Weise weiter, und so bekam niemand Anschluß. In den Redaktionen der großen Zeitungen drängten sich die Reporter. »Wie soll das jetzt noch in die Abendausgabe?« jammerte Redakteur Ausgerechnet. »Konnte dieser verdammte Löwe nicht eine halbe Stunde früher ausbrechen?« – »Dann machen wir eben eine Extraausgabe!« sagte der Verleger Mülvoß. Und: »Extraausgabe! Extraausgabe!« hallte es durch das Haus. Und die Setzer klapperten mit den Winkelhaken, und die schweren Rotationspressen setzten sich rasch in Bewegung ...

Die Börse nahm die Nachricht vom Ausbruch des Löwen verhältnismäßig gefaßt auf. (Haben Sie schon mal eine Nachricht gesehen, die die Börse nicht gefaßt aufgenommen hätte?) Montanwerte fester, Gerste leicht angezogen, Brauereien flau, Jakob Goldschmidt immer oben auf, Herbert Guttmann repartiert, Häute fest.

Im Reichswehrministerium tagte gerade eine Unterkommission des Untersuchungsausschusses zur Nachprüfung seiner eignen Unentbehrlichkeit, als die Schreckensnachricht eintraf. Das Frühstück, Verzeihung, die Sitzung, wurde sofort abgebrochen. Zwei Generalstabsoffiziere arbeiteten hopphopp mit ihren Referenten einen Feldzugsplan für die Bekämpfung des Löwen aus und forderten dazu an:

2 Armeekorps,
1 Pressestelle,
24 außeretatmäßige Stabsoffizierstellen,
1 Stück Kanone,
1 Land-Panzerkreuzer.

Der Löwe Wüstenkönig schritt inzwischen, immer majestätisch, wie es ihn seine liebe Mutter gelehrt hatte, durch die Kurfürstenstraße zum Lützowplatz. Menschenleer lagen Straßen und Plätze. Da stand ein großes Löwendenkmal. Mißmutig schnupperte der

340

Löwe. Dann hob er – da rührte sich etwas. Was war das? Nichts. Der Löwe ließ seinen Gefühlen freien Lauf.

Ging und lief dann in langen Sätzen die Lützow-straße entlang durch die Potsdamer Straße und stürmte vor ein großes Warenhaus.

Er war Gourmand, der Löwe Franz Wüstenkönig. Er wollte so eine nette, kleine, pruzlige Verkäuferin zum Frühstück essen – so eine frische, junge … Herr-gottnichtnochmal! Das Wasser lief ihm in Appetit-schnüren zum Maule heraus und hing in langen Fä-den an seinem Bart … Schnurrend legte er sich und wartete.

Die Behörden hatten inzwischen fieberhaft gear-beitet. In aller Eile, so gut das eben in der Geschwin-digkeit ging, hatte man eine Reichslöwenabwehr-abteilung mit einem Sonderressort für bayerische Löwen begründet, und es handelte sich nur noch darum, ob die Abteilung das ganze Rathaus oder das Hotel Adlon beziehen sollte –

Die Deutsche Volkspartei war wie stets auf dem Posten. Schon nach einer halben Stunde klebten an allen Säulen und Bäumen knallblaue Plakate:

»Mitbürger!
Der Löw' ist los!
Wer ist daran Schuld?
Die Juden!
Wählt die Deutsche Volkspartei!«

Das Leben in der Stadt war völlig umgekrempelt. Niemand wagte sich mehr aus dem Hause. Aus allen Stadtteilen wurden Löwen gemeldet – im ganzen zweiundsechzig. Acht große Hunde wurden erschossen, erst an den Hundemarken erkannte man den kleinen Irrtum. Bei Königs ließ die Köchin Babett das Teeservice mit dem gesamten Gedeck fallen, weil ihr der junge Herr von hinten einen Kuß aufgedrückt hatte. Mit dem Ausruf: »Jessas! der Löwe!« brach das brave Mädchen zusammen.

Die berliner Theaterdirektoren Bindelbands suchten verzweifelt den Löwen. Sie wollten ihn für den Shawschen ›Androklus‹ engagieren. Sie fuhren von Straße zu Straße – kein Löwe. Feuerwehrautos klingelten durch die Gegend – kein Löwe. Der Löwe war fottefliegt.

Der Löwe war gar nicht fort. Er war, des Wartens müde, aufgestanden, schlenderte nun durch die Straßen, erblickte einen Wagen mit Kirschen und warf ihn, durch den hohen Preis erschreckt, um – und dann war er weiter und weiter gegangen.

Also das war Berlin! Dieser traurige Haufe von Steinkästen und schnurgeraden Straßen, die alle ein bißchen unsauber aussahen – das war das Weltdorf Berlin! Der Löwe schüttelte das Haupt. Da hatten ihm die Spatzen im Käfig wer weiß was erzählt – und wenn abends vor der Fütterung aus dem Raubtierhaus, ja, aus dem ganzen Zoo *ein* Schrei aufstieg:

»Swoboda!« (Russisch ist nämlich das Volapük der Tiere, und dies heißt so viel wie Freiheit!) – dann meinten alle, die ja zum großen Teil ihre natürliche Heimat nie gesehen hatten, gar nicht Afrika oder die Kordilleren oder Indien – der Schrei hieß: Berlin! – Einmal auf der Rutschbahn im Lunapark fahren, war die Sehnsucht der Krokodile; einmal zum Rennen nach Ruhleben, danach lechzten die Aasgeier; einmal sich in der Bar wälzen können, träumten die wilden Schweine. Abend für Abend. Und das hier war Berlin? Das war es?

Wüstenkönig schüttelte nochmals das Haupt.

Und da rückte es heran. Die Feuerwehr von der einen Seite und die Gebirgs-Marine der Reichswehr von der andern, Kino-Operateure und Leute, die bei allen Premieren dabei sein müssen, Journalisten, Damen der ersten besten Gesellschaft und die Bindelbands … Da rückte es heran. Und das Erstaunliche geschah, daß sich der Löwe Franz Wüstenkönig, der Beherrscher der Tiere, die Majestät der Fauna pp., ruhig abführen ließ – in seinen Käfig zurück, in das große Raubtierhaus des Zoologischen Gartens.

Und als die Tür hinter ihm zugeklappt war und ihn der Oberwärter Pfleiderer vorwurfsvoll angeschnupft hatte, und als sich der ganze Schwarm verlaufen, da senkte der enttäuschte Löwe den Schweif, den er bis dahin glorios nach oben getragen hatte, streckte sich still der Länge lang hin und sagte mit Wärme und Überzeugung: »Nie wieder –!«

Der Primus

In einer französischen Versammlung neulich in Paris, wo es übrigens sehr deutschfreundlich herging, hat einer der Redner einen ganz entzückenden Satz gesagt, den ich mir gemerkt habe. Er sprach von dem Typus des Deutschen, analysierte ihn nicht ungeschickt und sagte dann, so ganz nebenbei: »Der Deutsche gleicht unserm Primus in der Klasse.« Wenn es mir die ›*Leipziger Neuesten Nachrichten*‹ nicht verboten hätten, hätte ich Hurra! gerufen.

Können Sie sich noch auf unsern Klassenprimus besinnen? Kein dummer Junge, beileibe nicht. Fleißig, exakt, sauber, wußte alles und konnte alles und wurde – zur Förderung der Disziplin – vom Lehrer gar nicht gefragt, wenn ihm an der Nasenspitze anzusehen war, daß er diesmal keine Antwort wußte. Der Primus konnte alles so wie wir andern, wenn wir das Buch unter der Bank aufgeschlagen hatten und ablasen. Meist war er nicht mal ein ekelhafter Musterknabe (das waren die Streber auf den ersten Plätzen, die gern Primus werden wollten) – er war im großen ganzen ein ganz netter Mensch, wenn auch eine leise Würde von ihm sanft ausstrahlte, die einen die letzte Kameradschaft niemals empfinden ließ. Der Primus arbeitete wirklich alles, was aufgegeben wurde, er arbeitete mit Überzeugung und Pflichtgefühl, er machte seine Arbeit um der Arbeit willen, und er machte sie musterhaft.

Schön und gut.

Da waren aber noch andre in der Klasse, die wurden niemals Primus. Das waren Jungen mit Phantasie (kein Primus hat Phantasie) – Jungen, die eine fast intuitive Auffassungsgabe hatten, aber nicht seine Leistungsfähigkeit, Jungen mit ungleicher Arbeitskraft, schwankende, ewig ein wenig suspekte Gestalten. Sie verstanden ihre Dichter oder ihre Physik oder ihr Englisch viel besser als die andern, besser als der ewig gleich arbeitsame Primus und mitunter besser als der Lehrer. Aber sie brachten es zu nichts. Sie mußten froh sein, wenn man sie überhaupt versetzte.

Es müßte einmal aufgeschrieben werden, was Primi so späterhin im Leben werden. Es ist ja nicht grade gesagt, daß nur der Ultimus ein Newton wird, und daß es schon zur Dokumentierung von Talent oder gar Genie genügte, in der Klasse schlecht mitzukommen. Aber ich glaube nicht, daß es viele Musterschüler geben wird, die es im Leben weiter als bis zu einer durchaus mittelmäßigen Stellung gebracht haben.

Der Deutsche, wie er sich in den Augen eines Romanen spiegelt, ist zu musterhaft. Pflicht – Gehorsam – Arbeit: es wimmelt nur so von solchen Worten bei uns, hinter denen sich Eitelkeit, Grausamkeit und Überheblichkeit verbergen. Das Land will seine Kinder alle zum Primus erziehen. Frankreich seine, zum Beispiel, zu Menschen, England: zu Männern. Die Tugend des deutschen Primus ist ein Laster, sein Fleiß eine unangenehme Angewohnheit, seine Artigkeit Mangel an Phantasie. In der Aula ist er eine große Nummer, und auch vor dem Herrn Direktor. Draußen zählt das alles nicht gar so sehr. Deutschland, Deutschland, über alles kann man dir hinwegsehen – aber daß du wirklich nur der Primus in der Welt bist: das ist bitter.

Handelsteil

Da lesen wir nun so viel über Bankkrachs, zerplatzte Versicherungsgesellschaften, Geschäfte, die ihre Zahlungen eingestellt haben ... viel Geld ist da verloren gegangen, viel Geld der andern – ja. Und was, glauben Sie, wird uns da beschrieben? Die letzte Verzweiflung der kleinen Leute, die ihre Spargroschen nicht mehr wiedersehen? zerstörtes Alter? zerstörtes Leben? Ach nein, das nicht. Es werden uns die Bankiers beschrieben. Was tun die Bankiers –? Sie brechen zusammen.

Jeder Bankier, der etwas ausgefressen hat, bricht zusammen. Er erleidet einen Nervenzusammenbruch. Und zwar bricht er entweder in einem Sanatorium zusammen oder auch zu Hause, aber das ist nicht so fein. Er – »Na, hören Sie mal, Sie sind aber komisch: Meinen Sie, das ist ein Spaß, so eine Pleite? Machen Sie das mal mit, ehe Sie mitreden ...« – Nein, danke; ich verdiene ja auch nicht so viel; ich brauche das nicht. Und ein Spaß ist es gewiß nicht. Ich meine nur ... »Was? Was soll der Bankier denn tun, wenn er Pleite macht? Auf einem Bein tanzen?« – Nein, das sähe nicht hübsch aus. Ich meine nur ... wenn sie einen Lokomotivführer herunterholen, weil er nach zehn Stunden Dienst ein Signal überfahren hat, und es hat ein Unglück gegeben, dann sperren sie ihn ein. Fertig. – »Und? Na und? Sperren sie den Bankier vielleicht nicht ein?« – Nicht so lange. Es finden sich zwei Hausärzte und ein Professor, die die ganze Strenge ihrer militärärztlichen Dienstzeit vergessen, die gar nicht mehr »k.v.!« brüllen, sondern ellenlange Atteste schreiben: die Haftfähigkeit … das Herz … und es finden sich fast immer Kautionen, und es finden sich fast immer Gerichtsbehörden, die den Mann herauslassen, den Herrn Verantwortlichen. – »Damit er draußen behilflich sein kann, sein Geschäft zu ordnen.« – Sicher. Aber der verhaftete Arbeiter hat auch ein Geschäft: nämlich seine Familie, die durch die Bestrafung, die ihm zugedacht ist, fast allemal zugrunde geht … aber darauf kommt es wohl nicht so sehr an. Er ist ja nicht verantwortlich. – »Was wollen Sie damit sagen?« – Daß dieses Wort im Deutschen überhaupt nichts mehr bedeutet. Verantwortlich? Ich habe eine verantwortliche Stellung … deine Verantwortlichkeit … er ist mir dafür verantwortlich … neulich habe ich in einer Tierschutz-Zeitschrift gelesen: »Wenn die Schafe eingerückt sind, ist für die Herde der Hund verantwortlich.« Ich sage Ihnen: das Wort hat seine Bedeutung verloren. Ist im Weltkrieg jemand verantwortlich gewesen? Wer ist überhaupt verantwortlich? Ich werde es Ihnen sagen: kleine, untergeordnete, meist proletarische Einzelne – der Rest verkriecht sich hinter die Gruppe, hinter eine Vorschrift, hinter das Reglement, hinter einen Befehl – in Wahrheit trägt kein Mensch die Verantwortung für das, was er macht. Sie decken sich gegenseitig, und zum Schluß ist es niemand gewesen. Die Geschichte wird richten, wissen Sie? Das ist eine schöne Geschichte. – »Aber die armen Bankiers ...« Mir bricht das Herz. Ich sehe sie vor mir: schluchzende Devisenhändler, taschentuchauswringende Fondsmakler, zusammengebrochene Kommerzienräte ... nach bestem Wissen und Gewissen ... es muß furchtbar sein. Da gibts nur ein Mittel.

Sich auch weiterhin der Rechtlosen anzunehmen: jener kleinen Leute, die in die Klauen der Justiz fallen, und die sich nicht wehren können. »Das Gesetz in seiner erhabenen Gleichheit verbietet Armen und Reichen, unter den Brücken zu schlafen« – sagt Anatole France.

Heimat

Aber einen Trost hast du immer, eine Zuflucht,
ein Wegschweifen. Selbst auf Umgebungs-
flachheiten stehen Bäume, Wasseraugen
schimmern dich an, Horizonte sind weit, und
auch durch düstere Verhängung kommt noch
Feldatem.

Alfons Goldschmidt: ›Deutschland heute‹

Nun haben wir auf vielen Seiten Nein gesagt, Nein
aus Mitleid und Nein aus Liebe, Nein aus Haß und
Nein aus Leidenschaft – und nun wollen wir auch
einmal Ja sagen. Ja –: zu der Landschaft und zu dem
Land Deutschland.

Dem Land, in dem wir geboren sind und dessen
Sprache wir sprechen.

Der Staat schere sich fort, wenn wir unsere *Heimat*
lieben. Warum grade sie – warum nicht eins von den
andern Ländern –? Es gibt so schöne.

Ja, aber unser Herz spricht dort nicht. Und wenn
es spricht, dann in einer andern Sprache – wir sagen
›Sie‹ zum Boden; wir bewundern ihn, wir schätzen
ihn – aber es ist nicht das.

Es besteht kein Grund, vor jedem Fleck Deutschlands in die Knie zu sinken und zu lügen: wie schön!
Aber es ist da etwas allen Gegenden Gemeinsames –

und für jeden von uns ist es anders. Dem einen geht das Herz auf in den Bergen, wo Feld und Wiese in die kleinen Straßen sehen, am Rand der Gebirgsseen, wo es nach Wasser und Holz und Felsen riecht, und wo man einsam sein kann; wenn da einer seine Heimat hat, dann hört er dort ihr Herz klopfen. Das ist in schlechten Büchern, in noch dümmeren Versen und in Filmen schon so verfälscht, daß man sich beinah schämt, zu sagen: man liebe seine Heimat. Wer aber weiß, was die Musik der Berge ist, wer die tönen hören kann, wer den Rhythmus einer Landschaft spürt ... nein, wer gar nichts andres spürt, als daß er zu Hause ist; daß das da sein Land ist, sein Berg, sein See, auch wenn er nicht einen Fuß des Bodens besitzt ... es gibt ein Gefühl jenseits aller Politik, und aus diesem Gefühl heraus lieben wir dieses Land. Wir lieben es, weil die Luft so durch die Gassen fließt und nicht anders, der uns gewohnten Lichtwirkung wegen – aus tausend Gründen, die man nicht aufzählen kann, die uns nicht einmal bewußt sind und die doch tief im Blut sitzen.

Wir lieben es, trotz der schrecklichen Fehler in der verlogenen und anachronistischen Architektur, um die man einen weiten Bogen schlagen muß; wir versuchen, an solchen Monstrositäten vorbeizusehen; wir lieben das Land, obgleich in den Wäldern und auf den öffentlichen Plätzen manch Konditortortenbild eines Ferschten dräut –

laß ihn dräuen, denken wir und wandern fort über die Wege der Heide, die schön ist, trotz alledem.

Manchmal ist diese Schönheit aristokratisch und nicht minder deutsch; ich vergesse nicht, daß um so ein Schloß hundert Bauern im Notstand gelebt haben, damit dieses hier gebaut werden konnte – aber es ist dennoch, dennoch schön. Dies soll hier kein Album werden, das man auf den Geburtstagstisch legt; es gibt so viele. Auch sind sie stets unvollständig – es gibt immer noch einen Fleck Deutschland, immer noch eine Ecke, noch eine Landschaft, die der Fotograf nicht mitgenommen hat … außerdem hat jeder sein Privat-Deutschland. Meines liegt im Norden. Es fängt in Mitteldeutschland an, wo die Luft so klar über den Dächern steht, und je weiter nordwärts man kommt, desto lauter schlägt das Herz, bis man die See wittert. Die See – Wie schon Kilometer vorher jeder Pfahl, jedes Strohdach plötzlich eine tiefere Bedeutung haben … wir stehen nur hier, sagen sie, weil gleich hinter uns das Meer liegt – für das Meer sind wir da. Windumweht steht der Busch, feiner Sand knirscht dir zwischen den Zähnen …

Die See. Unvergeßlich die Kindheitseindrücke; unverwischbar jede Stunde, die du dort verbracht hast – und jedes Jahr wieder die Freude und das »Guten Tag!« und wenn das Mittelländische Meer noch so blau ist … die deutsche See. Und der Buchenwald; und das Moos, auf dem es sich weich geht, daß der

Schritt nicht zu hören ist; und der kleine Weiher, mitten im Wald, auf dem die Mücken tanzen – man kann die Bäume anfassen, und wenn der Wind in ihnen saust, verstehen wir seine Sprache. Aus Scherz hat dieses Buch den Titel ›*Deutschland, Deutschland über alles*‹ bekommen, jenen törichten Vers eines großmäuligen Gedichts. Nein, Deutschland steht nicht über allem und ist nicht über allem – niemals. Aber *mit* allen soll es sein, unser Land. Und hier stehe das Bekenntnis, in das dieses Buch münden soll:

Ja, wir lieben dieses Land.

Und nun will ich euch mal etwas sagen:

Es ist ja nicht wahr, daß jene, die sich ›national‹ nennen und nichts sind als bürgerlich-militaristisch, dieses Land und seine Sprache für sich gepachtet haben. Weder der Regierungsvertreter im Gehrock, noch der Oberstudienrat, noch die Herren und Damen des Stahlhelms allein sind Deutschland. Wir sind auch noch da.

Sie reißen den Mund auf und rufen: »Im Namen Deutschlands …!« Sie rufen: »Wir lieben dieses Land, nur wir lieben es.« Es ist nicht wahr.

Im Patriotismus lassen wir uns von jedem übertreffen – wir fühlen international. In der Heimatliebe von niemand – nicht einmal von jenen, auf deren Namen das Land grundbuchlich eingetragen ist. Unser ist es.

Und so widerwärtig mir jene sind, die – umgekehrte Nationalisten – nun überhaupt nichts mehr Gutes an diesem Lande lassen, kein gutes Haar, keinen Wald, keinen Himmel, keine Welle – so scharf verwahren wir uns dagegen, nun etwa ins Vaterländische umzufallen. Wir pfeifen auf die Fahnen – aber wir lieben dieses Land. Und so wie die nationalen Verbände über die Wege trommeln – mit dem gleichen Recht, mit genau demselben Recht nehmen wir, wir, die wir hier geboren sind, wir, die wir besser deutsch schreiben und sprechen als die Mehrzahl der nationalen Esel – mit genau demselben Recht nehmen wir Fluß und Wald in Beschlag, Strand und Haus, Lichtung und Wiese: es ist unser Land. Wir haben das Recht, Deutschland zu hassen – weil wir es lieben. Man hat uns zu berücksichtigen, wenn man von Deutschland spricht, uns: Kommunisten, junge Sozialisten, Pazifisten, Freiheitliebende aller Grade; man hat uns mitzudenken, wenn ›Deutschland‹ gedacht wird … wie einfach, so zu tun, als bestehe Deutschland nur aus den nationalen Verbänden.

Deutschland ist ein gespaltenes Land. Ein Teil von ihm sind wir.

Und in allen Gegensätzen steht – unerschütterlich, ohne Fahne, ohne Leierkasten, ohne Sentimentalität und ohne gezücktes Schwert – die stille Liebe zu unserer Heimat.

Staatspathos

Wie kommt es eigentlich, daß die Reden, die unsre
Staatsmänner bei allen möglichen und unmöglichen
Gelegenheiten halten, so unsagbar töricht, leer und
kindisch sind? Das muß doch nicht so sein. Die
Leute, die das tun, stehen sehr oft über dem Niveau
des Gesagten – was machen sie da nur –?

Sie greifen acht Töne zu hoch. Sie zwingen sich, in
falschen Tonlagen zu singen, das rächt sich. Und
warum tun sie das?

Weil sie mit aller Gewalt – bei Brückeneinwei-
hungen, Anstaltseröffnungen, Fleischbeschau-Aus-
stellungen und Amtsübernahmen – ihre Hörer für
so dümmlich halten, wie die in dieser Minute zu sein
vorgeben. In Wahrheit glaubens auch die Hörer nicht.
Habt euch doch nicht so.

Der Staat ist längst nicht mehr der große Gott und
der dicke Manitou. Der Staat hat nicht mehr die
Allmacht in Händen – fragt nur bei den Banken, bei
denen ihr euch das Geld borgt, damit ihr weiter machen könnt. Dieses Pathos glaubt euch kein vernünftiger Mensch.

Ihr wendets nur an, weil sich im Laufe der Zeit ein
Epigonen-Stil für Festredner herausgebildet hat, die

das Jubiläum eines Kegelklubs begehen, als begrüßten sie den Präsidenten Hindenburg, und umgekehrt. Ist das nicht schrecklich? Es ist, als zögen diese im Alltagsleben wahrscheinlich ganz nüchtern denkenden Männer mit ihrem schwarzen Rock noch etwas andres an – vage Erinnerungen an wilde Wagner-Opern, deutsches Trompetengeschmetter, den kollernden Baß ehrwürdiger Vereinsvorsitzender oder das überkippende Falsett junger Ministerialdirektoren. Laßt doch das sein.

Warum sprecht ihr nicht schön einfach? Denn dazu feiert ihr solcherlei Festivitäten viel zu oft, als daß jede einzelne noch ein Festtag sein könnte. Und dann will gehobene Sprachweise gelernt sein, sie steht nicht jedermann zur Verfügung – wenn aber einer so spricht, wie ihm der Schnabel gewachsen ist, dann kanns gut gehen.

Da hat sich jedoch eine Amts-Terminologie entwickelt, die gradezu fürchterlich ist. Man lese einmal nach – wenn man das zu Ende bringt! – wie bei Rheinlandfeiern, bei Amtsantritt und Abschied, bei Begrüßungen fremder Souveräne den Beamten die Hefe aufgeht. Ich weiß sehr gut, daß eine gewisse offizielle Ausdrucksweise nötig ist – man soll ja nicht immer sprachschöpferisch wirken; es ist auch ungefährlicher, bei der Tradition zu bleiben. Gut und schön – aber was ist das für eine Tradition!

Wenn einer sein Amt übernimmt, dann betont er

zunächst einmal emphatisch, daß er es gar nicht hat haben wollen. Er opfert sich, sozusagen. Es wird ein bißchen viel geopfert bei uns … Und wenn sie in den Reden brausend sind, dann sind sie viel zu brausend, und wenn sie schlicht sind, sind sie viel zu schlicht – sie sind immer alles hoch zwei und wissen nicht, daß eine Wahrheit, zum Quadrat erhoben, sehr oft eine Lüge ergibt. Wie markig hallt die Phrase! Wie zischen die vergilbten Vergleiche! Wie wimmelt es von aufge-schnappten und unerlebten Bildern, die so staubig sind, daß es einem trocken im Hals wird, wenn man das mitanhört! Es ist, als könnten sie gar nicht mehr vernünftig sprechen.

Aber viele Hörer wollens so. Die stehen dann da, mit einem Ausdruck im Gesicht, wie ein Hammel, der darüber nachdenkt, ob er nun mal strullen soll; das Kinn haben sie an den Kragen gepreßt, und wäh-rend sie zuhören, ohne aufzupassen, glauben sie im Augenblick auch wirklich alles, was ihnen da zu einem Ohr hinein und zum, sagen wir, andern wie-der herausgeht. Es ist wunderschön. Gehts denn nicht einfach? Doch, es geht auch einfach.

»Liebe Kinder! Ich wünsche euch vor allem Ge-sundheit. Der Mensch hat die Pflicht, gesund zu sein, nur so kann er den andern helfen und wird ihnen nicht zur Last fallen. Erhaltet euren Körper und die Wohnungen sauber. Betreibt Sport und fürchtet euch nicht vor Luft, Wasser und Sonne.«

Das hat allerdings der Präsident Masaryk gesagt. Und vor Kindern. Denn vor Erwachsenen; – da ist das natürlich ganz etwas andres.

»Meine Damen und Herren! Im Namen der Reichsregierung kann ich erklären: Der heutige Tag ist ein Markstein in der Geschichte von Köln-Nippes. Die Anstalt für geprüfte Kreis-Hebammen, die wir heute dem öffentlichen Verkehr übergeben, ist so recht geeignet, Brücken zu schlagen ...«

Mensch! halt die Luft an. Und sprich vernünftig und sauber und ohne Pathos. Es ist besser für uns alle.

Denkmal am Deutschen Eck

An der Mosel ging es noch an. Wir soffen uns langsam den Fluß hinab, wir fuhren mit dem Saufbähnchen von Trier nach Bulley hinunter, und auf jeder dritten Station stiegen wir aus und sahen nach, wie es mit dem Weine wäre. Es war. Wenn wir das festgestellt hatten, stiegen wir wieder ein: der Zug führte einen Waggon mit, der sah innen aus wie ein Salonwagen, von hier aus hätte man ganz bequem Krieg führen können, so mit einem Telefon auf dem Tisch, mit dicken Zigarren und: »Seiner Majestät ist soeben der Sturmangriff gemeldet worden.« Wir führten aber keinen Krieg, sondern drückten auf die Kellnerin, und dann erschien ein Klingelknopf, oder umgekehrt, und dann konnte man auf dem langen Tisch einen naturreinen Mosel trinken und dabei Würfel spielen. Und es entstanden in diesen Bahnstunden die Spiele:

> Lottchen dick
> Spix ist stolz
> > und:
> Georgine, die ordentliche Blume
> > sowie:
> Karlchen und die Rehlein –

das letztere Spiel zur Erinnerung an Karlchen seine Liebesabenteuer im freien, frischen, frommen Walde, wo ihm einmal die kleinen Rehlein zugesehn hatten. Ich verlor auf das Grauenerregendste und mußte immer bezahlen. Aber so ist alles.

Bernkastel, Traben-Trarbach, Bulley ... dann aber setzten wir uns in einen seriösen Zug und fuhren nach Kolbenz. (Diese Aussprache wurde adoptiert, falls Jakopp ein künstliches Gebiß hätte: es spricht sich leichter aus.) In Kolbenz tranken wir der Geographie halber einen Rheinwein, und der konnte Papa und Mama sagen, wir aber nicht mehr. Am nächsten Morgen – es war ein Sonntag hell und klar – gingen wir spazieren.

Ich kannte Kolbenz nicht. Das erste, was mir auffiel, war ein breites und lautes Bürgerpublikum von Reisenden, die sich merkwürdig aufgeregt gebärdeten. So, wie schwarzhaarige Frauen, wenn sie einmal in Paris sind, dem Zauber des Wortes ›Paris‹ erliegen und sich so benehmen, wie sie es zu Hause niemals täten, so kippten hier die blonden Damen aus den Pantinen; der Rhein, Vater Rhein, der deutsche Rhein klingelte in den Gläsern, und es war ziemlich scheußlich anzusehn. Das zweite, was damals auffiel, war die ›Schmachch‹. Wir sprachen das Wort mit zwei ch, und wir meinten die Franzosen damit, von deren ›schwarzer Schmach‹ wir so viel in den bildenden Kinos gesehen hatten. Hier war nur weiße

Schmachch, und wir mochten sie nicht. Und zwar nicht etwa, weil wir die Franzosen nicht mögen, sondern weil wir das Militär nicht mögen. Wir sind nur nicht so dumm wie zum Beispiel der Kolbenzer ›General-Anzeiger‹, der nun, nach dem Abzug der Schmachch, Mord und Tod hinter ihnen herschimpfte, ohne auch nur einen Augenblick lang zu untersuchen: wie sich die Deutschen in Belgien und Frankreich benommen haben, was das Militär eigentlich ist und für wen es arbeitet, und wie an diesem ganzen namenlosen Unglück, am Krieg und seinen Folgen, Europa schuld ist und seine nationale Zerfetztheit. Statt dessen krähte die Zeitung in echt kleinbürgerlicher Wut wegen der unbedingt zu verurteilenden Übergriffe nun hinter ein paar tausend Soldaten her, deren jugendliche Kraft genau so unproduktiv mißbraucht wird, wie das mit Soldaten in allen Ländern geschieht – auch in Deutschland.

Wir spazierten also am Rhein entlang, ich hatte wieder einmal meine Geographie nicht gelernt und ließ mir von Jakopp die Gegend erklären. Da war der Ehrenbreitstein; auf dem brannte zum Gaudium aller Rheinkadetten eine französische Fahne – wirklich, die Fahne brannte hoch am Fahnenstock, verglomm, leuchtete wieder auf … mich interessiert Militär nicht, und ich weiß nicht, was sie da gekokelt haben. Es ist ja auch gleichgültig, so gleichgültig wie alles, was diese uniformierten Brüder tun. Und da war der Rhein, der kitschumrauschte, und, wie bei Goethe steht, da waren große Schiffe im Begriffe, auf diesem Flusse hier zu sein … und plötzlich bekam ich den größten Schreck auf dieser Reise. Ich weiß es noch ganz genau:

Wir gingen auf der breiten, baumbestandenen Allee; vorn an der Ecke war eine Fotografenbude, sie hatten Bilder ausgestellt, die waren braun wie alte Daguerrotypien, dann standen da keine Bäume mehr, ein freier Platz, ich sah hoch … und fiel beinah um.

Da stand – Tschingbumm! – ein riesiges Denkmal Kaiser Wilhelms des Ersten: ein Faustschlag aus Stein. Zunächst blieb einem der Atem weg.

Sah man näher hin, so entdeckte man, daß es ein herrliches, ein wilhelminisches, ein künstlerisches Kunstwerk war. Das Ding sah aus wie ein gigantischer Tortenaufsatz und repräsentierte jenes Deutschland, das am Kriege schuld gewesen ist – nun wollen wir sie dreschen! In Holland.

Zunächst ist an diesem Monstrum kein leerer Fleck zu entdecken. Es hat die Ornamenten-Masern.

Oben jener, auf einem Pferd, was: Pferd! auf einem Roß, was: Roß! auf einem riesigen Gefechtshengst wie aus einer Wagneroper, hoihotoho! Der alte Herr sitzt da und tut etwas, was er all seine Lebtage nicht getan hat: er dräut in die Lande, das Pferd dräut auch, und wenn ich mich recht erinnere, wallt irgend eine Frauensperson um ihn herum und beut ihm etwas dar. Aber da kann mich meine Erinnerung täuschen ... vielleicht gibt sie dem Riesen-Pferdchen nur ein Zuckerchen. Und Ornamente und sich bäumende Reptile und gewürgte Schlangen und Adler und Wappen und Schnörkel und erbrochene Lilien und was weiß ich ... es war ganz großartig. Ich schwieg erschüttert und sah Jakopp an.

»Ja«, sagte Jakopp, »das ist das Kaiser-Wilhelm-Denkmal am Deutschen Eck.«

Richtig: da floß noch ein zweiter Fluß in den ersten Fluß, und es war, wenn man von den Fabrikschornsteinen absah, eine hübsche Gegend, viel zu hübsch für dieses steinerne Geklump, für diesen Trumm, diesen Trubas von einem Denkmal. »Was ... wie ...« stammelte ich ergriffen. Da hörte ich ein leises Stimmchen an meiner Linken, ein Knabe war mir unversehens genaht, er hatte wohl meine Ratlosigkeit bemerkt, und er sprach: »Soll ich Ihnen mal das Denkmal erklären –?« Rasches Erfassen der Kriegslage ziert den SA-Mann, und ich sprach: »Erkläre mir mal das Denkmal.«

Da sah der Knabe überall hin, nur nicht auf den Tortenaufsatz, er schlief im Stehen, seine Augen hatten den Ausdruck einer friedlich grasenden Kuh, ich hatte so etwas noch nie bei einem Menschen gesehen. Er sprach mit modulationsloser, quäkender Stimme. Und weil dieses arme Kind solches nicht allein tat, sondern vier oder fünf seiner Kollegen, wie ich später sah, den ganzen Sonntagvormittag lang gewerbsmäßig dasselbe ausübten, vor dem Denkmal und weiter unten, vor dem Hotel und überall, so habe ich das, was sich die Knaben eingepaukt hatten, mehrere Male hören können. Nach Verabreichung mehrerer Gläser guten Weines zwecks Auffrischung des Gedächtnisses läßt sich das etwa folgendermaßen an:

»Dieses Denkmal wurde gegründet im Jahre 1897; es stellt dar den berittenen Kaiser Wilhelm den Ersten, sowie auch eine Siegesgöttin benebst die besiegten Feinde. Die Siegesgöttin ist nach verlorenen Kriegen ein Friedensengel und hat eine Flügelbespannung von fünf Meter in die Breite. Das Denkmal wiegt fünf Millionen Kilogramm und hat einen Flächeninhalt von 1200 Quadratmetern, daher ist es ein großes Kunstwerk. Auf dem Grundsockel erhebt sich der Sockel, auf dem das Denkmal aufgebaut ist; auf diesem Sockel steht der richtige Sockel, und auf diesem der Untersockel, worauf sich der Denkmalssockel erhebt. Die Künstler, die an dem Denkmal schuld sind, heißen Schmitz und Hundrieser. Der Spruch, der in das Denkmal eingelassen ist, besagt: ›Nimmer wird das Reich zerstöret, wenn ihr einig seid und treu.‹ Die Köpfe der Seeschlangen bedeuten Deutschlands Feinde, der Granit der Söckel ist aus dem Schwarzwald. Die Mosel fließt hinter dem Denkmal, ihre Strömung ist hier besonders schnell, weil sie an dem Denkmal vorbei muß. Das Denkmal ist in der Regierungszeit Kaiser Wilhelms des Zweiten eröffnet worden und hat daher zwei Millionen Mark gekostet. Das ist das Denkmal am Deutschen Eck.« (Große Trinkgeldpause.)

Wie ich in der Zeitung gelesen habe, sind die Reden, die sie nach dem Abzug der Schmachch gehalten haben, genau so gewesen wie das Denkmal. Aber könnt ihr euch denken, daß sich jemals eine Regierung bereit fände, einen solchen gefrorenen Mist abzukarren –? Im Gegenteil: sie werden gar bald ein neues Mal errichten: das Reichsehrenmal. Wenn es errichtet ist, werden rotzgenäste Knaben hingehn und es uns erklären: die Gastwirtschaften ringsherum werden voll sein, und in den Massengräbern zu Nordfrankreich wird sich ein Geraune erheben:

»Wofür –? Dafür.«

Historisches

Vor einiger Zeit habe ich hier das schöne Denkmal am Deutschen Eck, in Koblenz, geschildert; der selige Kaiser Wilhelm der Erste ist dort zu Stein zusammengehauen, und ich hatte mir erlaubt, solches einen gefrorenen Mist zu nennen. Darob große Entrüstung bei den Kleinbürgern des Nationalismus. Es hagelte Proteste, ich spannte keinen Regenschirm auf, und soweit gut. Da sind übrigens manche Gruppen der jungen Nationalisten vernünftiger: die können wenigstens Barlach von jenem wilhelminischen Kram unterscheiden. Und diese, aber nur diese, fühlen, daß Wilhelm ein unglückseliges Mischding gewesen ist, wenn man genauer hinsieht, eigentlich gar nichts. Ein Mensch ohne Schicksal.

Nun war in diesem Aufsatz vom Deutschen Eck ferner beschrieben, wie die kleinen koblenzer Schuljungen dem Fremden für fünfzig Pfennig das Denkmal erklären, daß die Grammatik nur so wackelt. Die Zeit bleibt nicht stehn, die Industrie modernisiert sich, und wie ich höre, erklären sie in Koblenz jetzt nicht nur das Denkmal, sondern noch etwas ganz andres.

Früher hatten sie mich gefragt: »Soll ich Ihnen mal

366

das Denkmal erklären?« – Jetzt fragen sie den Besucher: »Soll ich Ihnen mal das Unglück zeigen?« Und damit meinen sie die schreckliche Brückenkatastrophe, die so vielen Menschen das Leben gekostet hat, damals, als sie die Befreiung des Rheinlands von der Schwerindustrie, Vergebung, von der welschen Schmach feierten.

Und also sprechen jetzt die Knäblein am Deutschen Eck, wörtlich:

»Das kleine Häuschen, wo die Pappeln stehn, was Sie da sehn, das ist das Bootshaus, dort brach die Brücke zusammen. Bald verwandelte sich das Bootshaus in ein Lazarett und Totenhaus. Und Hindenburg hat zur Beerdigung einen Kranz geschickt und jedem Verwandten ein paar hundert Mark, und Hindenburg hat gesagt, wär ich nicht gekommen, wäre das ganze Unglück nicht passiert. Fertig!« (Fertig wird mitgesprochen.)

»Woher weißt du denn das?« fragte der Fremde den koblenzer Knaben. »Das hat mich mein Vater gelernt«, sprach jener.

Geschichte entsteht oft auf wunderbaren Wegen.

Hitler und Goethe

EIN SCHULAUFSATZ

Einleitung

Wenn wir das deutsche Volk und seine Geschichte
überblicken, so bieten sich uns vorzugsweise zwei
Helden dar, die seine Geschicke gelenkt haben, weil
einer von ihnen hundert Jahre tot ist. Der andre lebt.
Wie es wäre, wenn es umgekehrt wäre, soll hier nicht
untersucht werden, weil wir das nicht auf haben. Daher scheint es uns wichtig und beachtenswert, wenn
wir zwischen dem mausetoten Goethe und dem
mauselebendigen Hitler einen Vergleich langziehn.

Erklärung

Um Goethe zu erklären, braucht man nur darauf
hinzuweisen, daß derselbe kein Patriot gewesen ist.
Er hat für die Nöte Napoleons niemals einen Sinn gehabt und hat gesagt, ihr werdet ihn doch nicht besie-
gen, dieser Mann ist euch zu groß. Das ist aber nicht
wahr. Napoleon war auch nicht der größte Deutsche,
der größte Deutsche ist Hitler. Um das zu erklären,
braucht man nur darauf hinzuweisen, daß Hitler beinah die Schlacht von Tannenberg gewonnen hat, er

war bloß nicht dabei. Hitler ist schon seit langen Monaten deutscher Spießbürger und will das Privateigentum abschaffen, weil es jüdisch ist. Das was nicht jüdisch ist, ist schaffendes Eigentum und wird nicht abgeschaffen. Die Partei Goethes war viel kleiner wie die Partei Hitlers. Goethe ist nicht knorke.

Begründung

Goethes Werke heißen der Faust, Egmont erster und zweiter Teil, Werthers Wahlverwandtschaften und die Piccolomini. Goethe ist ein Marxstein des deutschen Volkes, auf den wir stolz sein können und um welchen uns die andern beneiden. Noch mehr beneiden sie uns aber um Adolf Hitler. Hitler zerfällt in 3 Teile: in einen legalen, in einen wirklichen und in Goebbels, welcher bei ihm die Stelle u. a. des Mundes vertritt. Goethe hat niemals sein Leben aufs Spiel gesetzt; Hitler aber hat dasselbe auf dasselbe gesetzt. Goethe war ein großer Deutscher. Zeppelin war der größte Deutsche. Hitler ist überhaupt der allergrößte Deutsche.

Gegensatz

Hitler und Goethe stehen in einem gewissen Gegensatz. Während Goethe sich mehr einer schriftstellerischen Tätigkeit hingab, aber in den Freiheitskriegen im Gegensatz zu Theodor Körner versagte, hat Hitler uns gelehrt, was es heißt, Schriftsteller und zugleich Führer einer Millionenpartei zu sein, welche eine Millionenpartei ist. Goethe war Geheim, Hitler Regierungsrat. Goethes Wirken ergoß sich nicht nur auf das Dasein der Menschen, sondern erstreckte sich auch ins kosmetische. Hitler dagegen ist Gegner der materialistischen Weltordnung und wird diese bei seiner Machtübergreifung abschaffen sowie auch den verlorenen Krieg, die Arbeitslosigkeit und das schlechte Wetter. Goethe hatte mehrere Liebesverhältnisse mit Frau von Stein, Frau von Sesenheim und Charlotte Puff. Hitler dagegen trinkt nur Selterwasser und raucht außer den Zigarren, die er seinen Unterführern verpaßt, gar nicht.

Gleichnis

Zwischen Hitler und von Goethe bestehen aber auch ausgleichende Berührungspunkte. Beide haben in Weimar gewohnt, beide sind Schriftsteller und beide sind sehr um das deutsche Volk besorgt, um welches uns die andern Völker so beneiden. Auch hatten beide einen gewissen Erfolg, wenn auch der Erfolg Hitlers viel größer ist. Wenn wir zur Macht gelangen, schaffen wir Goethe ab.

Beispiel

Wie sehr Hitler Goethe überragt, soll in folgendem an einem Beispiel begründet werden. Als Hitler in unsrer Stadt war, habe ich ihn mit mehrern andern Hitlerjungens begrüßt. Der Osaf hat gesagt, ihr seid die deutsche Jugend, und er wird seine Hand auf euern Scheitel legen. Daher habe ich mir für diesen Tag einen Scheitel gemacht. Als wir in die große Halle kamen, waren alle Plätze, die besetzt waren, total ausverkauft und die Musik hat gespielt, und wir haben mit Blumen dagestanden, weil wir die deutsche Jugend sind. Und da ist plötzlich der Führer gekommen. Er hat einen Bart wie Chaplin, aber lange nicht so komisch. Uns war sehr feierlich zu Mute, und ich bin vorgetreten und habe gesagt Heil. Da haben die andern auch gesagt heil und Hitler hat uns die Hand auf jeden Scheitel gelegt und hinten hat einer gerufen stillstehn! weil es fotografiert wurde. Da haben wir ganz still gestanden und der Führer Hitler hat während der Fotografie gelächelt. Dieses war ein unvergeßlicher Augenblick fürs ganze Leben und daher ist Hitler viel größer als von Goethe.

Beleg

Goethe war kein gesunder Mittelstand. Hitler fordert für alle SA und SS die Freiheit der Straße sowie daß alles ganz anders wird. Das bestimmen wir! Goethe als solcher ist hinreichend durch seine Werke belegt, Hitler als solcher aber schafft uns Brot und Freiheit, während Goethe höchstens lyrische Gedichte gemacht hat, die wir als Hitlerjugend ablehnen, während Hitler eine Millionenpartei ist. Als Beleg dient ferner, daß Goethe kein nordischer Mensch war, sondern egal nach Italien fuhr und seine Devisen ins Ausland verschob. Hitler aber bezieht überhaupt kein Einkommen, sondern die Industrie setzt dauernd zu.

Schluß

Wir haben also gesehn, daß zwischen Hitler und Goethe ein Vergleich sehr zu Ungunsten des letzteren ausfällt, welcher keine Millionenpartei ist. Daher machen wir Goethe nicht mit. Seine letzten Worte waren mehr Licht, aber das bestimmen wir! Ob einer größer war von Schiller oder Goethe, wird nur Hitler entscheiden und das deutsche Volk kann froh sein, daß es nicht zwei solcher Kerle hat!

Deutschlanderwachejudaverreckehitlerwird
reichspräsident
dasbestimmenwir!

Sehr gut!

Worauf man in Europa stolz ist

Dieser Erdteil ist stolz auf sich, und er kann auch stolz auf sich sein. Man ist stolz in Europa:

Deutscher zu sein.

Franzose zu sein.

Engländer zu sein.

Kein Deutscher zu sein.

Kein Franzose zu sein.

Kein Engländer zu sein.

An der Spitze der 3. Kompanie zu stehn.

Eine deutsche Mutter zu sein. Am deutschen Rhein zu stehn. Und überhaupt.

Ein Autogramm von Otto Gebühr zu besitzen.

Eine Fahne zu haben. Ein Kriegsschiff zu sein. (»Das stolze Kriegsschiff …«)

Im Kriege Proviantamtsverwalterstellvertreter gewesen zu sein.

Bürgermeister von Eistadt a. d. Dotter zu sein.

In der französischen Akademie zu sitzen. (Schwer vorstellbar.) In der preußischen Akademie für Dichtkunst zu sitzen. (Unvorstellbar.)

Als deutscher Sozialdemokrat Schlimmeres verhütet zu haben.

Aus Bern zu stammen. Aus Basel zu stammen. Aus Zürich zu stammen. (Und so für alle Kantone der Schweiz.)

Gegen Big Tilden verloren zu haben.

Deutscher zu sein. Das hatten wir schon. Ein jüdischer Mann sagte einmal:

»Ich bin stolz darauf, Jude zu sein. Wenn ich nicht stolz bin, bin ich auch Jude – da bin ich schon lieber gleich stolz!«

Deutschland erwache!

Daß sie ein Grab dir graben,
daß sie mit Fürstengeld
das Land verwildert haben,
daß Stadt um Stadt verfällt ...
    Sie wollen den Bürgerkrieg entfachen –
    (das sollten die Kommunisten mal machen!)
daß der Nazi dir einen Totenkranz flicht –:
    Deutschland, siehst du das nicht –?

Daß sie im Dunkel nagen,
daß sie im Hellen schrein;
daß sie an allen Tagen
Faschismus prophezein ...
    Für die Richter haben sie nichts als Lachen –
    (das sollten die Kommunisten mal machen!)
daß der Nazi für die Ausbeuter ficht –:
    Deutschland, hörst du das nicht –?

Daß sie in Waffen starren,
daß sie landauf, landab
ihre Agenten karren
im nimmermüden Trab ...
    Die Übungsgranaten krachen ...

(das sollten die Kommunisten mal machen!)
daß der Nazi dein Todesurteil spricht –:
Deutschland, fühlst du das nicht –?

Und es braust aus den Betrieben ein Chor
von Millionen Arbeiterstimmen hervor:

Wir wissen alles. Uns sperren sie ein.
Wir wissen alles. Uns läßt man bespein.
Wir werden aufgelöst. Und verboten.
Wir zählen die Opfer; wir zählen die Toten.
Kein Minister rührt sich, wenn Hitler spricht.
Für jene die Straße. Gegen uns das Reichsgericht.
Wir sehen. Wir hören. Wir fühlen den kommenden
    Krach.
Und wenn Deutschland schläft –:
            Wir sind wach!

»NIE WIEDER KRIEG!«

Krieg dem Kriege

Sie lagen vier Jahre im Schützengraben.
Zeit, große Zeit!
Sie froren und waren verlaust und haben
daheim eine Frau und zwei kleine Knaben,
weit, weit –!

Und keiner, der ihnen die Wahrheit sagt.
Und keiner, der aufzubegehren wagt.
Monat um Monat, Jahr um Jahr …

Und wenn mal einer auf Urlaub war,
sah er zu Haus die dicken Bäuche.
Und es fraßen dort um sich wie eine Seuche
der Tanz, die Gier, das Schiebergeschäft.
Und die Horde alldeutscher Skribenten kläfft:
»Krieg! Krieg!
Großer Sieg!
Sieg in Albanien und Sieg in Flandern!«
Und es starben die andern, die andern, die andern …

Sie sahen die Kameraden fallen.
Das war das Schicksal bei fast allen:
Verwundung, Qual wie ein Tier, und Tod.

Ein kleiner Fleck, schmutzigrot –
und man trug sie fort und scharrte sie ein.
Wer wird wohl der nächste sein?

Und ein Schrei von Millionen stieg auf zu den
    Sternen.
Werden die Menschen es niemals lernen?
Gibt es ein Ding, um das es sich lohnt?
Wer ist das, der da oben thront,
von oben bis unten bespickt mit Orden,
und nur immer befiehlt: Morden! Morden! –
Blut und zermalmte Knochen und Dreck …
Und dann hieß es plötzlich, das Schiff sei leck.

Der Kapitän hat den Abschied genommen
und ist etwas plötzlich von dannen geschwommen.
Ratlos stehen die Feldgrauen da.
Für wen das alles? Pro patria?

Brüder! Brüder! Schließt die Reihn!
Brüder! das darf nicht wieder sein!
Geben sie uns den Vernichtungsfrieden,
ist das gleiche Los beschieden
unsern Söhnen und euern Enkeln.
Sollen die wieder blutrot besprenkeln
die Ackergräben, das grüne Gras?
Brüder! Pfeift den Burschen was!
Es darf und soll so nicht weitergehn.

Wir haben alle, alle gesehn,
wohin ein solcher Wahnsinn führt –

Das Feuer brannte, das sie geschürt.
Löscht es aus! Die Imperialisten,
die da drüben bei jenen nisten,
schenken uns wieder Nationalisten.
Und nach abermals zwanzig Jahren
kommen neue Kanonen gefahren. –
Das wäre kein Friede.
                Das wäre Wahn.
Der alte Tanz auf dem alten Vulkan.
Du sollst nicht töten! hat einer gesagt.
Und die Menschheit hörts, und die Menschheit
   klagt.
Will das niemals anders werden?
Krieg dem Kriege!
            Und Friede auf Erden.

Die Kartoffeln

Ich las eines dieser patriotischen Bücher, die das deutsche Heer einer genauern Betrachtung unterziehen. Da stand auch eine historische Erinnerung, die es wert ist, daß wir sie uns aus der Nähe ansehn.

Bei der Belagerung von Paris im Jahre 1870, erzählt der Autor, haben sich die feindlichen Vorposten ganz gut gestanden. Man schoß durchaus nicht immer aufeinander, o nein! Es kam zum Beispiel vor, daß man sich mit Kartoffeln aushalf. Meistens werden es ja die Deutschen gewesen sein, die den Retter in der Not gemacht haben. Aber einmal näherte sich ein französischer Trupp von ein paar Mann, die Deutschen nahmen die Gewehre hoch, da sagte jemand auf deutsch: »Nicht schießen! Wir schießen auch nicht!« und man begann sich wegen auszutauschender Getränke zu verständigen.

Man könnte da von ›Landesverrat‹ sprechen, und tatsächlich untersagte nachher ein Armeebefehl diese Annäherungen aufs schärfste. Aber was ging hier Wichtigeres vor sich?

Doch offenbar eine Diskreditierung des Krieges. Denn es ist nicht anzunehmen, daß Pflichtvergessene beider Parteien hier böse Dinge inszenierten. Es waren sicher Familienväter, Arbeiter, Landleute, die man in einen farbigen Rock gesteckt hatte, mit der Weisung, auf andersfarbige zu schießen.

Warum schossen sie nicht? Offenbar waren doch der Nationalhaß, der Zorn, der angeblich das ganze deutsche Volk auf die Beine rief, nicht mehr so groß, wie damals Unter den Linden, als es noch nicht galt, auf seine Mitmenschen zu schießen. Damals hatte mancher mitgebrüllt, weil alle brüllten, und das verpflichtete zu nichts. Aber hier waren Leute, die einen Sommer und einen Winter lang an den eigenen Leibern erfahren hatten, was das heißt: Töten, und was das heißt: Hungern. Und da verschwand der ›tief eingewurzelte Haß‹, und man aß gemeinsam Kartoffeln ... Dieselben Kartoffeln; dieselben Kapitalisten. Aber andere Röcke. Das ist der Krieg.

Die Flecke

In der Dorotheenstraße zu Berlin steht das Gebäude der ehemaligen Kriegsakademie. Unten, in guter Mannshöhe, läuft eine Granitlage um das Haus herum, Platte an Platte.

Diese Platten sehen seltsam aus; sie sind weißlich gefleckt, der braune Granit ist hell an vielen Stellen … was mag das sein?

Ist er weißlich gefleckt? Aber er sollte rötlich gefleckt sein. Hier hingen, während der großen Zeit, die deutschen Verlustlisten.

Hier hingen, fast alle Tage gewechselt, die schrecklichen Zettel, die endlosen Listen mit Namen, Namen, Namen … Ich besitze die Nr. 1 dieser Dokumente: da sind noch sorgfältig die Truppenteile angegeben, wenig Tote stehen auf der ersten Liste, sie war sehr kurz, diese Nr. 1. Ich weiß nicht, wie viele dann erschienen sind – aber sie gingen hoch hinauf, bis über die Nummer tausend. Namen an Namen – und jedesmal hieß das, daß ein Menschenleben ausgelöscht war oder ›vermißt‹, für die nächste Zukunft ausgestrichen, oder verstümmelt, leicht oder schwer.

Da hingen sie, da, wo jetzt die weißen Flecke sind. Da hingen sie, und vor ihnen drängten sich die Hunderte schweigender Menschen, die ihr Liebstes draußen hatten und die zitterten, daß sie diesen einzigen Namen unter allen den Tausenden hier läsen. Was kümmerten sie die Müllers und Schulzes und Lehmanns, die hier aushingen! Mochten Tausende und Tausende verrecken – wenn *er* nur nicht dabei war! Und an dieser Gesinnung ertüchtigte der Krieg.

Und an dieser Gesinnung hat es gelegen, daß es vier lange Jahre so gehen konnte. Wären wir alle für einen aufgestanden, alle wie ein Mann –: wer weiß, ob es so lange gedauert hätte. Man hat mir gesagt, ich wisse nicht, wie der deutsche Mann sterben könne. Ich weiß es wohl. Ich weiß aber auch, wie die deutsche Frau weinen kann – und ich weiß, wie sie heute weint, da sie langsam, qualvoll langsam erkennt, wofür er gestorben ist. Wofür …

Streue ich Salz in Wunden: Aber ich möchte das himmlische Feuer in Wunden brennen, ich möchte den Trauernden zurufen: Für nichts ist er gestorben, für einen Wahnsinn, für nichts, für nichts, für nichts.

Im Laufe der Jahre werden ja diese weißen Flecke allmählich vom Regen abgewaschen werden und schwinden. Aber diese andern da, die kann man nicht tilgen. In unsern Herzen sind Spuren eingekratzt, die nicht vergehen. Und jedesmal, wenn ich an der Kriegsakademie mit ihrem braunen Granit und den weißen Flecken vorbeikomme, sage ich mir im stillen: Versprich es dir. Lege ein Gelöbnis ab.

Wirke. Arbeite. Sags den Leuten. Befreie sie von dem Nationalwahn, du mit deinen kleinen Kräften. Du bist es den Toten schuldig. Die Flecke schreien. Hörst du sie?

Sie rufen: Nie wieder Krieg –!

Die Reichswehr

Dies soll hier nur stehen, um in acht Jahren einmal zitiert zu werden. Und auf daß ihr dann sagt: Ja – das konnte eben keiner voraussehen!

Ich halte es für meine Pflicht, noch einmal die beiden sozialdemokratischen Parteien auf die Gefahr aufmerksam zu machen, die von der Reichswehr droht.

Die Truppe, in Hundert und aber Hundert überflüssige Detachements gegliedert – überflüssig ihrer Quantität, überflüssig ihrer Qualität nach –, liegt hauptsächlich in kleinen und kleinsten Orten. Damit die Herren unter sich sind. Der Drill ist genau so wie unter dem Kaiser – nein, er ist schlimmer, verschärfter, bösartiger, der Zeit noch mehr ins Gesicht schlagend als schon damals. Ich habe Nachrichten, die alle dasselbe besagen: viele Offiziere politisieren, schikanieren, sind Gegner der Republik – und die Leute fürchten sich. Sie fürchten sich vor dienstlichen Unannehmlichkeiten; sie fürchten sich, vor eine Republik zu treten, die diesen Schutz gar nicht haben will, und die sie gegen die vorgesetzten Monarchisten nicht schützt; sie fürchten sich vor der Entlassung und vor noch Ärgerm. Wer die Verhältnisse kennt, wird diese Andeutung verstehen.

In den Soldatenzimmern wimmelt es von kaiserlichen Abzeichen, von Kaiserbildern, von nationalistischen Broschüren und Zeitungen. Die Offiziere, ältere Generalstäbler oder sehr junge Herren, pflegen genau dieselbe Lebens- und Staatsauffassung, deren Rückständigkeit uns in jenes Unglück gestürzt hat. Ihre politische Zuverlässigkeit verträgt keine Prüfung.

Der Milliarden-Etat geht Jahr um Jahr, mit schönen Sparsamkeitsreden begleitet, im Reichstag durch – die Abgeordneten der Mehrheitssozialdemokratie versagen bei Wehrfragen in den Ausschüssen und im Plenum. Die Unabhängigen allein schaffens nicht. Wirklich sachverständige Militär-Spezialisten scheint es nicht zu geben. Jedenfalls merkt man nichts von ihnen.

Fast gänzlich unbeachtet, in aller Stille, reift hier ein Werk, das heute noch abzutöten ist. Über die Notwendigkeit einer Reichswehr läßt sich streiten – über die Beschaffenheit dieser Reichswehr gibt es nur eine Meinung: sie muß geändert werden. Geßler zählt nicht – denn er ist nicht Herr über seine Leute. Er hat alle Eigenschaften Noskes – ohne dessen schlimme. Also gar keine.

Einst wird kommen der Tag, wo wir hier etwas erleben werden. Welche Rolle die Reichswehr bei diesem Erlebnis spielen wird, beschreiben alle Kenner auf gleiche Weise. Der Kapp-Putsch war eine mißglückte Generalprobe. Die Aufführung ist aufgeschoben.

Die Realpolitiker, viel klüger und erfahrener als wir Outsider, werden mir antworten, der Staat habe jetzt keine Zeit – er müsse seine ganze Kraft an die außenpolitischen Probleme wenden.

Ich will aber nicht in acht Jahren hier eine Serie Standgerichte haben, die die gewissen raschen Kneifer nicht, wohl aber alle andern treffen werden. Ich will nicht meine Steuern für Menschen ausgeworfen wissen, die nichts andres im Kopf haben als ihre überlebte Zeit und ihre Ideale – Ideale, deren Unwert nur noch von ihren forschen Vertretern übertroffen wird. Ich will nicht. Viele wollen nicht. Und ich halte es für eine Pflichtverletzung der beamteten und gewählten Volksvertreter, sich auf Meldungen zu verlassen, die verlogen sind, und auf Gruppen zu hören, die warten und warten … Ihre Zeit kommt.

Bedankt euch in acht Jahren bei dieser Regierung, diesem Staatsrat, diesem Reichstag.

Die Tafeln

In Enghien – ganz recht: da, wo die großen Rennen stattfinden, in diesem pariser Vorort, der fiebernd darauf wartet, daß das große Kasino am See wieder eröffnet wird, wo jetzt das Spiel gesetzlich unterdrückt ist, wo es unter der Oberfläche rastlos arbeitet, um den Sumpf wieder aufzumachen; in Enghien, in dessen Nähe das schöne Montmorency liegt – in Enghien bin ich spazierengegangen, und da ist mir etwas Merkwürdiges aufgefallen.

Sie kennen doch die Schildchen, die in den kleinen Städten bei uns die Häuser zieren, wenn sie versichert sind: ›Providentia 1897‹ und ›Assecurancia 1904‹ und so. Und auch hier in Enghien hängen an vielen Häusern Tafeln, immer wieder, da eine, hier eine, große und kleine. Sie sind bunt, auf weißem Glasgrund sieht man ein paar Verzierungsblümchen und einen Text. Da steht:

La ville d'Enghien
aux Héros de la Grande Guerre
Ici vécut le Caporal Marcel Laurent
tué pour la patrie en 1916

Was ist das –?

Das ist eine Erinnerung, ein Mahnzeichen, ein

kleines Pflasterchen für die Frau und die Kinder, die der zurückgelassen hat. Und so viele –! Eine Glastafel – klack, ein trockner Gewehrschuß. Eine Glastafel – bumm – ein Volltreffer, nichts ist mehr von dem Mann übrig. Eine Glastafel – wumm – ein Paar Beine mit Stiefeln liegen unter einem Baum, wohin sie die Explosion geschleudert hat. An jedem zweiten Haus hängt die Tafel – manchmal stehen mehrere Namen darauf, zwei, drei, vier … an beinah jedem Haus.

Ich gehe durch die Straßen und sehe auf einmal nur noch dies: nur noch die Tafeln und die zerschmetterten Köpfe, die auslaufenden Augen, die herausquellenden Lungen, die blutdurchtränkten schweren Reiterhosen, den Haufen Knochen, die verrostete Erkennungsmarke.

Die Tafeln sind eine Sitte wie jede andre auch, ein ehrendes Gedenkzeichen für die Toten. Aber die Tafeln lügen. Es muß nicht heißen: ›tué pour la patrie‹ – es muß heißen: ›tué par la patrie‹. Getötet durch diesen niedrigen Begriff ›Staat‹, getötet durch diesen Wahnsinn, der die Heimat, die jeder liebt, mit einem Nützlichkeitsbegriff verwechselt, der den meisten nicht einmal von Vorteil ist, sondern nur den wenigen. Stirbt man für eine Weizenagentur? Für eine Hypothekenbank? Man stirbt für und durch das Vaterland, und das kommt im wesentlichen auf dasselbe hinaus.

Tafeln, wie lange noch –? Wie lange noch lassen sich erwachsene Menschen einreden, daß eine sinnlose und anarchische Organisation zwischen den Staaten ein Recht hat, das Leben zu nehmen? Wie lange noch lassen sich Mütter die Söhne, Frauen die Geliebten, Kinder den Vater abschießen für eine Sache, die nicht die Kosten für den Mobilmachungsbefehl wert ist? Wie lange noch wird Mord sanktioniert, wenn der Mörder sich nur vorher eine Berufskleidung anzieht, seine Kanonen grau anstreicht, seine Gasbomben von der Kirche einsegnen läßt und sich überhaupt gebärdet wie der Statist einer Wagner-Oper?

Uns fehlen andre Tafeln. Uns fehlt diese eine:
Hier lebte ein Mann, der sich geweigert hat,
auf seine Mitmenschen zu schießen.
Ehre seinem Andenken!

Vor Verdun

Längs der Bahn tauchen die ersten Haustrümmer auf – ungefähr bei Vitry fängt das an. Ruinen, dachlose Gebäude, herunterhängender Mörtel, Balken, die in die Luft ragen. Nur eine kleine Partie – dann präsentiert sich die Gegend wieder ordentlich und honett, sauber und schön aufgebaut. Viele Häuser scheinen neu. Der Zug hält. Auf dem Nebengleis steht ein Waggon. ›FUMEURS‹ steht an einer Tür. Ein Pfosten verdeckt die ersten beiden Buchstaben, man kann nur den Rest des Wortes lesen.

Verdun, eine kleine Stadt der Provinz. Hat in der neuen Zeit schon einmal daran glauben müssen: im Jahre 1870. Die Besatzung, die damals mit allen militärischen Ehren kapitulierte, zog ab, und die Stadt kam unter deutsche Verwaltung. Der deutsche Beamte, der ihr und dem Departement der Meuse vorgesetzt war, trug den Namen: von Bethmann Hollweg.

Man kann ein kleines Heft kaufen: ›Verdun vorher und nachher‹. Es muß eine hübsche, nette und freundliche Stadt gewesen sein, mit kleinen Häuserchen am Fluß, einer Kathedrale, dem Auf und Ab der Wege auf dem welligen Terrain. Und nach jedem Bild von damals ist ein andres eingefügt. So schlimm sieht es jetzt nicht mehr aus: vieles ist aufgebaut, manche Teile haben gar nicht gelitten, das Rathaus ist fast unversehrt geblieben. Aber es handelt sich ja nicht um Verdun, nicht um die kleine Stadt. Um Verdun herum lagen vierunddreißig Forts.

Gleich am Ausgang der Stadt die Zitadelle. Sie ist in den Fels gehauen, eine riesige Anlage mit Gängen, die in ihrer Gesamtlänge sechzehn Kilometer ausmachen. Dies und jenes darf man sich ansehen. Schlafräume der Soldaten und Offiziere, heizbar und mit elektrischem Licht. Hier, in diesem Verschlag, hat der General Pétain geschlafen. Ein kleiner Raum, mit Holzwänden, oben offen – Waschgeschirr, Eimer und das Bett stehen noch da. Daneben lagen in kleinen Kabinen zu vieren die Offiziere. In einem Saal steht ein langer Tisch. Auf dem standen in Särgen die Überreste von acht unbekannten Kadavern, und ein Militär legte einen Blumenstrauß auf den einen: das wurde der soldat inconnu, der heute unter dem Arc de Triomphe zu Paris begraben liegt. Die sieben andern ruhen in einem gemeinschaftlichen Grab auf dem Kirchhof Faubourg Pavé bei Verdun. Das Bombardement hat der Felszitadelle nichts anhaben können – außen haben sich wohl Mauersteine gelockert, innen ist alles intakt geblieben. Und dann fahren wir hinaus, ins Freie.

Es ist eine weite, hügelige Gegend, mit viel Buschwerk und gar keinem Wald. Immer, wenn man auf eine Anhöhe kommt, kann man weit ins Land hineinsehen. Hier ist eine Million Menschen gestorben.

Hier haben sie sich bewiesen, wer recht hat in einem Streit, dessen Ziel und Zweck schon nach Monaten keiner mehr erkannte. Hier haben die Konsumenten von Krupp und Schneider-Creusot die heimischen Industrien gehoben. (Und wer wen dabei beliefert hatte, ist noch gar nicht einmal sicher.)

Auf französischer Seite sind vierhunderttausend Menschen gefallen; davon sind annähernd dreihunderttausend nicht mehr auffindbar, vermißt, verschüttet, verschwunden ... Die Gegend sieht aus wie eine mit Gras bewachsene Mondlandschaft, die Felder sind fast gar nicht bebaut, überall liegen Gruben und Vertiefungen, das sind die Einschläge. An den Wegen verbogene Eisenteile, zertrümmerte Unterstände, Löcher, in denen einst Menschen gehaust haben. Menschen? Es waren kaum noch welche.

Da drüben, bei Fleury, ist ein Friedhof, in Wahrheit ein Massengrab. Zehntausend sind dort untergebracht worden – zehntausendmal ein Lebensglück zerstört, eine Hoffnung vernichtet, eine kleine Gruppe Menschen unglücklich gemacht. Hier war das Niemandsland: drüben auf der Höhe lagen die Deutschen, hüben die Franzosen – dies war unbesetzt. Lerchen haben sich in die Luft hinaufgeschraubt und singen einen unendlichen Tonwirbel. Ein dünner Fadenregen fällt.

Der Wagen hält. Diese kleine Hügelgruppe: das ist das Fort Vaux. Ein französischer Soldat führt, er hat eine Karbidlampe in der Hand. Einer raucht einen beißenden Tabak, und man wittert die Soldatenatmosphäre, die überall gleich ist auf der ganzen Welt: den Brodem von Leder, Schweiß und Heu, Essensgeruch, Tabak und Menschenausdünstung. Es geht ein paar Stufen hinunter.

Hier. Um diesen Kohlenkeller haben sich zwei Nationen vier Jahre lang geschlagen. Da war der tote Punkt, wo es nicht weiter ging, auf der einen Seite nicht und auf der andern auch nicht. Hier hat es haltgemacht. Ausgemauerte Galerien, mit Beton ausgelegt, die Wände sind feucht und nässen. In diesem Holzgang lagen einst die Deutschen; gegenüber, einen Meter von ihnen, die Franzosen. Hier mordeten sie, Mann gegen Mann, Handgranate gegen Handgranate. Im Dunkeln, bei Tag und bei Nacht. Da ist die Telefonkabine. Da ist ein kleiner Raum, in dem wurde wegen der Übergabe parlamentiert. Am 8. Juni 1916 fiel das Fort. Fiel? Die Leute mußten truppweise herausgehackt werden, mit den Bajonetten, mit Flammenwerfern, mit Handgranaten und mit Gas. Sie waren die letzten zwei Tage ohne Wasser. An einer Mauer ist noch eine deutsche Inschrift, mit schwarzer Farbe aufgemalt, schwach zu entziffern. Und dann gehen wir ins Verbandszimmer.

Es ist ein enges Loch, drei Tische mögen darin

Platz gehabt haben. Einer steht noch. An den Wänden hängen kleine Schränke. Oben ist, durch eine Treppe erreichbar, der Alkoven des Arztes. Ich habe einmal die alte Synagoge in Prag besucht, halb unter der Erde, wohin sich die Juden verkrochen, wenn draußen die Steine hagelten. Die Wände haben die Gebete eingesogen, der Raum ist voll Herzensnot. Dieses hier ist viel furchtbarer. An den Wänden kleben die Schreie – hier wurde zusammengeflickt und umwickelt, hier verröchelte, erstickte, verbrüllte und krepierte, was oben zugrunde gerichtet war. Und die Helfer? Welcher doppelte Todesmut, in dieser Hölle zu arbeiten! Was konnten sie tun? Aus blutdurchnäßten Lumpen auswickeln, was noch an Leben in ihnen stak, das verbrannte und zerstampfte Fleisch der Kameraden mit irgendwelchen Salben und Tinkturen bepinseln und schneiden und trennen, losmeißeln und amputieren …

Linderung? Sie wußten ja nicht einmal, ob sie diese Stümpfe noch lebendig herausbekämen! Manchmal war alles abgeschnitten. Die Wasserholer, die Meldegänger – wohl eine der entsetzlichsten Aufgaben des Krieges, hier waren die wahren Helden, nicht im Stabsquartier! –, die Wasserholer, die sich, mit einem Blechnapf in der Hand, aufopferten, kamen in den seltensten Fällen zurück. Und der nächste trat an … Wir sehen uns in dem leeren, blankgescheuerten Raum um. Niemand spricht ein Wort. Oben an dem

Blechschirm der elektrischen Lampe sind ein paar braunrote Flecke. Wahrscheinlich Rost …

Vor dem Tor hat man für einige der Gefallenen Gräber errichtet, das sind seltene Ausnahmen, sie liegen allein, und man weiß, wer sie sind. An einem hängt ein kleiner Blechkranz mit silbernen Buchstaben: Mon mari.

Und an einem Abhang stehen alte Knarren, die flachen, schiefgeschnittenen Feldflaschen der Franzosen, verrostet, zerbeult, löcherig. Das wurde einmal an die durstigen Lippen gehalten. Wasser floß in einen Organismus, damit er weitermorden konnte. Weiter, weiter –!

Drüben liegt das Fort Douaumont, das überraschend fiel; da die Höhe 304; da das Fort de Tavannes. Teure Namen, wie? Einem alten Soldaten, der hier gestanden hat und lebendig herausgekommen ist, muß merkwürdig zumute sein, wenn er jetzt diese Gegend wiedersieht, still, stumpf, kein Schuß. Weit da hinten am Horizont raucht das, was dem deutschen Idealismus 1914 so sehr gefehlt hat: das Erzlager von Briey. Und wir fahren weiter.

Die Sturmreihen sind in die Erde versunken, die armen Jungen, die man hier vorgetrieben hat, wenn sie hinten als Munitionsdreher ausgedient hatten. Hier vorn arbeiteten sie für die Fabrikherren viel besser und wirkungsvoller. Die Rüstungsindustrie war ihnen Vater und Mutter gewesen; Schule, Bücher, die

Zeitung, die dreimal verfluchte Zeitung, die Kirche mit dem in den Landesfarben angestrichenen Herrgott – alles das war im Besitz der Industriekapitäne, verteilt und kontrolliert wie die Aktienpakete. Der Staat, das arme Luder, durfte die Nationalhymne singen und Krieg erklären. Gemacht, vorbereitet, geführt und beendet wurde er anderswo.

Und die Eltern? Dafür Söhne aufgezogen, Bettchen gedeckt, den Zeigefinger zum Lesen geführt, Erben eingesetzt? Man müßte glauben, sie sprächen: Weil ihr uns das einzige genommen habt, was wir hatten, den Sohn – dafür Vergeltung! Den Sohn, die Söhne haben sie ziemlich leicht hergegeben. Steuern zahlen sie weniger gern. Denn das Entartetste auf der Welt ist eine Mutter, die darauf noch stolz ist, das, was ihr Schoß einmal geboren, im Schlamm und Kot umsinken zu sehen. Bild und Orden unter Glas und Rahmen – »mein Arthur!« Und wenns morgen wieder angeht –?

Der Führer nennt Namen und Zahlen. Er zeigt weit über das Land: da hinten, da ganz hinten lag das Quartier des Kronprinzen. Ein bißchen fern vom Schuß – aber ich weiß: das bringt das Geschäft so mit sich. Und das war früher auch so: die Söhne hatten schon damals die Zentrale für Heimatdienst. Bäume stecken ihre hölzernen Stümpfe in die Luft, die Verse von Karl Kraus klingen auf: »Ich war ein Wald. Ich war ein Wald.« Das Buschwerk sprießt, überall zieht sich Stacheldraht zwischendurch. An einer Stelle steht ein Denkmal, ein verendeter Löwe. Das war der Punkt, bis zu dem die Deutschen vorgedrungen sind. (Übrigens findet sich nirgends auch nur die leiseste Beschimpfung des Gegners – immer und überall, in den Schilderungen, den Beschreibungen, den Aufschriften wird der Feind als ein kämpfender Soldat geachtet und niemals anders bezeichnet.) Bis hierher ging es also. Das Reich erstreckte sich damals von Berlin bis zu dieser Stelle. Abschiedsküsse auf dem Bahnhof, die Fahrt – 8 Pferde oder 40 Mann – und dann der Tod in diesen Feldern. Dies war der letzte Zipfel.

Und dahinter das Land. Da lag dieses ungeheure Heerlager, dieser Jahrmarkt der Eitelkeiten, diese Konzentration von Roheit, Stumpfsinn, Amtsverbrechen, falsch verstandener Heldenhaftigkeit; da fuhren, marschierten, rollten, telefonierten, schufteten und schossen die als Soldaten verkleideten Uhrmacher, Telegrafensekretäre, Gewerkschaftler, Oberlehrer, Bankbeamten, geführt und führend, betrügend und betrogen, mordend, ohne den Feind zu sehen, in der Kollektivität tötend, die Verantwortung immer auf den nächsten abschiebend. Es war eine Fabrik der Schlacht, eine Mechanisierung der Schlacht, überpersönlich, unpersönlich. ›Die Division‹ wurde eingesetzt, hineingeworfen – die Werfer blieben draußen –, sie wurde wieder herausgezogen. Achilles und

Hektor kämpften noch miteinander; dieser Krieg wurde von der Stange gekauft. Und archaistisch war nur noch die Terminologie, mit der man ihn umlog: das blitzende Schwert, die flatternden Fahnen, die gekreuzten Klingen. Landsknechte? Fabrikarbeiter des Todes.

Der Horizont ist grau, es ist, als sei kein Leben mehr in diesem Landstrich.

Da kämpften sie, Brust an Brust: Proletarier gegen Proletarier, Klassengenossen gegen Klassengenossen, Handwerker gegen Handwerker. Da zerfleischten sich einheitlich aufgebaute ökonomische Schichten, da wütete das Volk gegen sich selbst, ein Volk, ein einziges: das der Arbeit. Hinten rieben sich welche voller Angst die Hände.

Ein Mauerwerk taucht auf, das ist das Denkmal über der Tranchée des Baïonnettes. Am 11. Juni 1916 wurde hier die Besatzung dieses Grabens – es war die zweite Linie – verschüttet. Keiner entrann. Man fand sie so, unter der Erde, nur die Bajonette ragten aus der Erde. Der Graben ist seit diesem Tag so erhalten; ein Amerikaner, Herr Georges F. Rand, hat einen großen grauen Steinbau darüber errichten lassen. Unten, auf dem zugeschütteten Graben, stehen ein paar Kreuze, liegen Kränze und ragen die Bajonette. Drei Mann müssen außerhalb des Grabens postiert gewesen sein; die Läufe ihrer Gewehre ragen ein paar Zentimeter hoch aus dem Boden, man stolpert über sie. Eine Mutter kann ihr Kind hierherführen und sagen: »Siehst du? Da unten steht Papa.«

In der Nähe ist ein ossuaire, eine kleine Holzhalle, wo man die Gebeine der Soldaten, die nicht mehr zu identifizieren waren, gesammelt hat. Sie ruhen da, bis eine große Grabkapelle für sie fertiggestellt ist. Die Überbleibsel sind nach Sektoren geordnet. (Was die Offiziere aller Länder anbetrifft, so scheinen sie sämtlich an ansteckenden Krankheiten zugrunde gegangen zu sein – denn warum hat man sie so oft von den Mannschaften abgesondert?) Stereoskope sind aufgestellt mit Bildern aus den Mordtagen. Auf einem ist unter Steintrümmern ein Bein zu sehen. Ein abgerissenes Bein, der Benagelung nach ein deutsches.

Auf einem andern Bild sieht man einen deutschen Gefangenen, einen bärtigen, schlecht genährt aussehenden Mann. Er steht bis zu den Hüften im Graben, er hat kein Koppel mehr, er wartet, was nun noch mit ihm geschehen kann. Im Vordergrund ragen ein Paar Stiefel aus dem Schlamm und ein halber Körper. Den kann man nicht mehr gefangennehmen. Die Franzosen und der Deutsche stehen da zusammen, der Betrachter muß glauben, einen Haufen Wahnsinniger vor sich zu haben. Und das waren sie ja wohl auch.

Jetzt regnet es in dichten Strömen. Der Wagen rollt. Der Schlamm spritzt. Und immer wieder Sta-

cheldraht, Steinbrocken, verrostetes Eisen, Well-
blech.

Ist es vorbei –?

Sühne, Buße, Absolution? Gibt es eine Zeitung,
die heute noch, immer wieder, ausruft: »Wir haben
geirrt! Wir haben uns belügen lassen!«? Das wäre
noch der mildeste Fall. Gibt es auch nur eine, die nun
den Lesern jahrelang das wahre Gesicht des Krieges eingetrommelt hätte, so, wie sie ihnen jahrelang
diese widerwärtige Mordbegeisterung eingebleut hat?
»Wir konnten uns doch nicht beschlagnahmen lassen!« Und nachher? Als es keinen Zensor mehr gab?
Was konntet ihr da nicht? Habt ihr einmal, ein einziges Mal nur, wenigstens nachher die volle, nackte,
verlaust-blutige Wahrheit gezeigt? Nachrichten wollen die Zeitungen, Nachrichten wollen sie alle. Die
Wahrheit will keine.

Und aus dem Grau des Himmels taucht mir eine
riesige Gestalt auf, ein schlanker und ranker Offizier,
mit ungeheuer langen Beinen, Wickelgamaschen,
einer schnittigen Figur, den Scherben im Auge. Er
feixt. Und kräht mit einer Stimme, die leicht über-
schnappt, mit einer Stimme, die auf den Kasernen-
höfen halb Deutschland angepfiffen hat, und vor der
sich eine Welt schüttelt in Entsetzen:

»Nochmal! Nochmal! Nochmal –!«

Der General im Salon

Der alte Herr da im Bratenrock, das ist der berühmte General Soundso. Er steht am Kamin, direkt vor dem Spiegel, nein, der nicht, der neben ihm – ja. Er rührt jetzt grade mit einem kleinen Löffelchen in der Mokkatasse und unterhält sich angeregt mit den Gästen des Hauses. Es ist ein sehr feines Haus, man hat lauter gute Namen eingeladen. Die Menschen sind in der Garderobe abzugeben. Die Namen haben diniert, jetzt nehmen sie den Kaffee, auch der General.

Es ist derselbe, der damals die große Offensive bei V. eingeleitet hat. »Die Truppen des Generals«, stand damals im Heeresbericht, »wurden in der Nacht von gestern auf heute zum Sturm auf die Höhen des Dorfes angesetzt.« Er ist es, der sie angesetzt hat. Seine hellblauen, etwas wässerigen Augen, die ich da sehe, lassen nichts mehr davon ahnen, daß dieser Mann einmal am Telefon gestanden, vor ihm die Karten, die Krokis, die Bleistifte, die Adjutanten, und mit erregter Stimme einen Befehl in die Muschel gebrüllt hat. »Wollen Sie dafür sorgen …!« sagte die Stimme. Dann hängte er den Hörer ab. Am darauffolgenden Morgen fielen auf unserer Seite 8472 Mann. Sie bekamen ihr Massengrab. Der General einen Orden.

Einmal stand ich auf dem berliner Börsenstand neben einem großen Bankier, der leitete die Operationen seiner Angestellten, die hilfeflehend zu ihm kamen, wenn sie nicht weiter wußten. Er sagte ihnen rasch etwas, fast ohne nachzudenken; eilfertig liefen sie mit ihrem kleinen Zettelchen wieder davon. Siegreich stand er da, ganz ruhig, durch seinen Kopf rannen die Zahlen. Einen Fuß auf die kleine Empore gestützt, wartete er wachsam ab, was die nächste Minute bringen würde. »Huuuuu!« brüllte eine Gruppe. Der Saal begann zu brodeln, ein unermeßlicher Schrei stieg zu den ewigen Sternen. Der Bankier lächelte unmerklich. Er war es, der dieses »Hu!« entfesselt hatte.

So ungefähr denke ich mir im Kriege die Tätigkeit eines Generals, dieses Kommerzienrats der Schlachten. Gespannt am Telefon lauschend, über die Karten gebeugt, zur Seite den geschäftigen Adjutanten, so wartet er, was sich da vorn begeben wird. Nur die Heeresberichte sind falsch formuliert. Sie tragen der seit Ajaxens Zeiten etwas veränderten Situation keine Rechnung. Sie müßten anders lauten. Etwa so:

»An der Spitze seines Generals stürzte sich das heldenmütige Korps in die brausende Schlacht. Mit geschwungenem Telefonhörer setzte der unerschrockene Führer seinen Truppen nach, die er zu Paaren vor sich hertrieb. Als im Stabsgebäude das Essen serviert wurde, rief er: ›Mir nach!‹, und alles folgte seinem heldenmütigen Beispiel. Während der Kampf tobte, wankte und wich er nicht aus seinem Telefonunterstand, und erst, als der Rückzug einsetzte, war er in seinem Automobil wieder auf dem laufenden. Er war sehr beliebt – jeder Mann der Truppe kannte ihn flüchtig. Immer neue und neue Bataillone warf der Tapfere in die Einbruchsstelle, sich selber vergaß er leider mit hineinzuwerfen. Und wenn er sich nicht den Magen an heißem Kaffee verbrüht hat, dann lebt er heute noch.«

Que voulez-vous? Ce sont les risques du métier.

Der Telegrammblock

Vor mir liegt ein Pack Blätter, durch zwei Karton-
stücke zusammengehalten und auf sonderbare Weise
geheftet: statt des dünnen Heftdrahtes hat man dik-
ken Eisendraht genommen, etwa von der Art, wie er
an den Kochgeschirren der Soldaten befestigt war.

Es sind blau gedruckte Formulare: »Station ... angenommen am ... aufgenommen am ... befördert
am ...« Telegrammformulare. Telegramme der Station Neuflise, Fernsprüche vom 30. 9. 1918, 11.56 vormittags, bis 30. 9. 1918, 11.50 nachmittags.

Am 1. Oktober des Jahres 1918, nachmittags um fünf
Uhr, erhielt ein französischer Offizier in der Gegend
des Chemin des Dames den Befehl, zu erkunden,
was sich in der Strohmiete zwischen den beiderseiti-
gen Horchposten im Niemandslande befände. Die
Horchposten lagen an dieser Stelle ungefähr dreißig
Meter auseinander. Die Gräben an hundert. Es war
schon dunkel, als die Patrouille ihren Weg antrat.

In der Miete stak ein deutscher Telegrafist. Er hob,
als er der Fremden ansichtig wurde, den Revolver –
der Franzose war schneller und schoß zuerst. »Es war
ein großer, rothaariger Mensch«, sagt der Offizier,

der neben mir sitzt, »er trug eine Brille und war gleich tot. Diesen Block habe ich ihm abgenommen.«

Der Block enthielt keine militärischen Geheimnisse – man hat ihn dem Franzosen als Andenken gelassen. Urlaubsgesuche, Ablehnung und Bewilligung von Urlaubsgesuchen, in der Mitte einer jener verlogenen Berichte der deutschen Obersten Heeresleitung, die durch viereinhalb Jahre unentwegt siegte, ununterbrochen, von der Marne-Schlacht an bis zum letzten Tage: bis zur Desertion ihres obersten Kriegsherrn und seines Sohnes. »Örtliche Einbruchsstellen wurden im Gegenstoß wieder gesäubert …« Welche Reinmachefrauen –!

Dieser ganze Dienstkram ist, mit Ausnahme der mit Fernschreiber aufgenommenen Münchhauseniade des Hauptquartiers, fein säuberlich mit der Hand geschrieben.

»gefreiter brannhalter erbittet nachurlaub wegen todesfall bruder bürgermeister sprottau«, steht da zu lesen. Irgend so ein uniformiertes Stück Unglück hatte zwar das Recht, seine Familie sterben zu sehen – aber zur Beerdigung hatte er doch erst auf ein Amtszimmer zu laufen und sich alles mögliche bescheinigen zu lassen: daß es ihn gab, daß es das Amtszimmer gab, daß Tote tot sind und auch mitunter beerdigt werden … Laufende Nummer, Name, Dienstgrad – es war alles in schönster Ordnung. Der Block ist musterhaft geführt: da fehlt kein Vermerk der Aufsicht, der Vorgesetzten … Sogar der Gummistempel ist da, ohne den man heute keinen Krieg führen kann: 1. Batterie Fuß-Artl. Batl. 124. Und soweit wäre alles gut, wenn die letzte Seite nicht wäre.

Auf der letzten Seite sind noch alle Spalten genau ausgefüllt: die Zeit- und Ortsangaben, die Namen des Telefonisten, das Datum – unten steht noch: »An Absender zurück, mit Angabe, welches Wernow …« Aber da ist kein Text mehr.

An Stelle des Textes finde ich viele mißgestaltete braune Flecke, Spuren einer Flüssigkeit, die auf das Blatt gespritzt sein muß. »Was ist das?« frage ich den Offizier. Er sagt es. Der Telegrafist muß den Block gerade in der Hand gehalten haben. Er fiel offenbar auf den Block. Da, wo der Text stehen müßte, sind nun die Flecke. Weiter hatte er an diesem Tage nichts mehr zu bemerken.

Der Mörder sitzt neben mir. Es ist ein honetter Mann, Leiter eines Textilunternehmens, ein anständiger Kaufmann von reputierlichem Äußern, ein Mann, dem niemand einen Mord zutraute. Er sich auch nicht. Er erzählt die Ereignisse des ersten Oktober durchaus nicht ruhmredig. »Es war einfach Notwehr«, sagt er. »Er oder ich – einer war geliefert. Sie hätten an meiner Stelle geradeso gehandelt.« Ja.

Es war ein anonymer Mord, ein Mord in der Kollektivität. Ein Massenmörder hat, wenn er acht

Personen mordet, eine Idee – wahrscheinlich eine irrsinnige. Dies hier war die irrsinnig gewordene Ideenlosigkeit. Man kommt von der Patrouille zurück, bekommt ein Bändchen angeheftet, läßt sich entlausen und hat eine etwas trübe Erinnerung. Er oder ich.

Und wenn ich nun den Ermordeten kennte, wenn er vielleicht mein Freund gewesen wäre, so stände ich neben einem Mörder, dem ich nichts tun dürfte. Denn jetzt ist Friede – »der Mann hat seine Pflicht getan« –, und es hätte nur einer kleinen Wendung durch Gottes Fügung bedurft, so säße ich jetzt vielleicht in Sprottau neben einem rotblonden, großen Burschen mit Brille, der mir erzählte: »Also – am 1. Oktober – nachmittags – da kommen drei Franzosen in die Strohmiete …« Und eine Frau schleppte in Paris ihr zerbrochenes Leben weiter wie jetzt eine in Sprottau.

Vor vierzehn Jahren fing es an und ist doch schon halbvergessen. Nicht ganz: denn emsig probieren auf allen Seiten die Kommis des Krieges neue Apparate und schmieren die alte Gesinnung mit dem schmutzigen Öl des Patriotismus. Paraden, Orden, Gas, Wachtmeister mit den Generalsabzeichen: gefährliche, in Freiheit lebende Irre. Und so, wie sich ein Hexengericht im tiefsten verletzt gefühlt haben mag, als Friedrich von Spee jene Blutorgien bekämpfte, damit an den Grundlagen des Staates rüttelnd, so glauben heute nicht nur die Nutznießer der Abdeckereien, sondern Philosophen, Zeitungsleute, Dichter, Kaufleute, daß das so sein muß. Und es muß so sein, weil die Geschäfte daran hängen.

Keine illustrierte Zeitung, kein großes Blatt, kein Verlag wagt, gegen die Interessenten dieser Industrien zu sprechen: was weiß die junge Generation von den Schrecken des Krieges – wer sagts ihr so oft, wies nötig ist: also immer wieder? Wunderschön ausgeklügelte Resolutionen bezeugen das taktische Verständnis der Klugschnacker – das Triviale, das Wirksam-Banale ist fast nur auf der andern Seite.

Es gibt ein geistiges Mittel, es ist das Rezept Victor Hugos: »Déshonorons la guerre!«

Wofür?

Gleich Kindern laßt ihr euch betrügen,
Bis ihr zu spät erkennt, o weh! –
Die Wacht am Rhein wird nicht genügen,
Der schlimmste Feind steht an der Spree.
Georg Herwegh

Am 1. August habe ich hier auseinandergesetzt, wofür zwölf Millionen Menschen in vier Blutjahren ihr Leben gelassen haben. Die wenigen Zeilen haben genügt, auf einer Tagung des Reichsbanners einen Teil seiner Führer zu einer feierlichen Bannbulle gegen ›Das Andere Deutschland‹ zu veranlassen. Nachdem der Streit nun eine Weile hin- und hergegangen ist, scheint es mir, als seinem Veranlasser, richtig, ein paar Worte dazu zu sagen.

Der moderne Krieg hat wirtschaftliche Ursachen. Die Möglichkeit, ihn vorzubereiten und auf ein Signal Ackergräben mit Schlachtopfern zu füllen, ist nur gegeben, wenn diese Tätigkeit des Mordens vorher durch beharrliche Bearbeitung der Massen als etwas Sittliches hingestellt wird. Der Krieg ist aber unter allen Umständen tief unsittlich. Es ist nicht wahr, daß in unsrer Epoche und insbesondere in der Schande von 1914 irgend ein Volk Haus und Hof gegen fremde Angreifer verteidigt hat. Zum Überfall gehört einer, der überfällt, und tatsächlich ist dieses aus dem Leben des Individuums entliehene Bild für den Zusammenprall der Staaten vollkommen unzutreffend.

Wer Zeit und Lust hat, mag einmal einen gebundenen Jahrgang seines Morgenblattes aus dem Jahr 1914 durchblättern. Im April, im Mai, Anfang Juni wußte auf allen Seiten kein Redakteur und kein Leser, was zwei Monate später geschehen würde; präpariert war nur die Massenbereitschaft, sofort anzutreten, wenns klingelte. Sie sind angetreten, ohne mehr von den Ursachen des Alarms zu wissen, als was ihnen die Telegrafenagenturen der Regierungen vorzusetzen beliebten. Wir wissen heute, daß damals auf allen Seiten schändlich gelogen worden ist.

Um eine Wiederholung zu vermeiden, gilt es also, den sittlichen Unterbau einer unsittlichen Idee zu zerstören. Dieser Unterbau heißt: Es ist süß und ehrenvoll fürs Vaterland zu sterben.

Was die Süße anbetrifft, so wird ja auch der verlogenste Kriegshetzer nicht mehr wagen (wenn es nicht gerade ein Militärpfarrer ist), von diesem Bonbon des Patriotismus zu sprechen. Wer ihn einmal geschmeckt hat, wer am nebelgrauen Wintermorgen Verwundete mit blutdurchtränkten Verbänden aus einem Wäldchen hat hinken sehen, wer den Zerschossenen, dem die Eingeweide heraushingen, hat brüllen hören: »Schießt mich tot, schießt mich tot!« – wer das gesehen und gehört hat, der weiß, wie süß es ist.

Ist es ehrenvoll? Nein.

Die Ehre wohnt einer Sache nicht inne, sie wird ihr erst beigelegt. Wenn die überwiegende Mehrheit eines Staates soweit aufgeklärt und erzogen ist, daß sie den Massenmord von Einzelmord nicht mehr unterscheidet, so ist es mit der Ehrung des Soldaten vorbei. Es bleibt das tiefe Bedauern für die Gefallenen, Mitleid mit den Hinterbliebenen, Pflicht, für diese Hinterbliebenen zu sorgen (dieser Pflicht kommt der kriegerische moderne Staat nicht nach –), und es bleibt die tiefste Verachtung für einen wirtschaftlichen Vorgang, der sich mit den Zutaten des Films behängt, um sich populär zu machen, und der seine Bilanz im stillen zieht. Sie ist nicht mit roter Tinte geschrieben.

Wer ein modernes Schlachtfeld gesehen und zu innerst erlebt hat, wer auch nur die Fotografien dieser internationalen Greuel kennt, Fotografien, die das böse Gewissen der Offiziere und solcher, die es werden wollen, sorgfältig vor der Öffentlichkeit versteckt, wer die Fleischpakete in den Massengräbern und die eklen Stümpfe der zerhackten Überlebenden – welch ein Leben! – kennt: wer davor nicht zurückschrickt, wer das nicht mit allen erdenklichen Mitteln verhindern will, wer hier nicht der jungen

Generation ein Fanal aufrichtet –: der ist kein Mensch, der ist ein Patriot.

In diesem Sinne habe ich am 1. August meinen kleinen Aufsatz geschrieben und in diesem Sinne kämpft ›Das Andere Deutschland‹.

Wir strecken dem Reichsbanner unsere Hand hin, und wir erwarten vom Reichsbanner das gleiche.

Im Anfang nach dem Kriege war der Nationalismus, die Freikorps, die nationalistischen Jugendverbände, die verhetzten und irregeleiteten Gruppen junger Leute. Das Reichsbanner steht heute noch in der Defensive, wie alles, was in Deutschland Republik ist. Die Verneinung eines gegebenen Gedankens genügt, um eine Gruppe zu bilden; sie genügt nicht, um auf die Dauer tatkräftige Gruppenarbeit zu leisten.»Ich bin kein radaulüsterner Nationalist« – das ist sehr schön. Aber was bist du denn?

Das etwas verblasene Ideal ›Republikaner‹ heißt noch gar nichts. Es hat in der Geschichte Monarchien gegeben, die weitaus liberaler, pazifistischer und sozialgesinnter waren, als die Regierung der jetzigen deutschen Republik, und das allgemeine Bekenntnis zur Republik besagt nichts und verpflichtet zu nichts.

Nimmt das Reichsbanner Rücksicht auf die ihm angehörenden Frontsoldaten?

Aber man höre doch endlich mit dem Unfug auf, zum Kriegsdienst gepreßte Arbeiter und Kaufleute mit Landsknechten zu vergleichen. Die im Jahre 1914 freiwillig gegangen sind, wußten nicht, wohin sie gingen, sie kannten den modernen Krieg überhaupt nicht. Und so verständlich es menschlich ist, daß der, der die schrecklichsten Qualen dieser Hölle hat durchmachen müssen, einen Ausgleich für das Ausgestandene in der Bewunderung seiner Mitbürger sucht, so sehr niemand die Pein, vier Jahre lang seiner Menschenrechte beraubt gewesen zu sein, nutzlos erlitten haben will, ein so starkes Erlebnis für ihn selbst der Krieg gewesen sein mag: eine menschliche Klassifizierung ›Frontsoldaten‹ gibt es nicht.

Wir haben keine Zeit, uns mit demokratischen Rechtsanwälten über das Wesen des Krieges zu unterhalten, und nun etwa die Bewegung dafür büßen zu lassen, daß jene in ihrer Jugend keine gute Seelenpflege genossen haben. Wir können auch nicht darauf warten, bis die nächste Generation von Sozialdemokraten oder Demokraten heranwächst, die vielleicht aus dem Kriege gelernt haben könnte. Viel Aussicht ist dafür nicht vorhanden. Wir wenden uns direkt an die junge Generation und sagen:

Die Ideale, die man euch gelehrt hat, sind falsch.

Es gibt kein staatliches Interesse, kein wirtschaftliches Interesse, kein Volksinteresse, für das solche schweinischen Ungeheuerlichkeiten begangen werden dürfen, wie sie im Kriege auf allen Seiten begangen worden sind. Niemand ist so ein Ungeheuer, daß er allein getan hätte, was jeder Instanzenzug getan hat. Kein Mensch war ein so großer Verbrecher, daß er den Tötungsplan selbst entworfen, ihn selbst in allen Einzelheiten ausgeführt und selbst die Früchte des Sieges davongetragen hätte. Weil jeder immer nur etwas tat, merkte er nicht, was getan wurde.

Wir wenden uns an euch, weil ihr das Deutschland vom Jahre 1940 sein werdet. Und ohne uns zum Wortführer der Millionen Gefallener zu machen, unter denen es Pazifisten, Gleichgültige und Kriegsfreudige gegeben hat, machen wir uns zum Wortführer trauernder Frauen und Kinder und zum Wortführer einer durch Gasgranate und Feldsyphilis im tiefsten verletzten Volkskraft, und wir beschwören euch, mit uns gegen kleinbürgerliche Ängstlichkeit und vorbei an unaufgeklärten Konfusionsräten den sittlichsten Kampf zu führen, der jemals gekämpft worden ist:

Den Kampf gegen den Krieg.

Der Kriegsschauplatz

– »Hauser! Mensch! … lange nich jesehn, was –? Na, wie jehts denn? Mir? Tahllos –! … Ja, nu … ich war ja auch lange wech! Ja, dreiviertel Jahr, nee, warten Se mal, zehn Monate, zehnenhalb Monate, jenau –! Ja, im Dezember bin ich los – wissen Sie jahnich? Na, Mensch, lesen Sie denn keine Zeitungen? In Sibirien! auf dem K. S. P.! Hauser, Sie leben auf dem Mond! Aufn Kriegsschauplatz –! Kenn Se jahnich? Na, das müssen Sie hörn! Komm Se, wir jehn da rüber in die Stampe und trinken 'n Schnaps! Das wissen Sie jahnich? Also passen Se auf:

Sie kenn doch den General Wrobel, was –? Son kleener Dicker, nich? Na, also der hat doch vor zwei Jahren auf der Fronttahrung in Dortmund den Vorschlag gemacht – mir ein Kühράssao – nee, warten Se mal, 'n Kirsch … 'n großen Kirsch! ja, für den Herrn auch – oder nehmen Sie lieber …? also in Dortmund den Vorschlag gemacht, es müßte für alle nationalen und wehrfähigen Elemente ein Kriegsschauplatz einjerichtet wern. Zur Ertüchtigung der Jugend … Wie er auf den Gedanken gekommen ist –? Sehr einfach. Da hattn die radikalen Blätter doch geschrieben: ›Wenn die Herren Krieg führen wollen, dann sollen sie sich ihren Kriegsschauplatz allein aufmachen!‹ Ham wir jemacht! Prost! Burr, Donnerwetter, der hats in sich! Kenn Sie den Witz mit dem Bauer, der im Chausseegraben sitzt und grade einen nimmt und sich schüttelt, kommt der Pastor vorbei und sagt: ›Na, Krischan, du saufst zwar; aber ich sehe, daß du dich schüttelst – das ist der erste Schritt zur Besserung –!‹ Sacht der Bauer: ›Nee, Herr Pastor – det tu ick man bloß, damit der Schnaps überall hinkommt –!‹ Ja, was ich sagen wollte: also einen Kriegsschauplatz zur Ertüchtigung der wehrkräftigen Jugend, der Volkskraft – na, Sie kenn ja die Sprüche. Also gut – mein Wrobel los, aufs Reichswehrministerium, zu den Russen, nach Genf; nach Paris – fein jelebt der Mann … hats aber zustande bekommen. Da ham se uns nu also janz klamheimlich einen kullessalen Kriegsschauplatz in Sibirien hinjemacht! Den Franzosen haben wir jesacht, es wäre jejen die Bolschewiken, Grumbach glaubt, was Breitscheid sagt, die informieren sich jejenseitig, ja, und den Engländern ham wir jesacht, es wär jejen die Franzosen, den Russen haben wir jesacht, wir würden ihr Heer orjanisieren, na, und die Reichswehr macht ja sowieso mit. Bon.

'n paar hundert Werst hinter Krasnojarsk, wissen Sie, wo diß is? Also – wenn das hier der Jenissei is un die Streichhölzer die obere Tunguska un Ihre Ziarettendose das Sajanische Jebürge, denn wah diß hier

unser K. S. P. Na, ne Abkürzung muß det Ding doch
ham – ham wa so jenannt. Prost! Sie, tahllos, sag ich
Ihnen! Also einfach: feinknorke! Passen Se auf:

Det Janze wah mit Stacheldraht einjezäunt, det
keener rin konnte und keener raus. Un alles da,
Sie –: Schützenjrehm und Front und Achtilleriestel-
lung und Beobachtungsstände und Feldtelefong und
alles. Na, und eine Etappe! Lieber Hauser, da könn
Sie jahnich mit! Also jeder Stab hatte ein mächtiges
Haus, mit zwei Kasinos, Ia im wahrsten Sinne des
Wochtes. Vapflejung wie sich diß jehört: wunderbare
Weine, hat det Rote Kreuz gestiftet, die Leute sind
ja sehr international … und Schnäpse, na, dagegen is
diß hier das reine Bitterwasser – Ober! Herr Ober!
mir noch 'n doppelten Kirsch, ja, für den Herrn
auch – und Feidpastöre und Orrnanzen und Nach-
richtenoffiziere und Ballon-Abwehr-Kanonen und
Flaks und Funk und alles. Ja, unne Flotte ham wah
auch jehabt, die fuhr imma den Jenessei rauf und
runter, un Exzellenz Ludendorff und Brüninghaus
und Killinger – die wahn alle da. Alle. Da beißt keine
Maus 'n Faden von ab. Prost –!

Ick wah Felllleutnant – erst Fel111 – und denn Felllleutnant. Ja, 'n Feind hatten wir auch.

Die Herren hatten sich bei der Konschtituieren-
den Jeneralversammlung so lange rumjezankt, bis da
würklich zwei Jruppen waren, eine jrüne und eine
rote, und die eine war der Feind von der andern. Na,

einmal is es auch zum Jefecht jekomm ... sonst ham wa ja mehr organisiert, ja. Aber einmal ist es zum Gefecht jekomm – vierhundert Tote; der Jasoffizier, diß wah 'n Jroßaktionär von Leverkusen, der war besoffen und hat nich aufjepaßt, un da hat seine Jaskanone funktioniert, und so is es denn passiert. Die Panjes? Nee, die wahn nich da. Das heißt: die Mannschaft mußte doch wat ham – zum Requirieren un die Weiber un so. Da ham wa denn zweihundert Meechens reinjesetzt, mit ihre Kerls, das war die Bevölkerung, die machten die Einwohner, sozusagen. Na, un bei die jingen die, und wir auch manchmal, det heißt, wir ließen sie in Stab kommen ... ein Budenzauber ham wa da valleicht jemacht! Doll. Prost –!

Wieso ich nu wieder hier bin? Ja, Hauser, Sie wern lachen, es ist ja auch sehr komisch ... wie soll ich Ihn das erklären ... Hörn Se zu. Es hat mir auf die Dauer keen Spaß jemacht.

Wir hatten doch alles, nicha? Kriechskorrespondenten – ich hab selber einen in Hintern jetreten – Feldrabbiner ... die Korrespondenten und die Rabbiner, diß wahn die einzigen Juhn aufn K. S. P. – wir hatten doch wirklich alles ... aber, wissen Sie: mir hat was jefehlt. Ich haa manchmal, wenn ich nachts die Posten revidiert habe, und wenn ich denn so mit meinen Gott und meinen Suff alleene war – denn hab ich so nachjedacht, warum mir diß kein Spaß macht. Was mir eijentlich fehlt. Denn mir hat was jefehlt,

Hauser ... Prost! Wissen Sie, was mir jefehlt hat? Sie, deß wahn doch alles Freiwillje, die da wahn, nicha? Die wollten doch alle – vastehn Se?

Det machte keenen Spaß. Sie, ich habe doch jedient, vorn Krieje habe ich meine vierzehn Jahre runterjerissen; ich weeß doch, wies is. Sie, wenn sie denn so ankam, die Rekruten – in Zivil sind sie immer an ein vorbeijejangen, aber nu auf einmal wahn se jahnischt mehr. Sie – da wurn se janz kleen! Da kam se denn an, und die Kellner wollten kellnerieren, und die Schohspieler konnten auf einmal schreihm, in die Schreibstube, und die Herren Rechtsanwälte ... und denn jing det: Herr Feldwebel vorne und Herr Feldwebel hinten – wir hatten se doch, vastehn Se! und wat se konnten, det machten se denn vor, wie die kleenen dressierten Hundchen! Und janz nah ranjehn konnte man an se, und nicht mucksen durften se sich, janz still ham se jestanden und ham een bloß anjejlupscht! Ich wußte doch, was die dachten! Aber denken jabs nich. Immer denk man, dacht ick. Disseplin muß sind! Det wah da nu alles nich. Die Bevölkerung kniff doch een Oohre zu, wenn wir jebrüllt ham und alles zerteppert ham – es war doch vorher alles bezahlt! Wie in die Schmeißküche. Die Mannschaften, die wahn doch ooch bessahlt ... Uns fehlte ehmt der, der nich wollte, vastehn Se? Da fehlte ehmt das Widerstrehm; der Widerstand, det unbotmäßje Element, sozusagen – ehmt die Sozis, nee, die nich, die wolln ja … aber die Kommenisten und die Pazifisten und die Weiber, die wirklich heulen, wissen Sie, wo det echt is … die Meechen, die einen anbeten, weil se an ein jlauben; die Lümmel auf der Straße, die sich vakriechen, wenn unsereiner kommt; die Beljier, die man konnte knuten – Sie! es war nicht echt – vastehn Se mich? Es war Falle.

Da bin ick denn abjehaun. Die kämpfen da noch … aber der richtige Frontjeist ist det nich mehr. Die meisten ham auch schon 'n kleinen Laden aufjemacht; Ludendorff is Maurer jeworn, der hat 'n Maurerei, Tirpitz vakauft Bartwuchsmittel, und Noske zücht Bluthunde, die vadien schon janz hipsch. Hakenkreuz am Stehl … am Stahlhelm – wa doch ne schöne Zeit! Aber det richtche war et nich. Nu willch mich mah in Berlin umsehn – in die Autobranche oder bei die Industrie – die brauchen ja immer een zum Orjanisieren … denn orjanisiert muß sein. Jejen die Arbeiter, wissen Sie –! Ja, nu bin ich wieder da.

Na, un was ham Sie die janze Zeit jemacht –?«

Die brennende Lampe

Wenn ein jüngerer Mann, etwa von dreiundzwanzig Jahren, an einer verlassenen Straßenecke am Boden liegt, stöhnend, weil er mit einem tödlichen Gas ringt, das eine Fliegerbombe in der Stadt verbreitet hat, er keucht, die Augen sind aus ihren Höhlen getreten, im Munde verspürt er einen widerwärtigen Geschmack, und in seinen Lungen sticht es, es ist, wie wenn er unter Wasser atmen sollte –: dann wird dieser junge Mensch mit einem verzweifelten Blick an den Häusern hinauf, zum Himmel empor, fragen:

»Warum –?«

Weil, junger Mann, zum Beispiel in einem Buchladen einmal eine sanfte grüne Lampe gebrannt hat. Sie bestrahlte, junger Mann, lauter Kriegsbücher, die man dort ausgestellt hatte; sie waren vom ersten Gehilfen fein um die sanft brennende Lampe herumdrapiert worden, und die Buchhandlung hatte für dieses ebenso geschmackvolle wie patriotische Schaufenster den ersten Preis bekommen.

Weil, junger Mann, deine Eltern und deine Großeltern auch nicht den leisesten Versuch gemacht haben, aus diesem Kriegsdreck und aus dem Nationalwahn herauszukommen. Sie hatten sich damit begnügt – bitte, stirb noch nicht, ich möchte dir das noch schnell erklären, zu helfen ist dir ohnehin nicht mehr – sie hatten sich damit begnügt, bestenfalls einen allgemeinen, gemäßigten Protest gegen den Krieg loszulassen; niemals aber gegen den, den ihr sogenanntes Vaterland geführt hat, grade führt, führen wird. Man hatte sie auf der Schule und in der Kirche, und, was noch wichtiger war, in den Kinos, auf den Universitäten und durch die Presse national vergiftet, so vergiftet, wie du heute liegst: hoffnungslos. Sie sahen nichts mehr. Sie glaubten ehrlich an diese stumpfsinnige Religion der Vaterländer, und sie wußten entweder gar nicht, wie ihr eignes Land aufrüstete: geheim oder offen, je nach den Umständen; oder aber sie wußten es, und dann fanden sies sehr schön. Sehr schön fanden sie das. Deswegen liegst du, junger Mann.

Was röchelst du da –? »Mutter?« – Ah, nicht doch. Deine Mutter war erst Weib und dann Mutter, und weil sie Weib war, liebte sie den Krieger und den Staatsmörder und die Fahnen und die Musik und den schlanken, ranken Leutnant. Schrei nicht so laut; das war so. Und weil sie ihn liebte, haßte sie alle die, die ihr die Freude an ihrer Lust verderben wollten. Und weil sie das liebte, und weil es keinen öffentlichen Erfolg ohne Frauen gibt, so beeilten sich die liberalen Zeitungsleute, die viel zu feige waren, auch nur ihren Portier zu ohrfeigen, so beeilten sie sich, sage ich dir, den Krieg zu lobpreisen, halb zu verteidigen und jenen den Mund und die Druckerschwärze zu verbieten, die den Krieg ein entehrendes Gemetzel nennen wollten; und weil deine Mutter den Krieg liebte, von dem sie nur die Fahnen kannte, so fand sich eine ganze Industrie, ihr gefällig zu sein, und viele Buchmacher waren auch dabei. Nein, nicht die von der Rennbahn; die von der Literatur. Und Verleger verlegten das. Und Buchhändler verkauften das.

Und einer hatte eben diese sanft brennende Lampe aufgebaut, sein Schaufenster war so hübsch dekoriert; da standen die Bücher, die das Lob des Tötens verkündeten, die Hymne des Mordes, die Psalmen der Gasgranaten. Deshalb, junger Mann.

Eh du die letzte Zuckung tust, junger Mann:

Man hat ja noch niemals versucht, den Krieg ernsthaft zu bekämpfen. Man hat ja noch niemals alle Schulen und alle Kirchen, alle Kinos und alle Zeitungen für die Propaganda des Krieges gesperrt. Man weiß also gar nicht, wie eine Generation aussähe, die in der Luft eines gesunden und kampfesfreudigen, aber kriegablehnenden Pazifismus aufgewachsen ist. Das weiß man nicht. Man kennt nur staatlich verhetzte Jugend. Du bist ihre Frucht; du bist einer von ihnen – so, wie dein fliegender Mörder einer von ihnen gewesen ist.

Darf ich deinen Kopf weicher betten? Oh, du bist schon tot. Ruhe in Frieden. Es ist der einzige, den sie dir gelassen haben.

Der bewachte Kriegsschauplatz

Im nächsten letzten Krieg wird das ja anders sein …
Aber der vorige Kriegsschauplatz war polizeilich abgesperrt, das vergißt man so häufig. Nämlich:

Hinter dem Gewirr der Ackergräben, in denen
die Arbeiter und Angestellten sich abschossen, während ihre Chefs daran gut verdienten, stand und ritt
ununterbrochen, auf allen Kriegsschauplätzen, eine
Kette von Feldgendarmen. Sehr beliebt sind die Herren nicht gewesen; vorn waren sie nicht zu sehen,
und hinten taten sie sich dicke. Der Soldat mochte sie
nicht; sie erinnerten ihn an jenen bürgerlichen Drill,
den er in falscher Hoffnung gegen den militärischen
eingetauscht hatte.

Die Feldgendarmen sperrten den Kriegsschauplatz nicht nur von hinten nach vorn ab, das wäre ja
noch verständlich gewesen; sie paßten keineswegs
nur auf, daß niemand von den Zivilisten in einen Tod
lief, der nicht für sie bestimmt war. Der Kriegsschauplatz war auch von vorn nach hinten abgesperrt.

»Von welchem Truppenteil sind Sie?« fragte der
Gendarm, wenn er auf einen einzelnen Soldaten stieß,
der versprengt war. »Sie«, sagte er. Sonst war der Soldat ›du‹ und in der Menge ›ihr‹ – hier aber verwan-

delte er sich plötzlich in ein steuerzahlendes Subjekt, das der bürgerlichen Obrigkeit Untertan war. Der Feldgendarm wachte darüber, daß vorn richtig gestorben wurde.

Für viele war das gar nicht nötig. Die Hammel trappelten mit der Herde mit, meist wußten sie gar keine Wege und Möglichkeiten, um nach hinten zu kommen, und was hätten sie da auch tun sollen! Sie wären ja doch geklappt worden, und dann: Untersuchungshaft, Kriegsgericht, Zuchthaus, oder, das schlimmste von allem: Strafkompanie. In diesen deutschen Strafkompanien sind Grausamkeiten vorgekommen, deren Schilderung, spielten sie in der französischen Fremdenlegion, gut und gern einen ganzen Verlag ernähren könnte. Manche Nationen jagten ihre Zwangsabonnenten auch mit den Maschinengewehren in die Maschinengewehre.

So kämpften sie.

Da gab es vier Jahre lang ganze Quadratmeilen Landes, auf denen war der Mord obligatorisch, während er eine halbe Stunde davon entfernt ebenso streng verboten war. Sagte ich: Mord? Natürlich Mord. Soldaten sind Mörder.

Es ist ungemein bezeichnend, daß sich neulich ein sicherlich anständig empfindender protestantischer Geistlicher gegen den Vorwurf gewehrt hat, die Soldaten Mörder genannt zu haben, denn in seinen Kreisen gilt das als Vorwurf. Und die Hetze gegen den

Professor Gumbel fußt darauf, daß er einmal die Abdeckerei des Krieges »das Feld der Unehre« genannt hat. Ich weiß nicht, ob die randalierenden Studenten in Heidelberg lesen können. Wenn ja: vielleicht bemühen sie sich einmal in eine ihrer Bibliotheken und schlagen dort jene Exhortatio Benedikts XV. nach, der den Krieg »ein entehrendes Gemetzel« genannt hat und das mitten im Kriege! Die Exhortatio ist in dieser Nummer nachzulesen.

Die Gendarmen aller Länder hätten und haben Deserteure niedergeschossen. Sie mordeten also, weil einer sich weigerte, weiterhin zu morden. Und sperrten den Kriegsschauplatz ab, denn Ordnung muß sein, Ruhe, Ordnung und die Zivilisation der christlichen Staaten.

Krieg gleich Mord

La guerre, ce sont nos parents

Der Studien-Assessor Hein Herbers in Kassel hat Kummer mit seiner Schulbehörde, weil er im ›Andern Deutschland‹ einen volkstümlichen, klaren und wirksamen Pazifismus getrieben hat. Das können sie ihm nicht verzeihn. Was hat er gesagt –?

Ja, er hat ein paar böse Dinge gesagt. Er hat vor allem das Vernünftigste getan, was sich überhaupt tun läßt: er hat den Krieg entehrt. Das ist ein altes Rezept; es wird aber viel zu wenig befolgt. Im Gegenteil: wenn Hitler die blödsinnigsten patriotischen Parolen ausgibt, dann verteidigen sie sich noch auf der andern Seite; statt ihn auszulachen, wollen sie sich an Patriotismus weder von ihm noch von einem andern übertreffen lassen. Grade darin aber siegt er – und mit Recht. Man lasse ihn mit seiner Staatenvergötzung allein, lache ihn aus und gehe zur Tagesordnung über.

Auf der andres steht. Nämlich: wie bewahrt man die nächste Generation davor, sich für ein Nichts abschießen zu lassen –?

Eben das hat Herbers getan: er hat das Nichts aufgezeigt, und er hat die militärische Religion gelästert, indem er dartat, daß ein General eigentlich kein Soldat mehr sei. (Das ›*Tagebuch*‹ nannte diesen Stand einmal sehr gut Schlachtendirektoren. Groener muß glatt vergessen haben, zu klagen.) Herbers hat den Wahnwitz dieses modernen Krieges aufgezeigt: hinten die Dirigenten, die gar nicht in die Lage kommen, Heldenmut zu zeigen. Und hier ist zu sagen, daß es auf den Mechanismus ankommt, nicht darauf, daß zahllose Generale – darunter bestimmt Hindenburg – genau so tapfer und brav in den Tod gegangen wären wie der Ackerknecht des Todes, der unbekannte Soldat. Was in unsern Augen kein Vorzug ist.

Herbers wies auf das hohe Alter der meisten Generale hin – und gleich fanden sich Leisetreter des Pazifismus, die ihm das verübelten. Man könne doch nicht … und das sei doch … kurz: Gerechtigkeits-Kasperles, die dem Militär nicht nur das Soldbuch, sondern die ganze schöngeistige Bibliothek hinhielten.

Böser waren die amtlichen Feinde von Herbers.

Wer da weiß, unter welchen Opfern dieser Mann seit Jahren seinen Kampf durchführt; wer weiß, daß ihm auch der ärgste Feind nicht nachsagen kann, er habe seinen Pazifismus etwa – Gottbehüte! – in die Schulstunde getragen, wo es flott imperialistisch und militaristisch zuzugehn hat, der versteht vor allem nicht, wie der Elternrat der Schule, an die er anläßlich dieser Angelegenheit versetzt wurde, sich gegen ihn hat aussprechen können. Die Herren Eltern wünschen eben ihre Kinder in den Schützengraben – es sind feine Leute.

Herbers hat den Krieg angeklagt, und nun haben sie ihn selber angeklagt. Es ist auch sehr gut möglich, daß ich ihm noch damit schade, wenn ich mich hier seiner annehme.

Der Geisteszustand in den kleinen Städten und vor allem in den amtlichen Kreisen ist schlechteste Metternichzeit: vermufft, borniert, böse reaktionär und das alles ganz und gar ungeistig. Siegreich hat Frankreich sie geschlagen, und daran denken sie Tag und Nacht. Statt Männer zu unterstützen, die, wie Herbers, mit einer heißen Liebe zu Deutschland das schlimmste aus der Welt ausrotten möchten, was es gibt: den organisierten Massenmord, propagieren sie diesen Mord. Der Krieg wird von den besten Denkern in den Anklagezustand versetzt: Herbers hat nichts weiter getan, als ihnen zu folgen. Und das darf er nicht. Und tuts doch. Und ist im Begriff, Stellung, Verdienst, Arbeitsplatz zu verlieren, nur, weil er außerhalb der Schule durchsetzen möchte, daß Menschen sich nicht deshalb ungestraft töten dürfen, weil sie sich vorher dazu einen Schlachterkittel anziehn. Denn der macht nicht straflos.

Es gibt, besonders im deutschen Westen, weite Kreise von alten und jungen Leuten, denen Krieg eine Abscheulichkeit bedeutet, Leute, die deshalb weder ›schlechte Deutsche‹ noch ›bezahlte Agenten‹ sind. Man sollte sich gegen solche törichten Vorwürfe gar nicht verteidigen.

Wovon wird Deutschland geschüttelt? Von dem Wunsch, den Frieden zu organisieren? So sehn wir aus.

Weder eine Schulbehörde noch sonst eine Behörde hat das Recht, für Deutschland zu sprechen. Deutschland sind auch wir. Wems nicht paßt, der sehe nicht hin.

Wer da ahnt, auf welche unermeßlichen Schwierigkeiten die pazifistische Kleinarbeit auf dem Lande stößt, der wird dem tapfern Friedenssoldaten Hein Herbers wünschen, daß er etwas sehr Seltenes findet: faire Beamte, die sein Streben nach Wahrheit und Sauberkeit und seinen Kampf für den Frieden so aufnehmen, wie er gemeint ist. Es gibt viele Arten, pazifistisch tätig zu sein – und ich will meine Art, unsre Kriegsminister zu beurteilen, keinem aufdrängen. Aber über eines sollte es unter anständigen Menschen nur Einstimmigkeit geben:

Déshonorons la guerre! Entehren wir den Krieg.

Ein Pädagoge, der da mithilft, verdient Förderung, aber keine Verfolgung.

Laßt euch nicht narren: Militarismus sei keine Religion. Er ist eine Bestialität.

Gebet nach dem Schlachten

Kopf ab zum Gebet!

Herrgott! Wir alten vermoderten Knochen
sind aus den Kalkgräbern noch einmal
    hervorgekrochen.
Wir treten zum Beten vor dich und bleiben nicht
    stumm.
Und fragen dich, Gott:
                    Warum –?

Warum haben wir unser rotes Herzblut
    dahingegeben?
Bei unserm Kaiser blieben alle sechs am Leben.
Wir haben einmal geglaubt ... Wir waren schön
    dumm ...!
Uns haben sie besoffen gemacht ...
                    Warum –?

Einer hat noch sechs Monate im Lazarett
    geschrien.
Erst das Dörrgemüse und zwei Stabsärzte
    erledigten ihn.
Einer wurde blind und nahm heimlich Opium.

Drei von uns haben zusammen nur einen Arm ...
                    Warum –?

Wir haben Glauben, Krieg, Leben und alles verloren.
Uns trieben sie hinein wie im Kino die Gladiatoren.
Wir hatten das allerbeste Publikum.
Das starb aber nicht mit ...
                    Warum –? Warum –?

Herrgott!
        Wenn du wirklich der bist, als den wir dich
        lernten:
Steig herunter von deinem Himmel, dem besternten!
Fahr hernieder oder schick deinen Sohn!
Reiß ab die Fahnen, die Helme, die
        Ordensdekoration!
Verkünde den Staaten der Erde, wie wir gelitten;
wie uns Hunger, Läuse, Schrapnells und Lügen den
        Leib zerschnitten!
Feldprediger haben uns in deinem Namen zu Grabe
        getragen.
Erkläre, daß sie gelogen haben! Läßt du dir das
        sagen?
Jag uns zurück in unsre Gräber, aber antworte zuvor!
Soweit wir das noch können, knien wir vor dir – aber
        leih uns dein Ohr!
Wenn unser Sterben nicht völlig sinnlos war,
        verhüte wie 1914 ein Jahr!

Sag es den Menschen! Treib sie zur Desertion!
Wir stehen vor dir: ein Totenbataillon.
Dies blieb uns: zu dir kommen und beten!
          Weggetreten!

»UND WENN ALLES VORÜBER IST ...«

... Und wenn alles vorüber ist –; wenn sich das alles totgelaufen hat: der Hordenwahnsinn, die Wonne, in Massen aufzutreten, in Massen zu brüllen und in Gruppen Fahnen zu schwenken, wenn diese Zeitkrankheit vergangen ist, die die niedrigen Eigenschaften des Menschen zu guten umlügt; wenn die Leute zwar nicht klüger, aber müde geworden sind; wenn alle Kämpfe um den Faschismus ausgekämpft und wenn die letzten freiheitlichen Emigranten dahingeschieden sind –:

dann wird es eines Tages wieder sehr modern werden, liberal zu sein.

Dann wird einer kommen, der wird eine gradezu donnernde Entdeckung machen: er wird den Einzelmenschen entdecken. Er wird sagen: Es gibt einen Organismus, Mensch geheißen, und auf den kommt es an. Und ob der glücklich ist, das ist die Frage. Daß der frei ist, das ist das Ziel. Gruppen sind etwas Sekundäres – der Staat ist etwas Sekundäres. Es kommt nicht darauf an, daß der Staat lebe – es kommt darauf an, daß der Mensch lebe.

Dieser Mann, der so spricht, wird eine große Wirkung hervorrufen. Die Leute werden seiner These zujubeln und werden sagen: »Das ist ja ganz neu! Welch ein Mut! Das haben wir noch nie gehört! Eine neue Epoche der Menschheit bricht an! Welch ein Genie haben wir unter uns! Auf, auf! Die neue Lehre –!«

Und seine Bücher werden gekauft werden oder vielmehr die seiner Nachschreiber, denn der erste ist ja immer der Dumme.

Und dann wird sich das auswirken, und hunderttausend schwarzer, brauner und roter Hemden werden in die Ecke fliegen und auf den Misthaufen. Und die Leute werden wieder Mut zu sich selber bekommen, ohne Mehrheitsbeschlüsse und ohne Angst vor dem Staat, vor dem sie gekuscht hatten wie geprügelte Hunde. Und das wird dann so gehen, bis eines Tages ...

Wenn ich jetzt sterben müßte,
würde ich sagen:
»Das war alles?« –
Und:
»Ich habe es nicht so richtig
verstanden.«
Und:
»Es war ein bißchen laut.«

Nachbemerkung

Im vorliegenden Buch finden sich Texte Kurt Tucholskys vorwiegend aus den 1920er Jahren sowie aus den Jahren 1930 bis 1932. Wenige Stücke stammen aus früherer und aus späterer Zeit, darunter einer der ersten veröffentlichten Texte, »Märchen« von 1907, und »Wenn ich jetzt sterben müßte«, ein Eintrag aus Tucholskys Arbeits-Sudelbuch aus dem Todesjahr 1935.

Die Auswahl erfolgte aus der Perspektive eines Lesers, den am Werk Kurt Tucholskys vor allem dessen beinahe ein ganzes Jahrhundert überdauernde Aktualität und zeitlose gedankliche Schärfe faszinieren. Ganz gleich ob sich Tucholskys Beobachtungen und Überlegungen auf politische und ökonomische Zustände und Entwicklungen richten oder auf allgemeine gesellschaftliche oder persönliche Lebensumstände, immer wieder stößt man auf anthropologische wie historische Konstanten – so haben etwa (um nur zwei Beispiele zu nennen), trotz technisch völlig andersartiger Voraussetzungen, heutige Mobiltelefonierer in ihrem Verhalten offenbar bereits in den 1920er Jahren direkte Vorläufer, so scheinen sich die Bankenkrisen und ihre Implikationen damals und heute vollkommen zu entsprechen.

Tucholskys Entschiedenheit in politischen und moralischen Fragen, seine Ablehnung alles Nationalistischen und sein Pazifismus beeindrucken ebenso wie sein Wissen um die Kluft zwischen »Ideal und Wirklichkeit« (so der Titel eines seiner Gedichte) und die Selbstironie, mit der er sein eigenes Leben und Wirken beschreibt.

Die Texte der Anthologie sind im Wesentlichen in sieben Kapitel gegliedert, die thematische Zuordnungen aufweisen. Die Themenbereiche reichen von der Behandlung verschiedener Aspekte der Arbeits- und Berufswelt bis zu Militarismus und Krieg. Zuschreibungen zu künstlerischen, literarischen und journalistischen Tätigkeiten und Erscheinungen oder die Versammlung von Texten, die sich allgemeineren Phänomenen der Lebenswelt zuwenden, erscheinen dabei sicher diffuser als die Bündelung von Texten zu mehr oder weniger typisch deutschen Phänomenen und zum Themenbereich Deutschland.

Die Form der Texte folgt derjenigen der von Mary Gerold-Tucholsky und Fritz J. Raddatz herausgegebenen Ausgabe der »Gesammelten Werke« in 10 Bänden bzw. der von Mary Gerold-Tucholsky besorgten Ausgabe der Gedichte. Das Jahr ihrer Erstveröffentlichung ist jeweils im Inhaltsverzeichnis angegeben. Die Orte der ersten Publikation sowie Angaben darüber, unter welchem Autorennamen bzw. Pseudonym (Peter Panter, Theobald Tiger, Ignaz Wrobel,

Kaspar Hauser) die Prosatexte und Gedichte zunächst erschienen, lassen sich leicht anhand der ge-
nannten Werkausgabe nachvollziehen.

Axel Ruckaberle